PROPERTY RIGHT RESEARCH

产权法治研究

第4卷第1辑（总第5辑）

李凤章　主编

上海大学出版社

图书在版编目(CIP)数据

产权法治研究. 第4卷. 第1辑: 总第5辑 / 李凤章主编. —上海: 上海大学出版社, 2018.8
ISBN 978-7-5671-3231-3

Ⅰ.①产… Ⅱ.①李… Ⅲ.①知识产权法—法治—研究—中国 Ⅳ.①D923.404

中国版本图书馆 CIP 数据核字(2018)第 199927 号

责任编辑　傅玉芳　刘　强
封面设计　柯国富
技术编辑　金　鑫

产权法治研究

第 4 卷第 1 辑(总第 5 辑)
李凤章　主编
上海大学出版社出版发行
(上海市上大路 99 号　邮政编码 200444)
(http://www.shupress.cn　发行热线 021-66135112)
出版人　戴骏豪

＊

南京展望文化发展有限公司排版
上海华教印务有限公司印刷　各地新华书店经销
开本 710 mm×1000 mm　1/16　印张 13.5　字数 200 千字
2018 年 8 月第 1 版　2018 年 8 月第 1 次印刷
ISBN 978-7-5671-3231-3/D·209　定价　58.00 元

《产权法治研究》编委会

编委会主任　沈四宝

编委会委员　（按姓氏拼音字母次序排列）

　　　　　　陈剑平　崔文玉　兰跃军　李　本　李凤章
　　　　　　李建勇　李清伟　李　智　刘俊敏　史长青
　　　　　　陶鑫良　王勉青　徐静琳　许春明　张秀全

主　　　编　李凤章

编　　　辑　（按姓氏拼音字母次序排列）

　　　　　　陈敬根　李凤章　李俊峰　李立新　刘俊敏
　　　　　　潘传表　杨显滨　袁真富　赵　辉　赵清林

助理编辑　　汤　彬

编辑部主任　陈敬根

出版资助单位　金茂凯德律师事务所　上海东方环发律师事务所

声　明

　　本书的各篇文章仅代表作者本人的观点和意见，不代表编委会和编辑部的任何意见、观点或倾向，也不反映主办单位上海大学法学院的立场。特此声明。

《产权法治研究》编委会

[主编寄语]

为什么是"产权法治研究"

之所以将本书聚焦于产权法治研究,首先是立足于上海大学法学院的学科研究方向。经过近几年的快速发展,上海大学法学院已经在产权领域,特别是在知识产权、土地产权、ADR和新型产权保护、宪法和行政法等领域形成了较为明显的特色。更重要的是,产权法治建设仍然是目前中国法治建设的短板,也因此为法治研究所急需。《中共中央关于全面推进依法治国若干重大问题的决定》指出,社会主义市场经济本质上是法治经济。要使市场在资源配置中起决定性作用和更好发挥政府作用,必须以保护产权、维护契约、统一市场、平等交换、公平竞争、有效监管为基本导向,完善社会主义市场经济法律制度。要健全以公平为核心原则的产权保护制度,加强对各种所有制经济组织和自然人财产权的保护。始终是把产权建设放在第一位。更可喜的是,2016年11月4日,中共中央、国务院通过了《关于完善产权保护制度依法保护产权的意见》,在执政党历史上第一次公开地、系统地出台专门的保护产权的政策,被评为执政理念的重大变革。随后,最高人民法院也颁布了《最高人民法院关于充分发挥审判职能作用切实加强产权司法保护的意见》和《最高人民法院关于依法妥善处理历史形成的产权案件工作实施意见》。可以说,产权保护已成为国家改革的重要抓手。

产权法治建设,攸关经济发展。中国改革开放的巨大成就,归根结底依赖的就是产权激励,无论是农民的承包经营权,抑或是乡镇企业的经营权、国有企业的经营权以及后来公司制改革下的股权,乃至知识产权、网络虚拟产权等,所有这些,构成了一条中国改革开放的主线:产权制度从无到有,从模糊到清晰,从封闭到开放,从管制到自由,从国内到国际,促进了中国市场经济的繁荣。而现在经济结构转型,从依赖资源到依赖创新,其挑战的也恰是滞后的产权制度。长期以来，中国的资源和环境，仍然处于产权模糊阶段，这一有意或无意的模糊，为国家权力不顾资源和环境的成本约束，为GDP透支资源和环境提供了方便。现在要建立生态文明，要实现经济转型，就必须使得资源和环境要素作为生产成本对生产者产生硬约束，并可通过市场实现优化配置，而这就依赖于对资源和环境的产权进行明晰，并为其市场配置建构交易规则。

产权法治建设，还是国家建设的根本。产权，特别是有体产权，本质上源于国家对资源的初始分配，代表着国家和社会的契约关系，代表着"风能进，雨能进，国王不能进"。当然，国家的分配，只能以占有形成的利益事实为基础。产权的保护力度和政府的自我约束是成正比的。对产权的破坏，削弱的是国家对契约精神的坚守，摧毁的是国家权力的边界。建立法治政府，必自产权制度始！

产权法治建设，还事关国民素质和文化建设，产权意味着成本和收益的内在化，从而形成对权利人的自我约束和自我激励，因此，产权培养着自律和责任，培养着契约精神和诚信观念，促进着秩序的稳定和对基本价值的坚守。"有恒产者有恒心，无恒产者无恒心。"（《孟子·滕文公上》）所谓恒心，就是这种自律、诚信以及在此基础上形成的对未来的稳定预期，它避免了无视规则的机会主义和短期行为。"苟无恒心，放辟邪侈，无不为己。"（《孟子·梁惠王上》）没有产权保护，大家都抱着"能捞一把是一把""过了这个村再没这个店""享乐了才是自己的"的观念，拜挥霍奢靡为时尚，视坑蒙拐骗为本领，则民心大坏矣，所谓企业家精神又从何谈起？

《产权法治研究》，虽名法治，其实需要经济学、社会学、政治学、历史学、法学等各学科的交叉研究。我们希望以本书为平台，汇集专家学者，通过对中国产权问题的交叉研究，打破学科藩篱，形成制度共识，共同推进中国的法治建设和经济转轨、社会转型。

主编谨识

2018年4月

目 录

[名家讲坛]

《民法总则》理解与适用的几个问题 ………………………………… 孙宪忠 / 1

[特稿]

立法解释对象的贫困 …………………………………………………… 邓家元 / 20
体外受精胚胎处置中的利益冲突与价值衡量 ………… 袁金根 吴强林 / 38

[不动产产权法治研究]

上海松江家庭农场十年发展情况的调研报告 ………………………… 方志权 / 50
农村基层组织治理研究
　　——以农村土地征收补偿分配为视角 ……………………… 宋伟锋 / 58

[知识产权法治研究]

数字专利侵权与3D打印 ………………………………………………… 蔡晓东 / 67
非专利实施体标准必要专利诉讼中禁令的适用原则 ………………… 何　丹 / 78

[企业产权法治研究]

我国经营者集中附条件许可制度研究 ………………………………… 罗　阳 / 94

[保险产权法治研究]

社保缴费基数不足问题的法律规制 …………………………… 孔德娥　谢　颖 / 109

强制执行人身保险保单权益相关问题研究 ………………… 李治非 / 118

[产权保护与司法救济]

我国网络金融法律监管制度研究 ……………………… 金鹏伟 / 133

人民陪审员制度改革的路径转向
　　——基于司法民主理论意蕴的再辨析 ………… 孔才池　布乃东 / 153

论设区的市停车场管理问题的立法规制 …………………… 石东洋 / 166

[其他]

医患法律关系的新冲突及其解决路径
　　——对患者"不愿知情权"的考量 …………………… 金成华 / 177

"一带一路"倡议下涉外海洋法治人才培养的机遇与
　　挑战 ……………………… 裴兆斌　曲亚囡　杨斯婷 / 193

[名家讲坛]

《民法总则》理解与适用的几个问题

孙宪忠*

摘　要：本文主要涉及四个方面的问题：一是从历史的角度看我国民法的立法过程，二是从法律技术等层面认识和探讨《民法典》编纂的理论基础，三是探究民法一般法与特别法之间的关系，四是分析《民法总则》的思想制度和创新。

关键词：民法典　民法典理论　民法特别法

研究《民法总则》是很有意义的事情。我国目前最为重大的立法活动就是《民法典》的编纂，《民法总则》的颁布是《民法典》编纂的第一步，下一步还要完成其他分则部分的编纂。按照全国人大分两步走的规划：第一步是重新制定《民法总则》；第二步要对其他的民法，如《合同法》《物权法》做体系性的整合。两步走方案的基本原因是，《民法通则》制定于1986年，那个时候是计划经济时代，该法基本内容是按照计划经济体制的要求制定的。因为该法制定的历史比较早，内容基本上完全陈旧而不能使用，因此必须重新编制《民法总则》。它的立法工作量比较大，其他主要法律是在1992年市场经济体制确定以后才制定的，虽然仍然存在不少漏洞，但是没有必要重新编制，所以分则编制面临的工作主要是体系整合的问题。

认识《民法总则》，包括以下几个部分的内容：第一，重新认识民法；第二，如何认识民法典；第三，民法的一般法与特别法的关系问题；第四，如何认识《民法总则》；第五，如何认识《民法总则》与《民法通则》的重大差别。

---

* 孙宪忠，中国社会科学院法学研究所研究员、法学教授、博士生导师，上海大学自强教授。根据作者在上海大学法学院的讲座录音整理。

主要针对一些基础性的认识问题，强调的是体系性知识，不是具体条文的阐述。

一、如何认识民法

为什么要谈如何认识民法这个问题？原因是我在整个参与《民法总则》立法的过程中，发现了一个比较大的问题：法学界对民法的评价以及期待和国家立法机关不一样，因为法学界和社会上很多人对民法的认识，与立法者不一样。这个认识差别，对未来的法律实施和法律编纂、对人民权利保护影响很大。首先的一个认识问题是，法学界对民法的基本定位是把它当作部门法，而立法机关把民法当作基本法。在民法教科书中，很多教师的课程和著作，都认为民法是部门法，在整个中国的法律体系中发挥着部门法的作用。但是，《民法总则》编制的过程中，最高立法机关所作的四次立法说明以及领导人的讲话都没有把民法叫作部门法，而是把民法叫作基本法。2016年6月27日对《民法总则》的第一次审议，是法律工作委员会主任李适时作的报告。在报告中，他提出民法（不只是《民法总则》）是贯彻依法治国原则，完成国家治理的基本法律，在整个法律体系中民法是作用仅次于《宪法》的国家基本法。到10月份第二次审议的时候，法律委员会主任乔晓阳的报告内容大体上与李适时主任是相似的。2017年3月8日，李建国副委员长作的报告中指出，《民法典》编纂是国家法制建设的基本举措，民法是国家法制的百科全书，它在国家整个治理过程中间，起到了全面性和基础性的作用。2018年3月3日，习近平总书记对中共党员代表的讲话中提到，民法是完成国家治理的基本举措，对整个国计民生而言，发挥着全局性的作用。通过比较这些报告，我们就可以看到目前法学界对民法的作用和功能的认识，和立法者的认识不一致。

如果民法是部门法，那么它就只能是在一个有限的板块内部或者局部内发生作用；如果说它是基本法的话，那么它就要在法律体系的全局中发挥作用。苏联法认为民法是部门法，而市场经济体制下的各种法律著作认为，民法是国家的基本法。市场体制一般强调公法和私法相区分，即 public law 和 private law 的区分。公法体系中的基本法是宪法，而私法体系中的基本法是民法，或者说一般法是民法。在市场体制下，一些法学著作认为，民法的作用范围远远大于宪法，因为公民和社会最基本的活动都是由民法来规范的。当然，在有些领域，民法跟宪法是相互融合的，比如说民法关于所有权的规定、关于保护人权的规定等方面。当然，宪法和民法的作用角度不一样，宪法解决的是族群和阶层人之间的权利问题，而私法或者民法解决单一主体之间的权利问题。从总体的角度来讲，宪法比民法的效力要高，它对民法发挥制约的作用，但是民法反过来又对宪法发挥基础的支持作用。民法包括具体的财产制度，包括财产的具体占有、使用和流转，市场体制下基本经济活动必须依靠民法。所以虽然宪法规定我国的经济基础是市场体制，但是市场上的具体活动却要依靠民法。所以虽然两个法律作用不完全一样，但是都发挥着全局性的作用。然后，包括涉及的非商业性的民事活动，如婚姻、家庭，都是由民法调整的，所以民法的作用范围是很广的。民法规定了公法法人，规定了公法法人参加民事领域的生活。总体上来看，民法在我们国家发挥着基础性、全局性的作用，而不是发挥着部门法的作用。

苏联法把民法叫作部门法的原因很简单。因为在苏联的体制下，民法发挥作用的范围是有限的，在计划经济体制下，国家的基本经济活动都是由计划来调拨的，人、财和物，供、产、销都是按照计划执行的，民众甚至都不是主体，而是劳动力资源，民事主体的意思自治范围非常小，只是被限制在民众相互之间财产往来的一些领域，和民众个人的私有财产权、所有权行使这些领域，甚至连婚姻家庭关系都不属于民法问题。苏联法认为婚姻家庭涉及道德伦理，所以把它从民法中间分出去。这一点与我国现实状况完全不同。在苏联法中，民法的作用范围是非常小的。可是目前中国法学界，尤其是中国的法理学界、宪法学界，也包括民法学界一些人受到苏联法学的影响很大，他们到现在也没有改变自己对民法的认识，把民法限定在部门法的范畴之内。这种思想观念的转变还要有相当长的过程，这是问题的一个方面。

我国社会包括法学界关于民法认识的另一个显著的缺陷，是他们对民事权利、对民法始终持有怀疑的态度。这次《民法总则》颁布以后，很多法理学家、宪法学家发表的谈话也还是这样。他们认为，民法是建立在私权保护基础上的法律，民法过分强调私权保护，这样就必然会损坏公共利益。宪法是强调公共利益的法律，所以按照社会主义的思想，必须要借助宪法对民法实行规范和限制。按照这种说法，我们国家制定民法好像出发点有问题，因为我们好像在主张随意扩大老百姓的权利，有意识地损害公共利益。这种观点由来已久，大家都知道2005年的物权法风波，就是因为这个原因而发生的。但是通过对历史的考察证明，我国法学界的这种知识有缺陷，他们不了解真正的法律制度历史上的民法，更不了解中国的民法。

我们可以说，传统古典民法是建立在自由主义的思想基础之上的，那么它的一些制度，从防止公共权力侵害民事权利的角度看，好像是对公共利益有些妨害。但是从历史的角度看，防止公共权力侵害民事权利这个出发点，这个问题的提出，就是一个很大的进步，因为在此之前的人类历史是封建君主专制社会，所以不信任公共权力。这个出发点虽然具有自由主义的特征，但也是有理由的。在自由主义之前，人类社会的法思想是君权主义或者神权主义。神权主义的法思想认为，社会上所有的权利都是上帝所赐予的。君权主义的法思想认为，所有的权利都是君主所赐予的。依据这些法思想，民事主体的权利是没有伦理根基的，因为其权利来源于神或者君主的赐予。因此君主要收回这些权利的时候，民事主体不可以抗拒。在自由主义的法思想阶段，按照人民主权理论、自然权利学说、启蒙思想等，人们得出的基本结论就是，我出生我就有权利，我活着我就有权利，我的权利来源于自然，不是来源于神的赐予，也不是来源于君主的赐予。这些法权思想，对于一般老百姓的权利，尤其是民法上的权利而言，意义十分重大。所以我们说，这是历史的进步。这一点我们首先要看到，苏联法在这一点上歪曲了历史，不让我们看到这一点，最后造成了严重的民事权利保护的现实问题。

但是，如果公共权力的行使真是代表公共利益的时候，还是强调排斥公共权力，那就有可能损害公共利益。比如，法国《民法典》第552条规定，土地所有权人对土地的权利及于土地地表上下不受限制的任意空间。这个关于所有权的规定很有特点，在历史上很有名。它规定，土地是以地表展开的，但是也垂直延伸到地表的上和下，而且是不受限制的任意空间。如果是这样，土地所有权人的权利支配范围就太大了。这样飞机从天上飞过，明显属于侵权，要在地下修地铁，也是侵权。如果是这样主张个人权利要个人绝对行使，那就真的损害了公共利益。

但是后来，在欧洲兴起了社会主义法学，人们就解决了这个问题。1918年《魏玛宪法》已经认识到这个问题。《魏玛宪法》第14条规定，个人所有权和继承权受到法律承认和保护，但是个人权利要为公共利益服务。这个规定提出了个人权利要为公共利益服务这个非常著名的原则，也被称为所有权的社会义务原则，强调个人所有权和公共利益要相协调。这个原则后来在全世界，包括法国都得到了承认，法国《民法典》都修改了。所有权的社会义务这个原则，影响扩展到全世界，使得自由主义的法思想发生了本质变革，人们认为这个原则是社会主义法思想的典型标志。所以从那个时候起，西方民法也都没有哪一个承认个人利益就能够绝对行使、能够妨害公共利益。可惜的是，我们以前学习和引进的苏联法学里面，没有这样的知识。

在中国更不可能发生个人利益依据民法妨害公共利益的情况。大家可以看看《物权法》第四十二条，这个条文是我创意设计的。这个条文规定了征收征用等规则，意思是首先要承认以公共利益目的发生消灭个人所有权的，法律是许可的，但是要给个人利益以足够的补偿。这个条文中贯彻了当时我提出的三大原则：目的正当、程序正当、足额补偿。征地拆迁里面贯彻这三个原则，出发点是要限制过分强大的公共权力。从历史到现实生活中，我们国家的公共权力相对于老百姓的民事权利一直显得过分强大，事实上并且从来没有出现过个人利益妨害公共权力的情形。

最近这些年来，虽然出现了一些钉子户的情形，但是经过仔细考察我们知道，这些钉子户并不是依据民法来当钉子户的。此外，还存在个人权利保护不当的问题，当然也存在个人权利滥用的问题。所以这次《民法总则》第一百一十七条明确规定，为了公共利益可以征收个人利益，可以征收个人的不动产和动产，但是要给个人利益足额的补偿。这里首先就是说，为了公共利益可以消灭民众拥有的动产和不动产，但是要给老百姓足额补偿。这个法律条文体现的是个人利益和公共利益的协调。从这个条文可以看出，我们民法中，公共利益是大于个人利益的。因为征收征用跟民法上的购买是不一样的，购买需要相互同意的意思表示。可是第一百一十七条规定，征收是不需要民事主体同意的。这个条文体现了公共利益优先的原则，这与西方的个人利益与公共利益相互协调的原则，还是不同的。

从这个角度来看，有些宪法学家或者法理学家认为主张民事权利就可能妨害公共利益这个表达是很不严谨的。这种不严谨的根源就是，多年以来存在的对民法、对老百姓的民事权利所持有的怀疑甚至是压抑限制的态度，这是改革开放之前的意识形态或者思想倾向。在中国，总是有这个问题，总觉得个人权利自私自利，欠缺道德伦理的正当性。这个看法不正确，这几年我们一直在做这一方面的研究，为普通民众的民事权利建立正当性的伦理基础，我们的一些想法也获得了支持。比如说 2016 年底中央关于"产权保护意见"中提到，要平等承认公共财产和老百姓的财产，要对老百姓的财产给予足够的承认和保护。2017 年的政府工作报告中，李克强总理讲到产权保护的问题时，也讲到保护产权就是保护生产力，平等地保护产权是法治文明的体现等。从这些讲话、决定可以看出，国家的意识形态在对老百姓权利保护这个问题上已经有了本质的进步，但是我们法学界的思想还没有更新。这是我第一点要给大家讲的，希望大家能够意识到这个问题。

二、如何认识民法典

《民法总则》的制定是民法典制定的第一步，要理解《民法总则》，还必须理解民法典。首先要从法律技术的角度认识民法典，这个出发点很重要。民法典编纂，就是解决民法规范的体系化的问题。庞大的民法规范不是一麻袋土豆，它必须有一个逻辑体系，使得规范、制度形成体系。这个体系如何形成，这是民法典编纂的关键。可惜的是，这部分内容很多要点是我国民法学界不知道的。和大家开个玩笑，这是我自己做学术考古 20 多年，才了解到的一些情况，在这里给大家分享一下。

实际上古代人也知道民法规范必须体系化，人类从事民法体系化的工作已经好几千年了。2世纪的时候，罗马的法学家盖尤斯和他的六个学生一起整理了一个很像民法法典化的东西，叫《法学阶梯》。《法学阶梯》产生的背景是，当时人们主要还是依据习惯法来规范社会生活的，盖尤斯他们把这些习惯进行分析归纳和整理，在其中找出了民法里三个必要元素或者说是三个必然的因子，即人、物、权利。在我国也有些学者把其中的权利翻译为诉讼，因此也称这三个民法因子是人、物、诉讼。《法学阶梯》把大量的民法习惯法规范进行逻辑整理而归纳为三个元素，结论非常抽象，但是非常科学而且准确。民法涉及的制度规范，在现实生活中可以说不知道有多少，包括所有权、婚姻、家庭、财产买卖、租赁，等等，可是盖尤斯将这个庞大的民法习惯总结为人、物和权利这三个因素之后，整个庞大的民法规范群体一下子就显得脉络清晰了，制度与制度之间形成了互相区分又互相连接的体系。

《法学阶梯》首先规范的是人，就是法律上的主体。可是法律上的人和自然状态下的人是不一样的。自然状态下的人，有奴隶，奴隶不是法律上的人，而是法律上的客体。而且在古罗马的时候民法上还有一个很大的麻烦，那就是等级身份制。在罗马时代，不是奴隶的自然人虽然叫自由人，可是自由人还有等级身份制。有些自然人是贵族，有些是平民，有些是上等人，有些是下等人。人与人之间的身份是有重大差别的，他们的权利、义务和责任是法定不平等的。所以民法上也要先解决谁是人的问题，自然人有多少法律资格的问题。首先奴隶中有女奴隶，但是女奴隶生的孩子不一定是奴隶；自由人也不是都有平等的人格。所以罗马民法首先要解决"谁是人、谁不是人""谁是上等人、谁是下等人"这些复杂的问题。

《法学阶梯》要解决的物的问题意义也很大。大千世界，这么多东西，什么物才是民法上的物？什么是公物？什么是私物？人怎样占有使用物？怎样依法获得物的收益？这些事情想起来也是很复杂的。《法学阶梯》依靠那个时代的经验逻辑，对这些问题都做了仔细的归纳和概括。它对物这个范畴所建立的法律规范，是很有价值很有思想的。以我研究的重点问题公共财产问题为例。我现在研究国家所有权问题，发现我们接受了苏联法学之后，现在很多制度和立法思想在立法严谨性和实用性方面，还达不到罗马法的高度。现在我国有一大批人，把所有的公共资产统统视为国家所有，他们认为这个做法在政治上很保险，自以为这就什么问题都解决了。但是，《法学阶梯》认为，物必须区分为公物和私物，公物必须区分为绝对公有物、相对公有物、公法私有物三种类型。其中绝对公有物必须对任何人开放，比如空气和海水，比如纯粹自然的野生动物。相对公有物，在法律上应该有个所有权，这个所有权应该属于政府，政府负责用纳税人的钱来扶持这些公物、保护这些公物，但是这些公物必须要给大众无偿使用，比如图书馆和国家修建的道路等。公法私有物，指的是政府的办公土地以及建筑物等，任何私人不可以随意进入侵占。这个法律逻辑多清晰啊，苏联法学那个著名的"唯一统一国家所有权"理论，怎么能比得上啊！

此外，《法学阶梯》认为，权利和侵权的问题，也是民法独立的制度。因此，它把民法划分为四个部分：人的法律、物的法律、权利取得的法律、侵权的法律。《法学阶梯》是 2 世纪编纂的，6 世纪的时候，罗马皇帝查士丁尼（Justinian）把它颁布为法律，认为《法学阶梯》是有效的法律。

《法学阶梯》虽然成就显著，但是到了 17 世纪时，它被潘德克顿法学给超越了。这件事情与查士丁尼这位皇帝有关。因为他在承认《法学阶梯》是有效法律的同时，他还承认了罗马法还有另一个重要的法律渊源，叫作《学说汇纂》或《法学汇纂》，按照发音，就是潘德克顿。《法学汇纂》是由五个法学家法学著作中的学术观点汇编（digest，拉丁语 Pandactarum，Pandekten）组成的。在后来的历史发展过程中，《学说汇纂》后来居上，学术影响超越了《法学阶梯》。这个现象出现的原因，是人类社会生产方式、交易方式的重大改变。《法学阶梯》诞生于 2 世纪，它所看到的社会交易就是农贸市场那种方式的交易，一手交钱一手交货，出卖的物品是现成的，交易在协议完成的同时便履行了。那个时候，买粮食、买羊、买猪都是现实的，在买的时候，这些东西的成色、品质、性别、大小、颜色、健康状况一眼就看清楚了，没有很复杂的合同约定问题，所以一手交钱一手交货，就可以成交。这是我们现在要注意的问题的一方面。另一个重要的方面，也是关键的问题所在，就是一手交钱一手交货的情况下，如果协议形成了却没有继续交易，那怎么办？比如双方达成了协议 100 元钱买一只羊，但是却看到旁边同样的一只羊只卖 90 元，那么买方会反悔不买。或者是卖东西的，看到旁边卖的价格高了，自己卖的价格低了，也可能会反悔不卖。这种农贸市场上的反悔会有什么结果？这个是最关键的法律问题。可是我们考察的结果你们都知道，当事人遇到这种事情，常常是没有任何结果的。人们可能发发牢骚，但是不会追究对方的违约责任，一般没有这种说法。因为卖方的羊没有受损失，买方的钱也没有受损失。这是农贸市场交易规则最大的特点，即交易本身没有信用（credit）。可是到了 17 世纪以后，随着英国的工业革命产生，大规模的工厂产生了，这个时候人们的交易，如果订立了合同却不履行那么会怎样？人们订立合同常常到履行会有时间上的距离，这个时候如果订立合同以后，你不要你订的货物，或者工厂交付不了你的订货，这就有麻烦了。这个时候德国民法学家为了解决这个问题，他们借助于罗马法上法锁这个概念提出了债权的理论，在合同订立之后，还没有标的物的时候，让合同产生法律上的拘束力。这个拘束力翻译为汉语就是债权。债权这个概念产生后，潘德克顿法学也取得了质的飞跃，成为影响最大的法学流派了。因为债权的理论和制度产生后，其实践价值非常大，解决了现代市场经济体制下交易规则最主要的问题。从此以后，合同产生了法律上的效果。而且，合同债权产生效果的时候，标的物还没有产生，所以债权是人为地拟制和抽象出来的。可是，债权抽象出来以后，整个民法就获得了巨大的历史进步。现代化的法律交易的法律规则中，债权制度一直处于核心的地位，它不但解决了市场信用保障的问题，而且也解决了针对特定当事人的法律责任问题。可以说，搞清楚了债权也就搞清楚了全部民法。

就这么一小点法学上的道理，但是此前我国法学界没有多少人掌握，所以说，这是我的学术考古。我国民法学在最近这几十年来，并没有完全接受潘德克顿法学，原因也在这里。如果你事先没有读过我写的书，那你也就无法理解这些知识，可能还觉得没有什么意义。可是你们看看我们的《合同法》你就明白了。因为这个法律的核心规则就是按照《法学阶梯》的规则制定的。《合同法》第一百三十二条规定，买卖合同的成立，出卖人必须要对标的物有处分权，最典型的处分权就是所有权。所以这个条文的意思是说，你把标的物生产出来以后，要对标的物取得所有权以后，才能够去订立合同。如果没有所有权，你订立的合同就要按照《合同法》第五十一条处理，你就是无权处分，你订立的合同就是不受法律承认和保护的。

大家要知道，这是1999年制定的《合同法》的核心规则，对法律科学规则的认识还不如十七八世纪的民法学，你会怎样想？这些内容可能涉及对中国法学界所谓多数学者的批评。可能很多人理解不了我就讲这么一点儿道理，为什么还需要20年？因为中国民法学界的多数人坚持这种农贸市场的规则体系，我回国后参加《合同法》的立法讨论，提出不同的看法，被他们定义为个别人的观点，不足采纳。因此我不得不翻阅历史，用历史说话。所以我把从《法学阶梯》到《学说汇纂》之间的发展历史过程花大力气搞清楚了，这样也就把我国《合同法》等法律出现错误的原因搞清楚了，因此我就能够理直气壮地推进科学民法典的编纂工作。

归结起来说，《学说汇纂》发现了债权和物权的本质区分，这才导致民法典编纂理论发生了转变。这个时期，人们已经能够清楚地认识到，合同成立和合同生效的法律制度建设，和合同履行物权变动生效的制度建设之间，在法律上是要完全区分开来的。所以，民法上必须建立分别的债权法和物权法制度，这是《法学阶梯》认识不到的。正因为此，物权和债权这个时候就成为两个大的民法制度族群。在这两个民法基本问题之外，婚姻家庭问题也是民法上非常重要的问题，成为第三个大的法律制度族群。然后在婚姻家庭之外，还有继承法上的问题，这就是法律上第四个大的族群。这四个法律大族群或者大的法律制度群体，它们被称为民法的基本范畴。后来，潘德克顿法学又利用提取公因式的方法，找到了法律关系的基本逻辑，在这四个大的民法基本范畴中提取了主体、客体、权利、法律根据等共同规则，这些共同规则变成了《民法总则》。

《民法总则》就是按照提取公因式的方法得出来的。它产生的根据，就是法律关系的基本逻辑，所以民法总则中的主体、客体、权利、义务这些基本制度，在民法的基本范畴里面都是存在的，这些基本范畴也就是民法分则的共同性规则。民法的五个部分其实是这样产生的，民法典编纂的逻辑就是这样产生的。

　　法律上这样的分析，其实并不抽象，它来源于对现实生活的归纳和总结。也有人说，这种立法模式显得不直观，太抽象了。生活中两毛钱一根黄瓜，用不着想那么复杂。如果老百姓去买房子，那最好的买房子的法律，就是这个房子现在就在眼前放着，这个人看房之后，确定大小、位置、材料都合适，然后一手交钱一手交货。可能老百姓这样认为，立法这样直观的规定是最好的。但是从事法律工作的人，不论是立法者、法官还是律师，哪怕是你稍微从事了一些法律实践活动而获得了一些经验，你就会知道这种直观性的立法反而是最复杂的，甚至做不到的。因为买房子，多数情况下订合同的时候房子还没有盖好。可是，你订合同的时候，就要把未来交付的房子各个方面的事项想清楚，然后写在合同里面。除了要考虑房子物理性质的因素之外，你还要考虑到房子盖好了，不卖给你怎么办？对方也要考虑，你不交钱怎么办？这些法律上的事情订合同的时候也要考虑清楚，还要写在合同里面。这样，债权就开始生效了。

　　房子盖好以后，要交付房屋了。这个时候就要注意到物权的问题。除了房屋建造的物理因素之外，在法律上还要考虑交付的时间点、交付的差错、交付占有、办理登记等一系列事务，这些都是物权法上的问题。事实上，所有的法律交易都要遇到这样的问题，如果买房子有买房子的法律，买汽车有买汽车的法律，买面粉有买面粉的法律，那这个法律就乱成什么样子了？所以，还是要按照抽象概念的方式，总结交易的一般规律来制定法律。而且，法律交易要区分开债权和物权，不能像一手交钱一手交货这么简单。

　　民法典的编纂就是在这些理论的基础上建立起来的，建立起来之后，民法典不但自己本身逻辑体系严密，而且最重要的是它用抽象化的概念解决了法律辐射性、涵盖性的问题，解决了私法标准的统一的问题。因为国家很大，法律要实施到边疆或者很偏远的地方，只有这种抽象的语言可以达到共识，用习惯法反而达不到共识。民法典建立的共同的逻辑，为法官适用法律提供了方便，为年轻人学习法律提供了方便。学习法律总是要从浅入深，从一般到特别，总是要先知道什么是合同，才去知道什么是买卖合同、租赁合同，先知道什么是行为能力，才知道有法人、自然人等，这就是潘德克顿法学的好处。

三、民法一般法与特别法的关系

上面说到，在探讨民法体系问题的时候，我们还要考虑民法一般法和特别法之间的关系。上面也已经说到，民法典是民法的一般法，在一般法之外，还有很多特别法。《民法总则》和之前的《民法通则》第二条都规定，民法调整平等的财产关系和人身关系（现在《民法总则》的规定是人身关系在前、财产关系在后，内容是一样的）。在看到民法的这个定义的时候，我们要提出一个问题：是不是所有的财产关系和人身关系都要写在民法典里面？很显然不是的，这是做不到的。我们刚刚说民法是社会的百科全书，是基础的法律，社会生活中民法的内容和范围是极其广大的，也就是因为这样，民法规范的群体非常庞大，不能都被写在民法典当中。但是，全部的民法规范都有其共同的特征，尽管一些规范没有写入民法典，然而它们也是民法必要的组成部分，它们都属于法律的民法体系。在这种情形下，就形成了民法的一般法和特别法之间的关系的问题。

民法必须要有一般法和特别法的体系。尤其是《民法总则》制定以后我更加意识到这个问题，过去我也曾多次讲到这样一个法律知识，我在全国人大常委会做民法典的报告，也特别强调了这部分的内容。如何理解民法一般法和特别法之间的关系？这一方面的知识，也是法学界的一个短板。

首先，我们说的全部的平等主体之间的人身关系和财产关系，这种社会关系的范畴实际上在罗马法以来我们把它都叫作 civil society，就是民法社会，或者说是 private society，就是说指的是私权社会。与它相对的，就是 public society，指的就是公权社会。公法社会，立法要解决的是如何建立公共权力，以及如何支持和保障其运作的问题。比如说，国家权力机构如何建立、如何选举总统、总统如何行使职权及议会、法院如何组成和运作等，这些都是公法上的问题。除了公法领域范围之外，剩下的问题都是民法上的问题。公法与私法最大的区分就是，设立公法是为了实现主权，公共权力体现主权运作，公法在社会上发挥作用是按照系统划分的，是按照上下级支配来运作的，不同的系统内都要按照下级服从上级这个规则办事。但是在民法中就没有系统的划分，也没有上下级的划分，大家都一样。历来民法的范畴都很大，为了解决民法关联的问题，立法上首先要制定民法的一般法，就是民法典，解决民法上的一般主体、一般行为、一般责任、一般权利这样的问题。一般主体，就是说大家都是这样的主体，自然人、法人都是这样的主体。一般行为是大家都可以做的行为，一般权利是大家都可以享有的权利，一般责任是大家都会承担的责任。立法把这些一般性规则放在民法典中。民法上还有一些规则是针对特别主体、特殊主体、特别行为和特别责任确立的，这些法律就是民法特别法。

在这里我想特别指出的是，关于特别主体的立法，是关系一部分人的行为规范或者裁判规范，涉及他们特别的利益、特别的行为规则、特别权利和特别责任。从事特殊民事活动的特殊主体其实是很多的。比如说，律师就是特殊主体，公司也是特别主体，医生也是特殊主体，护士、药剂师也是特殊主体。他们都是从事民事活动的，比如律师是为其他民事主体提供法律服务的特殊主体。有一些特殊主体，因为他们从事特殊行为，在这个特殊行为的范围内，他们属于特殊主体，比如最典型的消费者合同、劳动者合同，这些特殊行为范围内，产生了消费者、劳动者这些特殊主体。另外，民法上还有具有特殊性质的民事权利，比如说知识产权、农民的土地承包经营权，这都属于特殊权利。特殊责任的类型，比如产品责任、食品责任等。我们在民法学习和贯彻过程中，务必注意到这些特殊主体、特殊行为、特殊权利和特殊责任的规范。

民法特别法，大体上有三个特殊的族群：一个族群是商法，一个是知识产权法，还有一个是社会性的立法。

商法是民法古老的特别法。从立法的角度看，在国际上有民商合一和民商分离的两种观点，但是不管是哪种类型，在法学上都一致认为，商法是民法的特别法，商事活动是特殊的民事活动。说到他们的差异，虽然民商法都强调意思表示作为法律根据，但是民法上的意思表示强调主观上的符合当事人自己内心的真意，而商法上强调客观公正。商法上强调客观认定这个标准，可能跟民法强调内心真实意愿表达这一点不完全一样，但是不管怎么说，商法也是强调商事主体要平等，强调商事主体之间的利益、责任要按照民法一般规则进行，所以一般都是认为民法和商法是一般法和特别法的关系，这个争议不是特别大。我国的《民法通则》就是采用民商合一，由民法规定商事活动的一般规则，在民法以外制定了《公司法》《票据法》《破产法》。甚至商法也有特别法，如《海商法》就是商法的特别法，《期货法》也是商法的特别法。《民法总则》对民商关系还是这样处理的，《民法总则》第三章第二节规定的营利法人，基本上规定的就是商事法人。

民法特别法的第二个大类型是知识产权立法。知识产权本来是典型的民事权利，这个是毫无争议的。但是为什么将知识产权法作为民法的特别法？因为知识产权的取得和保护，常常需要借助行政法。像专利权取得必须要国家知识产权局颁布专利权证书，商标权是要去商标委注册。当然注册不是商标取得的唯一依据，并不是注册了才是合法商标，但是商标注册以后会受到法律的充分的承认和保护。也就是因为这样，涉及商标权侵权的诉讼，会涉及行政诉讼。最典型的是2017年9—10月份，迈克尔·乔丹的案子，我当时在最高人民法院审委会参加讨论。迈克尔·乔丹是美国篮球明星，福建某个企业，用迈克尔·乔丹的汉语翻译的名字和英文名字以及他的两个儿子的名字，注册了300多个商品的商标，商标的标识采用的是迈克尔·乔丹上篮和扣篮的动作。这样迈克尔·乔丹在中国提起行政请求，要求中国商标委撤销这些商标注册。但是国家商标委拒绝了这样的请求，后来，迈克尔·乔丹在北京市高级人民法院提起了行政诉讼，要求撤销国家商标委的决定。最后情况大家都知道，我国最高人民法院基本上支持了迈克尔·乔丹的行政诉讼请求。值得注意的是，迈克尔·乔丹起诉国家商标委，他要求商标委撤销商标注册，最高人民法院做出裁决要求国家商标委重新做出决定，这些都是按照行政诉讼的规则来进行的，而不是按照民事侵权的诉讼来进行的。可以看出知识产权的诉讼与行政法上的关系，所以我们把它从民法上当作一个特别法。

在民法的特别法的领域里，还有一个值得注意的，就是社会法，也就是由国家支持的保障劳动者、保障各种社会弱势群体的立法。这些立法在我国一些学者看来不属于民法，但是在国际上普遍认为它们属于民法的特别法。因为，这些领域里的立法要保护的核心还是民事权利，即来源于传统民法的权利。不过因为仅仅依据传统民法这些权利的保障出了问题，需要国家来支持，因此这些传统的民事权利具有了特别法的特征。不过，说到底它们还是民事权利。我国《民法总则》第一百二十八条规定的，就是这个立法思想的反映。

在了解了一般法和特别法所构成的"大私法"或者"大民法"体系之后，我们再来看看民法一般法与特别法的关系。这个关系的关键词之一就是"特别法优先适用"，一般法只是在特别法不足够的情况下适用。

关于如何理解这里的民事权利及其保护的问题，涉及《民法总则》第一百二十八条的规定，我在这里解释一下。讲一个实际的例子，山东的齐某某案。这个姑娘中学毕业考银行学校，她考上了，但是他们学校相关负责人和另一个同学的家长相互勾结，把她的录取通知书给冒领了，结果另一个孩子到银行学校上学，毕业后去银行工作了。齐姑娘因为录取通知书被冒领，以为自己没有考上，就回农村结婚种菜了。后来她因为创业到银行贷款的时候，银行工作人员跟她说，你的身份证显示你是银行职工，不是农民，这时候她才知道自己被别人冒名顶替上了大学。她提出要求保护自己的诉讼时，法院一时就能不能立案的问题发生了很大争议。因为一些人认为，这个案件是受教育权受侵害，而这个权利是宪法权利，宪法权利无法通过民事诉讼来救济，这件事情在社会上争议很大。这件事情发生在 2004 年左右，后来在一次会议上我遇到主管民事的最高人民法院副院长，他跟我提起这个事情，问我依据德国民法学说，能不能用民法解决这个问题。我说，从民法原理上看，用民事诉讼解决这个问题是没有障碍的。因为根据德国《民法典》第 823 条以及他们的侵权法理论，损害到个人的权利或者利益，不论这种权利或者利益来源于什么法律的规定，只要受害人是明确肯定的民事主体，只要损害的行为是确定的，损害行为和损害结果之间的因果关系是明确肯定的，那么就可以肯定这个侵权的案件就属于民法上的侵权案件，就可以按照损害赔偿的原则来处理。所以，按照德国法的看法，民事诉讼可以直接援引宪法保护的权利或者利益作为裁判的正当性来解决这个问题。在这个冒名顶替上学的案件中，受害人就是一个民事主体，她受到的损害是明确肯定的，加害人以及加害的因果关系也是明确肯定的。所以，适用民法上的侵权规则来救济这个姑娘是可以的。后来，最高人民法院就按照侵权法处理了这个案件，受害人也接受了，整个社会的认可还是不错的，对法院积极解决问题给予了好评。但是这个案件被撤销了，不许可援引和研究。主要就是因为法理学界和宪法学界一些学者提出，这个案子导致了宪法民法化的政治问题，宪法被民法应用降低了宪法的权威。对于这个结果，我一直不同意，我认为这个做法实际上法理不通。宪法显然是应当要被应用的，如果不被应用就不能发生实际效果。宪法承认和保护的权利或者利益进入民事诉讼，被民法引用，这其实是在贯彻宪法。此外，也确实有一些宪法权利在我上大学的时代也都是通过民事诉讼来保障的，比如说选举权，选举权如果受到损害，那个时候可以适用特别民事诉讼来解决。选举权是宪法权利，通过民事诉讼解决是可以的；为什么受教育权通过民事诉讼解决就不可以呢？

这几年我一直在探讨这一方面的问题。所以，《民法总则》第一百二十八条是和我有同样看法的民法学者努力的结果。第一百二十八条规定，法律对未成年人、老年人、残疾人、消费者、妇女等民事权利的保护有特别规定的依照其规定。关于这个条文有些人问，法律上有规定的依照其规定，为什么还要在民法上把它写出来？我的回答就是，首先要看到，这些权利是民法上的权利。按照民法上的规定，如果特别法有规定的适用特别法，如果特别法规定不足够，就可以适用民法来解决问题。就是这么简单的道理。有研究《婚姻法》的老师和我讨论，他说你们这个做法不对，比如妇女权利是个宪法权利，不能仅仅理解为民事权利。比如家暴，男的打女的怎么会是民法问题？男尊女卑，这个是封建社会的遗毒，这是宪法问题，怎么会是民法问题？男女平等应该是宪法问题。我回答说，把这个问题理解为宪法问题是对的，但是也要看到这也是个民法问题。因为，一个具体男人打一个具体的女人，侵权人、受害人、因果关系都是明确肯定的，可以用民法上处理侵权问题的方法来处理这个问题。

民法的科学性就在这里，如果不用民法，用其他的法律，像受教育权受侵害的问题就无法解决。把这个问题理解为宪法问题，中国又没有宪法法院；即使有宪法法院，最后的裁决还是要用民法规则。这些道理，需要很多法律人认真思考。

另外，关于一般法和特别法的问题，我们还要认识到上位法和下位法的关系问题。因为民法典这样的法律，体现了国家的重大立法价值，是通过严格的程序、通过国家最高立法机关制定出来的，我们把这样的法律叫作上位法；但是也有一些法律作用范围没有那么大，立法程序也没有这么严格，我们把这些法律称为下位法。这就产生了上位法与下位法之间的关系问题。法律必须要遵守这个规则，就是下位法不得违背上位法。立法和司法都要注意到这一点，这是一个很严肃的问题。现在我们立法和司法都没有注意到，没有很好地解决此中的问题。下位法违背上位法的问题是很多的，有些时候后果是挺严重的。举个简单的例子，有一个经济特区，它区分为关内和关外。所谓关内，指的就是特区，关外指的就是不属于特区的地域。这个特区的地方人大在某年制定了一个法律，宣布全域内土地不论是特区内还是特区外，整个土地变成国家所有权的土地。这个立法把我国宪法、民法规定的归农民集体的土地，没有给予法律承认的程序，仅仅通过人大规定，都变成了国家所有权的土地。这是一个比较严重的事情。一些地方立法机关制定地方立法，建立了老百姓骑电动自行车违章，公安机关可以没收自行车的规则。在一个地方真发生了这个结果。这时候电动自行车的车主向全国人大作出了请求，要求做立法审查，要求就地方人大能不能制定法律消灭民众所有权的合法性的问题做出明确解释。一次骑车违章，这样的行为是不是正当的；但是就应该没收他的车吗？另外，最高人民法院的一些司法解释也存在着这些问题。

四、《民法总则》的思想和制度创新

《民法总则》颁布后，民法学界一些学者并不看好。大家都知道，学界老前辈批评说，这次制定是继受有余、创新不足。对这个看法，我并不太赞同。我参加整个立法过程，整个立法过程很艰难，所有问题都是经过认真讨论的，有很多地方真的有很大的进步。我说一个思想性和制度都有很大创新的要点，就是《民法总则》关于法律行为的规定。上文说到，在计划经济体制下，人、财、物和供、产、销都是由国家计划支配的，其中的核心因素就是人，这个要点大家必须注意到。人在计划经济体制下，被当作与自然资源相对应的劳动力资源，人的一切活动必须听从国家计划。为什么搞计划经济的认为社会能够有计划、按比例、高速度地获得发展呢？其解释就是，计划经济体制能够实现劳动力资源和自然物质资源的最佳搭配，从而创造历史上最好的一种生产力结合，所以能够实现最高的发展速度。但是，这里面蕴藏着一个非常重大的问题，就是它把人仅仅当成一种资源，资源就必须要接受国家计划的支配。这种体制不认为人是主体，不承认人的主体权利。因为你是资源，你只能接受别人给你的安排，而不能自己做任何的选择，更不能独立自主地去创造。1986年的《民法通则》在这个要点上也想突破，但是没有本质改变，它关于法律行为的规定就表现出了这个问题。我读博士的时候发现，《民法通则》规定，法律行为指的是民事主体适用法律的行为，法律预先给你规定了权利和义务，民事主体只能在法律规定的范围内选择，只能适用法律，所以民事法律行为都是合法行为。你们看《民法通则》讲民事法律行为是合法行为。后来我读博士的时候就想不通了，《民法通则》认为法律行为既然都是合法行为，那么为什么法律行为还能够被撤销和宣告无效呢？谢怀栻老师说苏联法与德国法规定不一样，后来我又学了德国法才明白，知道错误出在什么地方。

这个错误就是，法律行为本身应该是民事主体基于自己的意思表示、效果意思为自己创设民法上的权利、义务，而不是简单地适用法律。法律行为的本质在于当事人自己的内心的真实意愿，也就是它的效果意思。抓住这个要点一看，苏联法律和现在我国民法的区别就清楚显示出来了。立法如果承认民众是法律上的主体，那么就应当承认民众有根据自己的意思表示决定自己权利、义务的基本权利。这才是法律行为的本意。民法上的效果意思，包括订合同、婚姻、创立公司等各种各样的法律行为，承认效果意思为核心的法律行为理论其实就是承认民事活动的自主权。过去《民法通则》没有做到这一点，而现在《民法总则》做到了。这个思想和制度的更新，意义是最大的。

关于法律行为理论，我们不能仅仅只是想到这是一项民法上的制度，其实它的深意就是民众的自我决定权，宪法上称之为意思自治原则，民法上也经常用这个原则，作为广泛的法律交易的制度理性的支撑。王泽鉴老师的书里面多次提到这个问题，你们以后也可以阅读一下我写的有关这一方面的论文和著作，这里面值得深思的地方非常多，对于民商法整体的理论价值和实践价值都非常显著。学习苏联的法律，根本就无法理解什么是意思表示，也无法理解什么是法律行为理论。民法就是要强调，当事人的真实意愿必须得到承认和保护；商法其实也是承认意思自治原则，但它是从客观标准来承认这个原则。现代民商法理论在意思表示这个学说上产生了很多理论探索，他们都是围绕着如何更加公正地理解这个原则而展开的，那些以这些理论差别来否定意思自治原则的观点是不能成立的，因为民商法上从来没有人否定意思自治原则。

现代民法强调从客观到主观相协调的角度来认识法律行为理论，但也是要基于意思表示这个核心。比如我们要发起成立公司，发起公司必须是我们自己同意的，不过承认的意思表示的主要表现就是看签字盖章的真实。从传统民法角度来讲，婚姻当然也要强调意思表示真实，所以婚姻行为也是法律行为。至于订立合同、处分债权、处分物权，这些意思表示也是要从这个角度理解。

《民法总则》最大的创造就是把法律行为这个大问题、老问题解决了，此外，它的创新还有很多很多。因为时间问题我没有办法把它们一一介绍出来。希望大家以后学习《民法总则》的时候，也可以看看我关于《民法总则》的一些议案和立法报告尤其是关于《民法总则》权利部分的议案，这是我下了很大工夫的。今天就讲到这里，谢谢大家。

[特稿]

立法解释对象的贫困

邓家元*

摘　要：法律解释制度一直有两个关键贯穿其中：区分解释对象为法律本身和法律应用，并据此分配解释权；由全国人大常委会固守对法律本身的解释权，法律本身区别于法律应用成为立法解释对象。但从立法解释实践来看，无法从自然性质上将作为立法解释对象的法律本身，与法律应用区分开来。立法解释的普遍形式特征充分说明立法解释具有应用性格。在哲学上，人为有用事物都具有目的满足性和行为规范性。法律不同于器物，其目的满足性与行为规范性是合一的：法律的目的满足就在于规范行为。所以，只要解释是为了实现法律的目的，对法律本身的解释就必然同时也是对其应用的解释。这决定了立法解释对象的制度设置价值贫困。

关键词：解释对象　法律本身　法律应用　目的解释　行为规范性

一、立法解释对象的制度设置

（一）法律解释制度的两个关键

立法解释有明确的制度所指，具有中国独特性。《宪法》第六十七条规定："全国人民代表大会常务委员会行使下列职权：……（四）解释法律……"同时，《立法法》第四十五条规定："法律解释权属于全国人民代表大会常务

---

* 邓家元，安徽省滁州市人民检察院检察官助理。

委员会。"这一由全国人大常委会解释法律的制度一般被称为立法解释制度。通常，与立法解释制度对称的是司法解释制度。《人民法院组织法》第三十二条规定："最高人民法院对于在审判过程中如何具体应用法律、法令的问题，进行解释。"在宪法及宪法性法律层面上，立法解释制度与司法解释制度分立并存。

从宪法、法律的设计看来，解释权的分配格局是：全国人大常委会拥有"解释法律"的权力，解释对象是："法律"；最高人民法院拥有司法解释权，解释对象是：法律的"具体应用"。宪法、法律层面这种区分解释对象，并据以分配解释权而形成的解释制度架构，完整形式形成于1981年全国人大常委会《关于加强法律解释工作的决议》（以下简称1981年《决议》），其源头可以追溯到全国人大常委会1955年《关于解释法律问题的决议》（以下简称1955年《决议》）："一、凡关于法律、法令条文本身需要进一步明确界限或作补充规定的，由全国人民代表大会常务委员会进行解释或用法令加以规定；二、凡关于审判过程中如何具体应用法律、法令的问题，由最高人民法院审判委员会进行解释。"1981年《决议》在对1955年《决议》的设计进行重申的基础上，增加了法律"具体应用"解释主体。将对法律、法令"具体应用"解释分归三处：一是最高人民法院（司法解释）：法院审判工作中具体应用法律、法令的问题；二是最高人民检察院（检察解释）：检察院检察工作中具体应用法律、法令的问题；三是国务院及主管部门（行政解释）：不属于审判和检察工作中的其他法律、法令如何具体应用的问题。

从《立法法》和1981年《决议》所列明综合来看，立法解释可以在五种情况下发生：一是法律的规定需要进一步明确具体含义的；二是法律制定后出现新的情况，需要明确适用法律依据的（《立法法》第四十五条）；三是法律、法令条文本身需要进一步明确界限；四是法律、法令条文本身作补充规定的；五是两院解释有"原则性的分歧"情况下，"报请全国人民代表大会常务委员会解释或决定"（1981年《决议》）。这五种情况划分既不是同质的、周密的，在学理上是否都属于解释范畴也不无疑问。实践中，一个解释可能同时符合以上几种情况，一些解释很难或者说只能十分牵强地归入这五种情况之一。

法律解释制度设计虽有时调整，立法解释的规定各处虽有所不同，但其中一直存在着比较清晰而坚定的倾向。如果可以用法律本身这个词来统一《宪法》《立法法》和1981年《决议》关于立法解释对象的规定，并展示隐藏于这些规定中的重要且稳固的观念，那么总体上存在两个贯穿法律解释制度的关键：

一是区分：把解释对象区分为两类——法律本身和法律应用。相应的，解释依性质被区分为对法律本身的解释和对法律应用的解释；然后又将针对两类不同解释对象而产生的解释权进行分配。"1981年法律解释决议把法律解释的内容区分为两大类，即'法律条文本身'的问题和'法律具体应用'的问题，规定前者由全国人大常委会解释，后者由有关司法和行政机关分工解释。"[①]

二是固守：立法机关全国人大常委会固守对法律本身的解释权。全国人大常委会"解释法律"的职权规定从1954年《宪法》第三十一条中规定下来之后，一直稳固地存在于宪法之中：1975年《宪法》第十八条；1978年《宪法》第二十五条；1982年《宪法》第六十七条；2004年《宪法》第六十七条。而2000年颁布《立法法》明确规定"法律解释权"属于全国人大常委会，可说是规定了全国人大常委会对"法律"的排他性解释权。按照1955年《决议》和现今依然有效的1981年《决议》的更具体阐明，全国人大常委会对法律"条文本身"有专属解释权。

（二）区分的基础重要性

法律解释制度的两个关键中，区分是固守的前提，相对于固守具有基础重要性。只有先在自然性质上能够将作为解释对象的法律本身相对于法律应用区分出来，而后立法机关在解释制度上"固守"才有可能性和合理性。所以，区分对全国人大常委会固守法律本身解释权，对立法解释制度具有基础重要性。

如果解释制度能够在自然性质上或者能划出一条自然界线区分开法律本身和法律应用，那么首先，立法解释的独特对象——区别于法律应用的法律

[①] 张志铭：《法律解释学》，中国人民大学出版社2015年版，第157页。

本身——是能够成立并且有价值的；其次，如果区分能够成立，针对立法解释制度，我们首先要面对的问题就不是说明由立法机关解释法律的合理性问题，而是分别针对两类对象的解释权力的分配合理性问题，从这个问题开始，才能进而讨论立法机关解释权的合理性问题；再次，如果我们在价值判断上认为法律本身解释比法律应用解释更重要，或者具有更根本的重要性，那么，仅从全国人大常委会相比最高人民法院在国家制度中具有更高地位来说，由全国人大常委会对法律本身进行解释就具有初步的分配合理性。因此，若区分成立、法律本身作为解释对象自然存在，即能够为立法解释制度提供具有自然合理性的基本支撑。那些选择绕开它、回避它或者简单地否定它而对立法解释制度合理性所作的探讨都是不坚实的。

实际上，强调立法解释有相对于法律应用的法律本身这一独特解释对象的观点，几乎是许多作者用以支持立法解释制度的观点所蕴含的。维护立法解释制度的作者们普遍认为对立法解释制度的正确认识应当注意"区分"的存在，认为质疑立法解释制度的作者们没有注意到立法解释与司法解释有着不同对象。而立法解释制度之所以没有能够发挥应有的重要作用，是因为没有能够坚守住自己的解释领域，使得司法解释经常越权解释。因此应当进一步申明立法解释与司法解释的界限，发挥起立法解释的重要作用[①]。这一状况说明了区分是否成立、法律本身这一独特解释对象的存在与否对立法解释制度的重要性。

如果区分在自然性质上不能够成立。那么，首先就不存在区别于法律应用的法律本身这个支撑现行立法解释制度的独特解释对象。我们对立法解释制度将会是另一番理解。搬开了区分这块石头之后，无论是支持还是批评立

[①] "在很多场合，司法解释权实际上或多或少侵蚀了立法权的领域，甚至有时难免有公然越权的嫌疑。"（参见季卫东：《最高人民法院的角色及其演化》，载许章润主编《清华法学（第七辑）。"最高法院比较研究"专辑，清华大学出版社2006年版，第4—20页）"立法解释是从法律解释的性质上去认识的，它相对执法解释而言。""实践中，立法解释与执法解释的界限是个突出问题。……目前执法机关存在越权解释法律的现象。对此，立法者应该大力加强立法解释，同时理论上应重视研究立法解释与执法解释的界限问题。"（参见蔡定剑、刘星红：《论立法解释》，载《中国法学》1993年第6期）"立法解释虽然在内容上与应用解释无法区分，但其与应用解释的区分也是显而易见的。"（参见黎枫：《论立法解释制度——兼评〈立法法〉对法律解制度的规定》，载《政治与法律》2000年第6期）

法解释制度，我们都可以从一个新的明确的共同出发点展开，就不会出现一个批评者认为立法机关解释法律不合理，而另一个支持者立刻站出来指责这个批评者忽视了立法解释有自己的独特解释对象。

为什么要从自然性质上指示出来作为解释对象区别于法律应用的法律本身？所谓自然性质是相对于制度的文字表面而言的。自然性质上的区分是先制度的区分，是制度外的区分。在立法解释制度的文字表面上，区分当然是明确的。但是仅仅依靠制度本身的文字表达并不能证明其合理性。如果区分仅仅只能停留在制度的文字表面上，无法在自然性质上成功刻画区分，在思考立法解释对象法律本身究竟是什么时就很容易陷入内循环：在解释对象的区分基础上产生了不同种类的解释权，反过来却又依据制度上的立法解释权和司法解释权分类，去定义解释对象的区分。就好比你坚持说，那枚"字"硬币归你，那枚"花"硬币归我，而实际上摆在我们面前的只有一枚硬币，硬币的一面是"字"，另一面是"花"。那么，我只能说，这种你所谓两枚硬币的区分只能是在字面上的存在，无法在自然性质上成功区分。如果你依然坚持你要占有"字"硬币，那么实际上你就拿走了整个硬币。如果我问你怎么区别"字"硬币和"花"硬币，你又说，你拿走的就是"字"硬币，而留给我去拿的就是"花"硬币。这种回答显然对问题的真正解决毫无价值。

二、立法解释对象实证分析

（一）立法解释实践概括

全国人大常委会"解释法律"的职权早至 1954 年《宪法》中就被确立下来。立法解释制度的现实运行情况却与其宪法重要性早极不相称。立法解释权长期虚置[①]，一度引起对其存在必要性和合理性的质疑。毕竟，如果在立法

---

① 中国人大网上标明的第一个立法解释是 1996 年全国人大常委会《关于〈中华人民共和国国籍法〉在香港特别行政区实施的几个问题的解释》，并且这个解释是《国籍法》尚未在香港特别行政区实施前做出的。2000 年之后，全国人大常委会立法解释逐渐增多，但无论从数量上还是从司法审判中所发挥的作用上，与司法解释相比依然微不足道。

解释权长期没有被使用的情况下，法律制度也能无碍地运转，那么是不是可以说明立法解释制度在法律制度上是冗余的，即使没有立法解释制度也并无不可？考虑到这种立法解释制度的独有性，难免使人生疑：长期没有发挥作用是不是说明因为设置制度本身就不具有合理性，甚至无法现实运行。

1994 年，一位在全国人大常委会工作的作者即撰文尖锐地指出："无论是在法律建设薄弱的年代还是在大力加强法制建设的今天，负有解释宪法和法律职责的国家权力机关却从未有过解释宪法和法律这回事，从未对宪法和法律的一条哪一项作过任何一次正式解释。"该文不只停留在针对现象批评职权没有得到适当运用，而是认为之所以产生这种现象，从根本上就是因为"这项所谓的立法解释制度是值得商榷的"[1]。1995 年，该作者再次撰文，一方面回应对其文章的批评，一方面重申其对立法解释制度存在的合理性的质疑[2]。

不久后的 1996 年，全国人大常委会做出了第一个立法解释。这或许只是时间上的巧合，很难将其看成是对批评的回应。但无论如何，全国人大常委会似乎算是客观上以实际行动证明，虽然之前没有过立法解释，但并不代表立法解释制度无法付诸实践。进入 2000 年之后，全国人大常委会开展立法解释工作的速度明显加快，绝大部分立法解释都出于 2000 年之后。2000 年颁布的《立法法》对立法解释的程序操作进行了一些较明确的规范。但相比司法解释，立法解释的数量依然极少。

现今，中国人大网上明确标明为"法律解释"的有 27 个，依然有效的解释有 25 个[3]。这些在人大官方网站上明确标明的法律解释，为我们提供了形式上无须争议的分析样本，使我们可以放下对哪些是立法解释、哪些不是立法解释的实证问题的争论。若想完成本文题目即已表明的写作目的，说明立法解释独特对象的制度设置价值贫困，无法从自然性质上将法律本身区别于法律应用以作为立法解释的独特对象，从已有的这些实证材料着手分析是必要的。

---

[1] 袁吉亮：《论立法解释制度之非》，载《中国法学》1994 年第 4 期。
[2] 袁吉亮：《再论立法解释制度之非》，载《中国法学》1995 年第 3 期。
[3] 中国人大网，http://law.npc.gov.cn/FLFG/ksjsCateGroup.action。

对立法解释制度批评指摘者固然所在多有，献计献策者实也不乏其人。立法解释制度的支持者们大多一方面痛感司法解释权越俎代庖，在许多无权解释的情况下侵犯了立法解释权的领地；另一方面陈述立法解释地位重要，应当并可以发挥巨大的作用；最后，对立法解释缺位的原因进行诊断，而总结出来的原因大多是立法解释缺乏完善的操作程序，和司法解释之间的界限还需要进一步明确之类。然而，问题的最难之处恰恰是何以认为司法解释权侵犯了立法解释权？如果说司法解释权侵犯了立法解释权，那么立法解释权的领地应当如何与司法解释权的领地划分开来？不侵犯立法解释权的司法解释应该如何做出？这些问题所需要的答案绝不应当是复述立法解释制度的某个或某些表述，而后认为司法解释权是明显侵犯了立法解释权。这种方式是在制度文字层面上的循环。所谓立法解释程序不明确，与其说是立法解释权行使不足的原因，不如说是结果似乎更合适。逻辑上应当是解释需求催生程序，而不应当是程序催生解释需求。

（二）特区基本法立法解释

在立法解释中，对香港和澳门两个特别行政区基本法的解释有 8 个，占比较大，而且各个解释涉及的情况也比较复杂。全国人大常委会这部分立法解释的直接依据是《香港特别行政区基本法》第一百五十八条和《澳门特别行政区基本法》第一百四十三条。依照两特区基本法解释条款的规定，全国人大常委会对两特区基本法的解释权是完全拥有，全国人大常委会授权特区法院对基本法的解释权，此外并无基本法具体应用解释权分配给特区法院。这与全国人大常委会和最高人民法院等在解释权关系上区分解释对象的"分配模式"不同，可以看成是一种解释权的"授权模式"。因解释权关系模式不同，故全国人大常委会对两特区基本法的立法解释无助于对作为解释对象的区别于法律应用的法律本身的分析。

（三）立法解释的应用面向

1. 不能区分出的立法解释

1981 年《决议》规定了最高人民法院和最高人民检察院在某个解释问题上有"原则性的分歧"时，可以报请全国人大常务委员会解释或决定。"现实中，确实出现过两家最高司法机关对同一法律条文适用存在原则分歧，于是要求全国人大常委会进行解释的现象"①。全国人大常委会《关于〈中华人民共和国刑法〉第三百八十四条第一款的解释》（2002年4月28日通过）的做出，是因为最高人民检察院对最高人民法院《关于如何认定挪用公款归个人使用有关问题的解释》（法释〔2001〕29号）持有疑义，故报请全国人大常委会做出解释。全国人大常委会《关于〈中华人民共和国刑法〉第二百九十四条第一款的解释》（2002年4月28日通过）对"'黑社会性质的组织'应当具备"的特征的解释，也是因为最高人民检察院对最高人民法院的同类司法解释持有不同意见②。

全国人大常委会和最高人民法院针对同一问题做出解释，虽然解释的结果或冠以立法解释名称，或冠以司法解释名称，但除解释主体不同之外，并不能看出解释性质上有何截然不同，其形式上也都是描述属于规定的情形。张明楷先生因此认为："最高人民法院与全国人大常委会就同一概念作出解释的现象，要么意味着最高人民法院的解释越权，要么说明全国人大常委会的解释过限。"③但实际上，张明楷先生的这个看法有误。因为两院解释争议可以提交全国人大常委会做出立法解释是由1981年《决议》做出的明确规定，所以单从解释实践的形式并不能得出解释越权或解释过限的结论。

1981年《决议》这一解释规定及其实践的真正问题并不在于解释权力是否越界，而是在于其对立法解释权和司法解释权的界线划分本身产生了消解作用。无论是从这一解释规定还是从其解释实践似乎都说明了：1981年《决议》对法律本身和法律应用两种不同解释对象的区分和解释权的分配，在自然性质上并不明晰。否则，如何解释对同一问题既可以由被分配对法律应用解释权的最高人民法院解释，也可以由被分配对法律本身解释权的全国人大

---

① 张明楷：《立法解释的疑问——以刑法立法解释为中心》，载《清华法学》2007年第1期。
② 2002年4月24日，全国人大常委会法制工作委员会副主任胡康生在第九届全国人民代表大会常务委员会第二十七次会议上对《全国人民代表大会常务委员会关于〈中华人民共和国刑法〉第三百八十四条第一款的解释（草案）》的说明、对《全国人民代表大会常务委员会关于〈中华人民共和国刑法〉第二百九十四条第一款的解释（草案）》的说明。
③ 张明楷：《立法解释的疑问——以刑法立法解释为中心》，载《清华法学》2007年第1期。

常委会解释，并且解释实践中两个不同主体对同一问题的解释结果在表现形式上并未有清晰区别。除非该问题同时既可以是法律本身解释问题，也可以是法律应用解释问题。所以，在1981年《决议》自身内似乎就包含着矛盾。法律本身解释和法律应用解释的区别在自然性质上的不能成立被1981年《决议》本身所揭穿。

2. 与个案相联系的立法解释

时间最近的一个立法解释是《关于〈中华人民共和国民法通则〉第九十九条第一款、〈中华人民共和国婚姻法〉第二十二条的解释》（2014年11月1日通过）。山东省济南市历下区人民法院在审理"北雁云依"案过程中，"因案件涉及法律适用问题，需要送请有权机关做出解释或者确认"并裁定中止审理①。后由最高人民法院报请全国人大常委会解释。该解释也是首个民事类立法解释。该立法解释一个很明显的特点是：能够与法院正在审理的具体案件相联系起来。

那么，这种在发生学上因具体案件而做出的立法解释，如何能够作为对法律本身的解释而在自然性质上不同于对法律应用的解释？无论是在词义上还是在实践上恐怕都不能支持两者的不同。最高人民法院司法解释中有一类被称为"批复"，也是因具体案件而做出解释。抽象性和普遍适用性也并不能将其区分开来，最高人民法院的司法解释同样具有抽象性和普遍适用性。最高人民法院司法解释虽然是可以因某一具体个案而发生，但最高人民法院肯定不会希望自己的司法解释的唯一作用就是解决这一案件如何裁判问题，这在很大程度上等于是代替受案法院进行裁判。

从解释的抽象性来看，依据案件事实发生之后做出的规范性规定作为裁判依据，实际上违反了法不溯及既往原则。许多人或许并不以此为然，因为他们认为解释是对法律的解释，是法律之意义原本应有。但这种理解既不符合解释性质，也不符合解释实践。原初意义上的法官在个案裁判中的解释是具体的，立法解释和司法解释虽与具体案件有发生学联系，但所形成的却是

---

① 山东省济南市历下区人民法院〔2010〕历行初字第4号行政判决书。

抽象的可普遍适用的规范性规定，而后受案法院是依据该规范性规定做出裁判。从对照试验原理来看，原本无此立法解释，案件不能做出裁判，而后有此因素，案件方做出裁判。那么立法解释作为引入的变化因素，可以被视为在裁判结果中起到了关键性的作用。在此，全国人大常委会这类立法解释和最高人民法院"批复"形式司法解释实际上又面临着同样的矛盾：一方面，解释因具体案件而发生，却又不能以解释替代受案法院裁判，即不能直接决定案件的裁判，故而解释在姿态上努力回避与个案裁判的联系，努力表现出自己是抽象和普遍的；另一方面，解释具有相当的抽象性和普遍性，其一，违反了法不溯及既往的法治基本原则，其二，抽象解释却还是面临着受案法院适用时对其再解释的命运。

最高人民法院向全国人大常委会请求解释时，就表明请求解释的目的是"为使人民法院正确理解和适用法律"[①]。立法解释做出后，受案法院"正确理解和适用法律"问题就自然解决了吗？恐怕并没有。从"北雁云依"案立法解释来看，对案件该如何判决并不能直接得出答案。这意味着即使立法解释后，受案法院"正确理解和适用法律"问题依然存在。对此有作者撰文认为"《姓名权解释》所关注的重点问题与最高人民法院寻求立法解释的问题，是存在'错位'的。后者寻求解释的重点问题是'法律如何适用'而不是'法律如何规定'"，并抱怨"从文理分析与适用分析看，首部民法立法解释意图解决的最高人民法院提出的'选取姓氏如何适用法律'问题，并没有得到妥善的解决，呈现出立法与司法实践相错位的效果"[②]。

这并不意外。实际上，在立法解释之后案件裁判问题依然"并没有得到妥善解决"，从根本上正是这类立法解释内在矛盾的体现。一方面，因具体案件而引起解释，解释是因问题而起，如果解释不能有助于具体案件的裁判，那么解释的意义何在？所以，立法解释结果必须应当能够解决个案裁判疑难。

---

① 全国人大常委会《关于〈中华人民共和国民法通则〉第九十九条第一款、〈中华人民共和国婚姻法〉第二十二条的解释》（2014年11月1日通过）。

② 任江、张小余：《子女姓名决定、变更权的实证分析与启示——实证主义路径下的我国首部民法立法解释评析》，载《河北法学》2015年第11期。

另一方面，立法机关却又努力想保持立法解释的抽象性和普遍性，不能以解释来直接决定案件的裁判，否则立法机关就可能充当了实际的裁判者，越俎代庖。努力表现出抽象性和普遍性，恐怕正是对法律本身解释规定所具有的修辞意义。然而，意义也仅止步于修辞。

3. 立法解释的形式特征

立法解释具有一些共通的书面上的形式特征。典型如，表明立法解释是为解决法律规定的"含义问题"，并常有"全国人大常委会讨论了……含义问题，解释如下："这样的句式。在书面特征上，这类"含义问题"解释又有区别，大致可以分为两部分：一部分多数以短语"根据司法实践中遇到的情况"，含混交代了立法解释的发生原因；另一部分则没有注明此语，完全没有立法解释发生原因的交代，全国人大常委会似乎是更直接地解释法律"含义"。

从"含义问题"立法解释的书面形式特征上看，有交代或未交代"根据司法实践中遇到的情况"，有实质性的区别吗？"根据司法实践中遇到的情况"表明解释具有司法实践背景，虽不具体却也算是交代了解释的发生原因。没有发生原因而直接对法律规定进行含义解释是奇怪的，非常突兀。立法机关为何突然要对某条法律或其中的字词进行立法解释？立法机关为什么解释这一条、这一句而不是那一条、那一句？很难想象全国人大常委会会在没有任何实践需要的情况下突然召开会议解释某条法律的含义。即使真的发生了这种情况，首先就要面对这种解释意义何在的问难。

解释的需要原本就来自司法实践，如果没有司法实践所产生的问题，解释根本没有必要。所以，即使书面上没有交代类似"根据司法实践中遇到的情况"发生原因的部分立法解释，恐怕也可以合理地看成是省略了交代，也就是说所有立法解释可能都有司法实践的背景。并且立法机关不可能自己进行司法实践，也不可能凭空知道"司法实践中遇到的情况"，是否可以合理地认为，这类立法解释的发生都起自司法机关为解决法律应用问题而提出的解释请求？

所谓"司法实践中遇到的情况"是概括的、含混的、无具体指向的表述，实际上是否如"北雁云依"案立法解释有所针对的具体案件背景，还是仅仅是最高人民法院根据司法审判归纳出来的问题？这两个对立的疑问正显示出这种表述内在包含的一个矛盾。如果仅仅是最高人民法院依据司法审判实践归纳总结出来的问题，那么没有立法解释之前案件是如何裁判的？是否意味着没有立法解释也可以裁判，那立法解释的必要性何在？如果是有所针对具体案件而作出的解释，那么这种具体案件背景实际上是被藏匿在了无声之中。

立法解释的第三个形式特征是，相当大一部分立法解释都表明解释是为解决"如何适用"（是否适用、不适用、适用范围）问题，这相当于指明了立法解释的目的：法律应用。虽然并非所有立法解释都在书面上有表明这一目的，但这一目的实际上同样是隐含在所有立法解释中。因为离开司法中法律应用这一目的，所有的法律解释也是毫无意义的。实践的立法解释的三个形式特征：含义、根据司法实践中遇到的情况、适用。可以说正好形成一个密不可分的逻辑整体：立法解释虽然直接表明是针对法律的含义问题，但解释的问题和需要来源于司法实践，解释的目的是为了司法中的法律应用。解释的一面是表明的针对法律含义问题，另一面是逻辑上的要解决法律应用问题。这恰是一个硬币的两面：一面，有必要通过厘定法律含义以解决法律应用问题；另一面，只有为解决法律应用问题，明确法律含义才有价值。

三、立法解释对象哲学分析

（一）目的满足与行为规范

任何对人类而言具有使用价值、需要人类为特定行为才能发挥作用的人为制造事物，都会包含两个方面的性质：目的满足性和行为规范性。这些人为制造事物大体可以分为两类：器物和制度。器物是具有物质形体的实在，生活中随处可见。制度则是一种社会性实在，虽不具有可感觉的物质形体，但并非虚幻，典型的就是法律。

器物被制造出来，是出于满足我们的特定生活需要的目的。然而，被制造出的事物本身往往并不能自动满足特定人类目的，而是要求一定的使用方法，于是对使用者的行为产生一定的规范性使用要求。以数码相机举例，它有一套基本的操作方法。厂家在相机出厂时会配以说明书，说明书会将这些基本的操作方法载明，也会记载一些基本的使用注意事项、常见的错误操作方法。对相机的使用而言，说明书上所载具有行为规范性。另一方面，按照说明书上所载的方法使用相机，就能拍出照片，达到使用相机的目的。就此而言，相机具有目的满足性。

作为制度典型代表的法律同样如此：同时具有行为规范性和目的满足性。法律具有行为规范性毫无疑问。另外，法律的存在，可以实现人类的一些目的。"法律并不是生活事实本身。它是一种社会组织形式，应当为合理的目的而恰当使用。它是人们手中的工具，这个工具用途广泛，并有能力服务于各种目的。"① 比如：致力于形成一个有秩序的社会，满足社会的道德期待，甚或促进家庭关系的和睦，等等。这些都是十分重要的目的。庞德认为：法律作为一项工具性技术，其目的在于实现社会控制。"在近代社会，法律成了社会控制的主要手段。"② 故而，法律同样也具有目的满足性。

事物的目的满足性并不单纯、唯一，可以分为直接的目的满足和间接的目的满足。数码相机的使用可以满足人们艺术摄影的审美需求，或者个人、家庭记忆保存等目的，但这些是间接的、较远的目的。拍出照片是使用数码相机的最直接的、最切近的目的。间接的、较远的目的是通过拍出照片这个直接的目的而实现的。直接目的更加单一、明确，更为基本，对人为事物具有本质规定性。间接目的则多元、分散，其满足依赖于直接目的的满足。同样，上述所举的道德期待、规则之治、社会控制等目的，对法律而言是间接的、较远的、面目较为模糊的目的。秩序社会的形成、道德期待的迎合、规则之治的实现，都是通过法律规范行为的直接目的满足而实现的。法律最切近、最基本、最为面目清晰的直接目的是规范行为。"法律制度的目的是一种很有分寸的理智的目的，那就是：使人类行为服从于一般性规则的指导和控制。"③

---

① ［英］约瑟夫·拉兹：《法律的权威》，朱峰译，法律出版社 2005 年版，第 196 页。
② ［美］罗·庞德：《通过法律的社会控制》，沈宗灵、董世忠译，商务印书馆 1984 年版，第 10 页。
③ ［美］朗·富勒：《法律的道德性》，郑戈译，商务印书馆 2005 年版，第 171 页。

虽然于人类而言都是有用的，但是法律作为制度和数码相机之类器物有明显的一个相异之处：法律的目的满足性和行为规范性是合一的，而器物的目的满足性和行为规范性是分离的。"法律的实质就是通过规则及掌管法律适用的法律来指引人们的行为。"① 法律的目的满足就在行为规范本身：按照法律的要求规范行为本身就是法律的目的，实现了行为规范，法律的目的本身也就得到了满足。所以，法律的行为规范性和目的满足性是合一的。而对人为有用器物而言，对使用者行为进行规范并不是目的本身，而只是为实现器物目的必要的手段。使用者遵循对其行为的规范要求，相机能够按照其本身的原理和设计运作，拍出使用者想要的照片，在满足这个直接目的的基础上，进而满足更远的间接目的。正如拉兹所说："其他工具、机器和仪器等不属于这种工具（法律），除非它们至少有某些功能执行自身的功能。刀子只有能切东西才是刀子，法律只有有能力指导人们的行为才能称其为法律，而无论它是多么无效率。"②

（二）本身解释与应用解释

深层而言，解释是使事物被隐藏的东西展现出来，使其存在进入理解或者被更深刻地理解。"它建构的不是一种解释的解释（即依据文本的说明），而是首先将事物带出其隐匿之处的根本的诠释行为。"③ 就解释人为事物而言，在行为规范性与目的满足性合一与否上的不同，决定了法律解释与器物解释有着明显的不同之处：就某一类器物解释而言，对其本身解释和应用解释各自具有相互独立的价值；而于法律解释而言，不存在对其本身解释和应用解释的相互独立的价值。

于实现其存在目的而言，对器物本身的解释有着分离于对其应用解释的独立的价值。数码相机可以被人为制造出，就决定了其可被相当程度解释。对相机本身的设计结构、材质和原理的解释，可以有助于修理、制造、改进之，对实现数码相机的目的是相当重要的。如果相机坏了，没有对相机本身

---

① ［英］约瑟夫·拉兹：《法律的权威》，朱峰译，法律出版社 2005 年版，第 196 页。
② ［英］约瑟夫·拉兹：《法律的权威》，朱峰译，法律出版社 2005 年版，第 196 页。
③ ［美］理查德·E. 帕尔默：《诠释学》，潘德荣译，商务印书馆 2012 年版，第 169 页。

的设计结构、原理的理解,相机将无法被修复,该相机的目的满足性将无法实现。并且完全可以理解的是,不同的品牌都希望能在某些方面获得自己独特的、其他品牌难以知悉的优势特点。一旦这种器物本身的优势特点被公开解释,品牌的价值就可能会降低。而某一类有用器物设计和制造技术的进步,也依赖于对该类器物本身的理解。

对器物本身的详细解释对其应用也可能是有价值的,但对于器物的应用而言价值有限且并非必不可少。一个摄影协会的资深摄影师就如何使用数码相机的解释,于一个摄影初学者而言,其价值要远超过对数码相机本身原理和构造的深度解释。虽然对相机构造的一些基本理解也是必要的,但这只说明相机本身解释和相机应用解释并非完全独立。一个研究如何制造数码相机的厂商或工程师,能够制造出最好的数码相机,但并不一定是一个优秀的摄影师。能够设计出速度最快汽车的设计师并不因此就是一个好的赛车手。故而,对器物本身解释分离于对其应用解释。于实现器物之目的而言,对其本身进行解释和对其如何应用进行解释,两者各自具有独立价值。

富勒在批评"原子论的意图观"时,用一个"未竟发明"的例子,针锋相对地提出了一种"目的"解释观:要想接手并完成一项停留在构想层面上的发明,首先"是确定这项未竟发明的目的何在"[①]。富勒认为其所提出的"目的"解释观相比探究发明者意图的"意图"解释观更正确。但实际上,更准确地应该说目的解释相比意图解释更基本,更具有普适性。任何意图解释必然隐含着对事物先在目的本质的认可。即使未有自觉意识到,人为事物的目的满足也应是解释的无声目标,对人为事物之解释应在事物存在目的之引导之下进行。目的指引的解释并非对人为事物的唯一可能解释,对一篇法律文本并不禁止出于文学喜好的解释。但出于文学喜好的解释并无助于使法律成为法律。能使法律之成为法律而不是文学文本的只在于其特殊的目的满足性。所以,目的解释是成就事物本性的解释。

因法律的目的满足性与行为规范性合一,法律的目的实现就在于规范行

---

① [美]朗·富勒:《法律的道德性》,郑戈译,商务印书馆2005年版,第100页。

为。对比器物解释可以发现，对法律本身解释并不有独立于对法律应用解释的价值。所有对法律本身的解释，无论如何修辞以努力表现出与应用解释不同，但其或远或近，或直接或间接，都是要使得法律的制度目的得以实现，而法律最直接最基本的制度目的就在于规范行为。法律应用解释问题亦即法律的行为规范性问题。逻辑上，法律本身解释都是在解决法律如何应用的问题。故而，在法律制度目的满足性意义上，对法律本身的解释与对法律应用的解释合一，区别表述的意义至多只在于修辞效果。

所以，立法解释文件中"根据司法实践中遇到的情况""如何适用"的表述，并非形式上的偶然表达，而是在法律解释学上具有逻辑必然性：于实现法律的目的而言，只有在法律应用实践中，才会产生有解释价值的问题，而所有法律含义解释的目的，也都是为了解决法律应用问题。法律解释制度设计固执地将对法律本身的解释与对法律应用的解释分离开来，坚持立法机关在法律本身的解释权，哲学上是将法律器物化。法律本身解释无法与法律应用解释分离开来，强行的制度分离必然导致的只是法律本身在解释学上的价值贫困。

解释制度上，立法解释和司法解释只能以解释的做出主体来进行区分：由立法机关对法律（或如何应用法律）所做的解释就是立法解释，而由最高人民法院对法律（或如何应用法律）所做的解释就是司法解释。相同的解释对象，不同的解释主体而已。除此之外，并无各自独特的解释对象和截然的解释性质差别。一如哲学的一个经典例子，无论是称作晨星、商星、启明星，还是称作暮星、参星、长庚星，所指称的都是同一颗星，区别只在于是在早晨看到，还是在傍晚看到。希望哲学上的究根问底，能够减少法理学者们在立法解释制度研究上的一些无意义的智力消耗。

（三）未来法律解释学

想象一下远古时代，生产技术水平低下，劳动分工不明显时，器物较为简单，一般是由使用者本人自己制作的。例如：弓箭由猎手自己制作、自己使用，会使用也就意味着会制作。猎手会考量自己射猎时的行为状况来制作合适的弓箭。此时，每把弓箭都有特殊性，铭刻着使用者的行为特征，很大程度上依附于猎手的射猎行为。对弓箭的解释相比对猎手射猎行为的解释可能更加重要。这种情况下，器物可以看作是行为的延伸。现代劳动分工下，器物本身功能更加高级，制作要求更加复杂和精深的知识。一方面简化使用行为要求，使其器物的使用行为标准化；另一方面器物更高级的功能却又对行为提出了更高的要求。器物层面的进步并不在于行为更简单了，也不在于行为更繁复了，而在于行为要求不断地被优化，使得行为水平更高、效率更高，能实现更多更高级的器物目的。

那么，作为制度典型的法律会不会也出现这样的发展趋势呢？即劳动分工细化和更高级的技术使得法律器物化程度加深，使法律趋近于机器，对法律应用不需要对法律本身的深层理解，法律应用变成一种类似于器物使用的操作技术，法律像器物一样有一套本身的自动运作机理。此时，对法律本身的解释将像器物一样很大程度独立于对其应用的解释。

这是否是一种凭空的设想？并非。这种法律机器化的思想潮流一直存在。马克斯·韦伯在其著作中提到一种"将法官看作一部加工机器"的流行看法，"这种法官只知道将当事人的诉讼要求和诉讼费一起塞入机器，然后根据从法典中推演出来的理由进行诊断"[①]，这是把整个法律制度连同法官设想成自动售货机。《普鲁士国家普通邦法》则希望通过"一劳永逸、面面俱到地规定其臣民的所有生活关系"实现一种"万能管理"，导致"过多决疑的法律规定达17 000多条"。希望以此"禁止法官对有关法律的自行解释和发展"[②]，所体现的同样是一种法律机器化倾向：法律本身像是一部完备的机器，法官充当操作员角色。

上述思想还只停留在比喻的层面上将法律看作机器。当前人工智能和大数据风潮，在国内使得法律机器化思想重又活跃起来，并且似乎是想要使法律运行向真正机器化迈进。例如：海南省高级人民法院宣布其研发了"量刑规范化智能辅助办案系统"[③]，该系统具有一些神奇的自动功能。根据报道描述，

[①] ［德］马克斯·韦伯：《论经济与社会中的法律》，张乃根译，中国大百科全书出版社1998版，第355页。

[②] ［德］K·茨威格特，H·克茨：《比较法总论》，潘汉典等译，法律出版社2003年版，第211页。

[③] 最高人民法院网站，http://www.court.gov.cn/zixun-xiangqing-54302.html。

法官角色似乎正在逐渐转变为法律机器操作员①。不妨想象，如果真的实现了这种法律机器，届时立法工作同时也包括制造这种法律机器，那么法律解释学也必将发生翻天覆地的变化。法律本身解释将真正能够与法律应用解释分离开来，各自具有独立价值。法官法律应用解释将主要成为对法律机器应该如何更好操作的解释，将极大脱离对法律本身是什么样子的理解。法律本身解释将真正成为立法者的事情。

---

① 该系统具有智能识别提取犯罪事实和量刑情节，自动推送关联法条和类案，自动依据历史量刑数据推荐量刑，自动生成程序性法律文书和框架性裁判文书，以及多维数据统计等功能。系统还能通过深度学习，不断提高提取案件事实情节、推荐法条及类案的准确性，提高裁判文书生成的质量。

体外受精胚胎处置中的
利益冲突与价值衡量

袁金根　吴强林[*]

摘　要：在法律没有作出明确规定前，"利益冲突—价值衡量"是解决体外受精胚胎处置纠纷的可行模式之一。体外受精胚胎处置中利益冲突的常见类型包括：夫妻一方生育权与另一方不生育权的冲突、维护父母利益与保护未出生者权益的冲突、对剩余或无主胚胎的处置利用冲突、对夫妻死亡后留世胚胎的处置冲突、公共利益与私人利益之间的冲突。权衡和处置的基本原则是：生育权与不生育权平等，生育一般应当有夫妻合意；父母生育权优先，但也应重视对未出生者权益的合理保护；应当允许收养、捐赠等合理利用；特殊情形下近亲属可以享有监管和处置权；公共利益并不必然大于私人利益。在法律上明确体外受精胚胎的地位、制定关于体外受精胚胎处置和利用的法律规范、明确纠纷解决的标准和方法，才是妥善解决体外受精胚胎处置纠纷的最好途径。

关键词：体外受精胚胎　利益冲突　价值衡量

无锡冷冻胚胎案[①]引发了广泛的社会关注，该案二审判决从伦理、情感、

---

[*] 袁金根，上海市宝山公证处主任；吴强林，上海大学博士研究生，浙江省桐乡市人民检察院检察官。

[①] 江苏宜兴一对双独年轻夫妻因"原发性不孕症、外院反复促排卵及人工授精失败"，在南京市鼓楼医院施行体外受精—胚胎移植助孕手术，医院在治疗过程中冷冻 4 枚受精胚胎，并计划于 2013 年 3 月 25 日进行胚胎移植手术。不幸的是，手术前 5 天，夫妻二人遭遇交通事故死亡。后夫妻双方父母之间、双方父母与医院之间对上述 4 枚冷冻胚胎的监管权和处置权发生争议。一审宜兴市人民法院认为，受精胚胎具有发展为生命的潜能，是含有未来生命特征的特殊之物，不能像一般之物一样任意转让或继承，不能成为继承的标的。二审无锡市中级人民法院认为，公民合法的民事权益受法律保护，双方父母要求获得涉案胚胎的监管权和处置权合情、合理，且不违反法律禁止性规定，故撤销一审判决，判决 4 枚冷冻胚胎由双方父母共同监管和处置。

特殊利益保护三方面论证了涉案胚胎的权利归属①，被称为"难得一见的讲理判决"②，广受好评。但是，诚如该案审判长时永才在答记者问时所说，一审改了不代表错了，只是认识的角度不一样，对新生事物的认识，会随着社会的发展发生很大的变化③。体外受精—胚胎移植（IVF-ET）④作为一项新的生殖技术，在实践中已经获得了十分普遍的应用。在 2013 年 10 月 12—17 日举行的国际生育力学会联合会与美国生殖医学学会年会上，国际辅助生育技术监控委员会指出，现在全球的试管婴儿已经超过 500 万人，据保守估计，中国的试管婴儿也已接近 10 万人，以试管婴儿为代表的体外授精技术已成为治疗不育的主要手段⑤。然而，法律总是落后于技术的发展，虽然新的生殖技术已经得到十分广泛的应用，但由此引发的诸多法律问题却一直困扰着理论和实务界，体外受精胚胎的处置即是其中之一。

一、立法不足与体外受精胚胎处置的可行模式

自 1978 年第一位试管婴儿在英国诞生，世界各国逐步开始了针对这一全新生殖技术的立法探索，最早的当属美国路易斯安那州于 1986 年颁布的《人类胚胎法》，在其后的二十余年间，欧洲各国基本上都制定了本国的相关法律规定⑥。在我国，当前已有的法律规范主要是卫生部于 2001 年颁布的《人类辅助生殖技术管理办法》《人类精子库管理办法》和 2003 年修订的《人类辅助生殖技术规范》《人类精子库基本标准和技术规范》《人类辅助生殖技术和

---

① 江苏省无锡市中级人民法院（2014）锡民终字第 01235 号民事判决书，http://wxzy.chinacourt.org/public/detail.php? id=5773，2014 年 10 月 20 日最后访问。
② 杨支柱：《难得一见的讲理判决及其中悬而未决的问题》，http://bbs.163.com/thread/shishi-453956243-1％7C36u_C.html，2014 年 10 月 20 日最后访问。
③ 《无锡中院就冷冻胚胎案终审判决大逆转答记者问》，http://wx.sina.com.cn/news/wxnews/2014-09-19/161546884.html，2014 年 10 月 20 日最后访问。
④ 这是最早一代新的生殖技术，随着科技发展，现在已更新到第四代技术，本文以 IVF-ET 统称这项科技。
⑤ http://www.infzm.com/content/97918? aduin=337573396，2014 年 10 月 20 日最后访问。
⑥ 徐国栋教授在《体外受精胚胎的法律地位研究》（载《法制与社会发展》2005 年第 5 期）一文中，详细列举了世界各国有关的立法情况，详见该文第 51—53 页。

人类精子库伦理原则》①。虽然我国已经制定了上述"两办法三规定",但一方面,在效力上,这些办法和规定都是卫生部制定和颁布的,分别属于部门规章和规范性法律文件,效力层级较低;另一方面,在内容上,上述"两办法三规定"主要包括对辅助生殖技术的管理、技术性规定及伦理原则,并不涉及有关人类辅助生殖的基础性的法学理论问题和具体的纠纷解决,比如:体外受精胚胎的法律属性是什么?体外受精胚胎是否享有一定的民事权利?夫妻离异或死亡后,对体外受精胚胎应该如何处置?法律是否应该允许收养体外受精胚胎?等等,诸如此类理论和实际问题都还没有具体的法律规定,相关立法明显不足。

法律的目的和功能是实现定纷止争,但由于立法不足,实践中出现相关纠纷时,法律不能为妥善解决纠纷提供有效的尺度。此时,只能采用其他的纠纷解决模式,对于体外受精胚胎的处置来说,在法律没有作出明确规定前,"利益冲突—价值衡量"是解决体外受精胚胎处置纠纷的可行模式之一。所谓"利益冲突—价值衡量"模式,是指通过正视和分析纠纷主体之间的利益冲突,从法律、伦理、社会发展等多角度对相关利益进行价值权衡与取舍,从而达到保护更高利益和解决争端的一种纠纷解决方式。

体外受精胚胎处置纠纷往往发生在请求医院施行体外受精—胚胎移植生殖技术的丈夫和妻子之间以及他们与医院之间,纠纷的内容大多直接涉及对体外受精胚胎的处置,纠纷的实质其实是谁有权对涉争胚胎进行处置以及应该如何处置,说到底,针对受精胚胎的纠纷其实主要还是权利主体之间的利益纠纷。因此,正视和分析丈夫、妻子、医院三者之间利益冲突的焦点,通过价值权衡,从而保护更高利益,是解决体外受精胚胎处置纠纷的合理途径。

---

① 参见《卫生部关于修订人类辅助生殖技术与人类精子库相关技术规范、基本标准和伦理原则的通知》(卫科教发〔2003〕176号)。

二、典型案例及体外受精胚胎处置中利益冲突的常见情形

（一）典型案例

案例一：美国的 Davis v. Davis 案①

Junior Lewis Davis 与 Mary Sue Davis 于 1980 年结婚，婚后妻子 Mary 遭遇了 5 次宫外孕，自然生育无望；他们继而求助于试管婴儿技术，又遭遇 5 次体外受精失败。1988 年，冷冻保存胚胎技术诞生后，他们转而寄希望于这一新技术。1988 年 12 月 8 日，医院从 Mary 体内采集 9 枚卵子，经体外受精形成 9 枚受精卵，其中两枚移植失败，另 7 枚以冷冻的方式保存起来。1989 年 2 月，Junior 向 Mary 提出离婚，7 枚冷冻胚胎的处置因此成为矛盾焦点。Mary 主张自己是这些冷冻胚胎的母亲，她一开始希望得到这 7 枚冷冻胚胎并植入自己体内，后 Mary 在案件审理过程中再婚，因此转而提出将这些胚胎捐赠出去。而 Junior 则不希望孩子出生在破碎的家庭中，拒绝成为父亲，希望将 7 枚冷冻胚胎销毁。

案例二：Evans 和 Howard Johnston 签下了同意书并进行了试管受精，辅助生育医疗中心利用 Evans 的卵子和 Johnston 的精子合成了 6 枚受精卵。在受精卵移植手术进行前，两人关系破裂，本来同意 Evans 使用受精卵的 Johnston 随后改变了主意并撤回了自己的同意，坚持要求销毁受精卵。而此时，Evans 由于手术原因，已经丧失排卵功能②。

案例三：在以色列，Ruthi 与 Danni 关于冷冻受精胚胎权属的纠纷，历经区法院、最高法院上诉审、最高法院再审三次审理，最终由 11 名法官组成的再审庭以 7 比 4 的结果判决妻子 Ruthi 对受精胚胎享有所有权，其主要依据包括：受精胚胎的成功植入是 Ruthi 成为血缘母亲的唯一机会、Ruthi 成为血缘

---

① 徐国栋：《体外受精胚胎的法律地位研究》，载《法制与社会发展》2005 年第 5 期；肇旭：《人类胚胎干细胞研究的法理学分析》，载《学习与探索》2011 年第 1 期。
② 祝彬、姜柏生：《夫妻离异时冷冻受精胚胎所有权的归属》，载《医学与哲学》2008 年第 4 期。

母亲唯一机会的权利高于 Danni 拒绝做父亲的权利①。

(二) 体外受精胚胎处置中利益冲突的常见类型

1. 夫妻一方生育权与另一方不生育权的冲突

这种类型的利益冲突一般发生在夫妻关系破裂的情况下，离婚后，通常女方都希望能将之前冷冻保存的受精胚胎移植到体内，进而实现生育目的，而男方则往往不想成为父亲，更希望将冷冻胚胎销毁。在上述三个典型案例中，都出现了这种情形。这种利益冲突的实质是夫妻一方生育自由权与另一方不生育自由权之间的冲突。

2. 维护父母利益与保护未出生者权益的冲突

在案例二和案例三中，都出现了一种较为特别的情况，即女方因为身体或手术等原因，丧失了排卵功能等，这意味着女方只有将之前冷冻的胚胎移植到自己体内，才有可能实现做母亲的愿望，否则永远不可能再生育，包括自然生育和人工辅助生殖。在这种情况下，一方面是出现了夫妻双方之间生育权与不生育权的冲突，另一方面，是维护父母利益与保护未出生者权益之间的冲突。在案例三中，以色列最高法院的再审判决虽然维护了 Ruthi 成为血缘母亲唯一机会的利益，但对于未来出生的孩子来说，其必将出生在一个单亲家庭中，其从一开始就将在一个与常人不同的环境中成长，这对他来说，是公平的吗？那么，维护 Ruthi 的利益是否牺牲了她未来孩子应受尊重和保护的权益？

3. 捐赠、收养或销毁：对剩余或无主胚胎的处置利用冲突

在美国的 Davis v. Davis 一案中，Mary 在案件审理过程中提出将这些胚胎捐赠出去，这就出现了胚胎他用的可能性问题。而这种胚胎他用冲突在对剩余或无主胚胎的处置利用中表现得更为明显。通常情况下，医院在实行体外受精过程时，为保证手术成功的概率，往往会多培植几个受精卵，当其中的一个或几个移植成功后，对剩余的冷冻胚胎如何处置？另一种情形是无主胚胎的处置问题，即当事人长期不向医院缴纳冷冻费等管理费用，也不向医

---

① 祝彬、姜柏生：《夫妻离异时冷冻受精胚胎所有权的归属》，载《医学与哲学》2008 年第 4 期。

院主张权利，其与医院之间的合同已经实质性失效，此时被冷冻的胚胎变为无主胚胎，这种情况下，对胚胎又该如何处置？对剩余胚胎，夫妻一方或双方能否自主决定将其捐赠给其他自然生育困难的夫妇？是否允许将其捐赠给医疗机构做研究用？是否允许他人收养？对无主胚胎，医院能否单方面利用？还是只能销毁？

4. 继承、监管处置或其他：对夫妻死亡后留世胚胎的处置冲突

在本文一开始提到的无锡冷冻胚胎案中，从公开报道等资料情况来看[1]，一审时，该案的案由是继承权纠纷；到二审阶段，无锡市中级人民法院将案由变更为监管权和处置权纠纷。这就涉及一个问题，冷冻胚胎能否被继承？夫妻双方去世后，谁有权对留世的冷冻胚胎进行监管和处置？

5. 公共利益与私人利益之间的冲突

这里的公共利益主要是指对为促进人口增长或限制人口增长而制定的一些公共政策的维护。这种公共利益与私人利益之间的冲突即表现为：能否为了促进人口增长而违背当事人的意愿，支持对体外受精胚胎的积极利用？能否为了限制人口增长而阻止当事人对体外受精胚胎的合理利用？

三、价值衡量与处置原则

(一) 生育权与不生育权平等，生育一般应当有夫妻合意

首先，生育权是夫妻双方平等享有的权利。2002 年《人口与计划生育法》第十七条规定："公民有生育的权利。"在这里，生育权的主体被明确为公民，这意味着生育权不仅仅是女性的特权，男性同样享有生育权。其次，夫妻双方也有不生育的自由。由于妇女在家庭和社会上往往处于弱势地位，所以《妇女权益保障法》第五十一条特别指出："妇女有按照国家有关规定生育子女的权利，也有不生育的自由。"不仅仅是妇女，不生育同样也是男性应当享有的自由。再次，夫妻一方的生育权与另一方的不生育权平等。《最高人民法

---

[1] 目前，笔者只能搜索到该案的二审判决文书，一审判决书未能查询到。

院关于适用〈中华人民共和国婚姻法〉若干问题的解释（三）》第九条规定："夫以妻擅自中止妊娠侵犯其生育权为由请求损害赔偿的，人民法院不予支持；夫妻双方因是否生育发生纠纷，致使感情确已破裂，一方请求离婚的，人民法院经调解无效，应依照婚姻法第三十二条第三款第（五）项的规定处理。"按照上述解释精神，当夫妻之间因生育发生纠纷，并不存在一方对另一方权利的损害，也就无所谓损害赔偿，当纠纷无法妥善解决时，只能依照感情破裂标准按离婚纠纷处理。这种解释背后的理论基础就是夫妻一方生育权与另一方不生育权是平等的，一方拒绝生育并不是对另一方生育权的侵害。另外，生育必须有夫妻合意。"生育是男女双方的生育权同时实现的过程。育龄男女因婚姻关系而互负身份契约性的私法上的共同生育义务……此种义务具有相向性，它不是对方生育权的对应义务。"[1]

就夫妻双方之间对体外受精胚胎的处置来说，因为夫妻一方的生育权与另一方的不生育权处于平等地位，所以，将体外受精胚胎移植到女方体内以实现生育，通常须有夫妻双方的合意。如果一方不同意移植，另一方不得单方面移植和生育，这种冲突较多地发生在夫妻离异的情况下。在案例二 Evans 和 Howard Johnston 对体外受精胚胎的处置纠纷中，英国高等法院驳回 Evans 使用受精卵的请求，其理由即是 Evans 的私生活和家庭权利的行使不能牺牲 Johnston 不想成为父亲的自主权。还有一种情况，即夫妻双方本有合意，但一方意外死亡，另一方主张按照之前的合意进行胚胎移植。此时，夫妻一方的意外死亡并不必然中断或否定其之前作出的合意表示，应当允许另一方依照合意进行手术。2003 年发生在广东的王霞案件即是这种情形[2]。

但是，夫妻一方生育权与另一方不生育权平等并不是绝对的，也并非任何时候都必须有夫妻双方合意才可以生育。在少数特殊情形下，应当允许夫妻一方单独利用体外受精胚胎以实现其生育目的。在案例三中，以色列最高法院再审判决认定"Ruthi 成为血缘母亲唯一机会的权利高于 Danni 拒绝做父

---

[1] 刘道云：《生育权的几个基本问题》，载《安庆师范学院学报（社会科学版）》2011 年第 9 期。
[2] 刘颖、杨健：《胚胎的法律属性及其处置规则刍议》，载《中国卫生法制》2014 年第 1 期。

亲的权利"①，如此一来，即便没有 Danni 的同意，Ruthi 照样可以将体外受精胚胎移植到自己体内而实现做母亲的愿望。当然，这只是少数特例，绝大多数情况下，还是应该坚持生育权与不生育权平等，尊重夫妻双方的共同意愿。

（二）对维护父母利益与保护未出生者权益的合理权衡

在允许夫妻一方单独利用体外受精胚胎以实现其生育目的的特殊情形下，不可避免地出现夫妻一方生育权与未来将出生的儿童应当享有完整家庭权益之间的冲突，是应该为保护未来将出生的儿童的权益而限制夫妻一方单方面行使生育权，还是应当为了保护夫妻一方的生育权而置未来将出生的儿童的权益于不顾？这似乎是一个无法调和的矛盾。其实，这种矛盾不仅仅是利用体外受精胚胎时才出现的，在自然生育的过程中也面临这样的利益冲突。两者之间的差异在于，在自然生育过程中，当女方已经受孕，出现离异、男方意外去世等特殊情况时，女方将已受孕的胎儿生育出来似乎是理所应当的，堕胎反而会被指责是一种不道德的行为，因为人们在潜意识里把已经在女方体内存活的胚胎当成了活生生的生命，此时胚胎的生命权排在首要的地位。而在采用体外受精—胚胎移植技术的时候，由于体外受精胚胎尚未移植，生命并没有以一种非常直观的方式表现出来，这时候不移植不仅不会受到人们道义上的指责，反而会被认为是对未来生命的一种尊重，因为他本应出生在一个与绝大多数生命一样的健全的家庭和环境中。但是，这只是站在局外人的角度，从一般公众情感角度所做的伦理思考。对于欲单方面利用体外受精胚胎实现其生育权的当事人来说，这显然不是一个问题，他会当然地认为自己的生育权位于优先位置，并且会理直气壮地反驳：你怎么就能肯定他（未来将出生的儿童）将来不会健康成长呢？并且，从传统伦理的另一个方面来思考，所谓"不孝有三，无后为大"，从这个角度来看，夫妻一方生育权与未来将出生的儿童应当享有完整家庭权益之间的冲突似乎显得无足轻重，不足挂齿。立场不同，观点自然千差万别。

但冲突毕竟存在，问题还得解决。体外受精胚胎毕竟还不是完整的生命，

---

① 祝彬、姜柏生：《夫妻离异时冷冻受精胚胎所有权的归属》，载《医学与哲学》2008 年第 4 期。

其所应享有的权益也必然有所限制,既然自然生育时,妻子一方单方面生育合情合理,那么,在采用体外受精—胚胎移植技术生育时,也就不应该在这个问题上给当事人设置更多的门槛。

(三) 应当允许收养、捐赠等合理利用

在剩余或无主胚胎的处置利用方面,出现过捐赠、收养和销毁等多种方式。探究体外受精胚胎能否被捐赠、收养或者被继承以及销毁是否合理等,首先要考虑的是体外受精胚胎的法律属性问题。体外受精胚胎到底是物、是人还是介于物和人之间的特殊中介,理论界有诸多争论,最初简单认定受精胚胎为物和将其视为人的极端观点受到了不同程度的批判:"基于道德感情,我们不能允许将胚胎仅作为一种可供研究的'物',采取'消费'的态度,用完即弃,甚至为了研究而制造胚胎。"[1] 同样,体外受精也不是人,"因为它没有自我意识,没有理性,也不会形成社会关系"[2],也就不具有法律意义上的完整的"人"的权利。现在比较一致的看法是:体外受精胚胎是介于物与人之间的特殊物,"应处在既不属于人,也不属于物的'受特别尊敬'的地位"[3]。

本文也采通说观点,将体外受精胚胎当作介于物与人之间、应受尊重的特殊物,在此基础上讨论对剩余或无主胚胎的处置利用问题。

所谓胚胎收养,是指送养人(也称为胚胎的合法管理人)将拥有的剩余胚胎送给另一对不孕的配偶收养,并将自己对胚胎以及可能由该胚胎孕育的儿童的所有权利与义务一并让渡给收养人的制度[4]。实际上,在国外,胚胎收养已经进行了较长时间的探索,一般认为,胚胎收养,既能实现对剩余或无主胚胎的合理利用,也可以达到尊重胚胎所具有的特殊人格利益的目的,因此,比之于简单地将剩余或无主胚胎销毁,显得更加符合经济原则和人伦情理。因此,作为一种有益的利用方式,胚胎收养应当在一定范围内被允许。

胚胎捐赠通常涉及两种情况:第一种情况实际上就是胚胎收养所指向的情

---

[1] 满洪杰:《人类胚胎的民法地位刍议》,载《山东大学学报(哲学社会科学版)》2008年第6期。
[2] 刘晓枫、陈志伟:《人类胚胎及胎儿的法律地位分析》,载《科技与法律》2011年第3期。
[3] 徐国栋:《体外受精胚胎的法律地位研究》,载《法制与社会发展》2005年第5期。
[4] 吴文珍:《美国的胚胎收养实践与立法及其对我国的启示》,载《社会科学》2011年第6期。

形，在这种意义上的胚胎捐赠应当被胚胎收养所吸纳，因为"捐赠"所指向的对象为物，"收养"一词更能体现出对胚胎所具有的特殊人格权益的尊重。另一种情况是，合法管理人将剩余胚胎捐赠给医疗机构做研究用。此时，使用"捐赠"概念倒也无可厚非，因为，按照对胚胎进行分阶段保护的观点，将胚胎用于研究目的，只能采集和使用发育不足14天的胚胎[1]，而医学上一般认为发育不满14天的胚胎由于尚未发育神经元，把这个时期的胚胎定位为物不会产生道德问题[2]。实践中，对于发育不满14天的胚胎，包括我国大陆、台湾地区在内的许多国家和地区也都是将其作为物来对待的[3]。因此，首先，胚胎捐赠应当区别于胚胎收养，胚胎捐赠的对象应专门指向发育不足14天的胚胎。其次，为了满足医学研究的需要，促进医学发展，应当允许权利人将发育不满14天的体外受精胚胎捐赠给医疗机构供医学研究使用。

（四）特殊情形下近亲属可以享有监管和处置权

通常而言，进行体外受精—胚胎移植手术的夫妻与医院之间针对体外受精胚胎的处置发生纠纷时，首先应该充分尊重医患双方的意思自治，严格依照知情同意书等文件与合同进行处理。医院方面制作的知情同意书等文件与合同应当充分询问患者对体外受精胚胎的处置方式，比如，对多余胚胎选用何种处理方式，夫妻因意外情况如死亡等不能利用保存在医院的冷冻胚胎时如何处置等。但在一些案件中，医患双方可能对此没有约定，或者因为某些不可预见的因素使约定的效力出现了瑕疵，像无锡冷冻胚胎案即面对这种难题。

在无锡冷冻胚胎案中，一审法院认为，施行体外受精—胚胎移植手术过程中产生的受精胚胎为具有发展为生命的潜能，含有未来生命特征的特殊之物，不能像一般之物一样任意转让或继承，故其不能成为继承的标的。同时，沈杰与刘曦夫妻均已死亡，通过手术达到生育的目的已无法实现，因此驳回

---

① 满洪杰：《人类胚胎的民法地位刍议》，载《山东大学学报（哲学社会科学版）》2008年第6期。
② 徐国栋：《体外受精胚胎的法律地位研究》，载《法制与社会发展》2005年第5期。
③ 高玉玲、周正环：《胚胎法律地位问题研究》，载《安庆师范学院学报（社会科学版）》2007年第4期。

了原告继承胚胎的请求。而无锡市中级人民法院认为，在我国现行法律对胚胎的法律属性没有明确规定的情况下，应从伦理、情感、特殊利益保护等因素考虑涉案胚胎的相关权利归属：伦理上，双方父母与涉案体外受精胚胎具有生命伦理上的密切关联性；情感上，沈杰、刘曦因车祸死亡后，涉案胚胎是双方家族血脉的唯一载体，承载着独特的人格利益，由双方父母监管和处置，既合乎人伦，亦可适度减轻其丧子失女之痛楚；特殊利益保护方面，胚胎是介于人与物之间的过渡存在，具有孕育成生命的潜质，比非生命体具有更高的道德地位，应受到特殊尊重与保护。沈杰、刘曦意外死亡后，其父母不但是世界上唯一关心胚胎命运的主体，而且亦应当是胚胎之最近最大和最密切倾向性利益的享有者。因此，判决 4 枚冷冻胚胎由双方父母共同监管和处置[①]。

应该说，二审判决从伦理、情感、特殊利益保护三方面比较完美地论证了涉案胚胎应然意义上的权利归属，在法律没有明确规定的情况下，如此处理，是比较符合公众伦理情感和期待的，判令近亲属在特殊情形下可以享有对体外受精胚胎的监管和处置权，具有较为典型的借鉴意义。

（五）公共利益并不必然大于私人利益

在公共利益与私人利益的冲突处理上，一般遵循公共利益优先原则，即在公共利益与个人权利发生冲突而难以兼顾时，公共利益一般应当优先得到维护和实现，而个人的权利与利益则应受到适度限制甚至做出牺牲。但这并不意味着公共利益必然大于私人利益。就体外受精胚胎移植来说，在法律允许的范围内，当事人应该享有自由决定和自助选择权。除非有法律明确的禁止性规定，否则不能动辄以维护公共利益为由对个体的合法权益进行干涉，不能为了实现所谓促进或限制人口增长的公共利益目的，而对当事者合理进行体外受精—胚胎移植的权利予以干涉。在美国的 Davis v. Davis 一案的上诉审中，田纳西州最高法院做出的判决即认定："田纳西州以促进人口增长的公

[①] 江苏省无锡市中级人民法院（2014）锡民终字第 01235 号民事判决书，http://wxzy.chinacourt.org/public/detail.php? id＝5773，2014 年 10 月 20 日最后访问。

共利益来压制 Junior 不生育的自决权，是不合理的。"①

"利益冲突—价值衡量"模式是解决体外受精胚胎处置纠纷的方法之一，但恰如文中所言，立场不同，所代表的利益不同，观点自然也就千差万别，"利益冲突—价值衡量"模式只是在法律没有明确规定情形下的一种探索和尝试罢了。在法律上明确体外受精胚胎的地位、制定关于体外受精胚胎处置和利用的法律规范、明确纠纷解决的标准和方法，才是解决体外受精胚胎处置纠纷最好的途径。

---

① 张善斌、李雅男：《人类胚胎的法律地位及胚胎立法的制度构建》，载《科技与法律》2014 年第 2 期。

[不动产产权法治研究]

上海松江家庭农场十年发展情况的调研报告

方志权[*]

摘　要：通过对上海松江粮食生产家庭农场十年发展情况的调研，分析上海松江推进家庭农场健康发展建立的内部运行机制与取得的初步成效以及松江家庭农场存在的不足，围绕打造家庭农场升级版提出了相关对策建议。指出发展松江粮食生产家庭农场显著提高了农民收入水平，使农村环境面貌发生明显变化，是农地"三权分置"的样本，也是江南水乡发展农业现代化的典范。

关键词：家庭农场　三权分置　农业现代化

近年来，"谁来种田、怎样种田"的问题日益凸显，为破解这一问题，上海松江区从2007年开始，结合本地实际，开展创办粮食生产家庭农场的探索与实践。松江区家庭农场是以农户家庭为经营主体，主要依靠本地家庭劳动力，实现生产规模化、专业化和集约化，大幅提高农业生产水平，有效调动农民种粮务农的积极性，粮食生产经营收入成为农民家庭收入的主要来源。

十年来，松江区家庭农场在不断探索实践中提高，从规范发展到融合发展、提升发展，取得了生产发展、农民增收、生态改善、农业可持续发展的显著成效，使家庭农场这一新型农业经营主体得以迅速推广。为总结松江家庭农场十年来的发展情况，近期，我们通过实地走访座谈，对300户家庭农场主进行了问卷调查，系统剖析了松江区发展家庭农场的十年历程，以期为促进我国家庭农场健康可持续发展提供借鉴。

---

[*] 方志权，上海市农委研究室主任，上海市农委政策法规处处长，研究员。

一、初步成效

通过调研,我们认为松江家庭农场十年发展取得了以下四方面的成效:

(一)成为农地"三权分置"的成功样本

在调研座谈中,大家普遍认为,在坚持土地所有权归属村集体经济组织的前提下,土地承包经营权分为承包权和经营权,实行承包权和经营权分置并行,实现土地所有权、承包权、经营权"三权分置",是松江家庭农场蓬勃发展的关键所在。土地所有权属于村集体经济组织,便于根据本村实际制定家庭农场户数和规模经营者条件,统一操作土地流入转出、租金交付,有利于实现守土有责、保护耕田、优化土地资源配置、决定土地流向。土地承包权属于农户,通过土地流转获得稳定的流转费收益,实现离土离乡不离利益,同时也能保障其知情权,参与所有的决策表决过程。土地经营权属于家庭农场主,按照合同期内经营土地,安心从事农业生产,有利于经营者稳定队伍、提高素质。正是在"三权分置"理念的指导下,目前松江区农民土地承包合同签订率达到99.9%,权证发放率达到100%。流转的土地,具备条件的全部通过实行统一委托流转,确保了流转的规范有序,保障了农民土地承包经营权益不受损害。据调研,截至2016年底,松江区有家庭农场966户,经营面积14万亩,占全区粮田面积的95%,其中机农一体606户,占62.7%。在松江家庭农场的示范带动下,上海其他各区也推广了家庭农场经营模式,全市共发展各类家庭农场4234户,经济、社会、生态效益显著。

(二)探索了江南水乡农业现代化发展新模式

松江是我国典型的江南水乡地区。通过发展家庭农场,松江区改变了土地一家一户分散经营方式,将土地、劳动力、农机等生产要素适当集中,实现适度规模经营,有利于现有生产条件下劳动力与耕种面积的合理配置,也有利于良种、栽培和防治等农业新技术的推广应用。2013年起,松江区重点推动发展机农结合家庭农场,实行"小机家庭化、大机互助化"的农机作业方式,使全区粮食生产的机械化率从74.6%提高到95.9%。家庭农场的发展，使松江区实现了现有生产条件下劳动力与耕地面积的合理配置，农户数量从 2007 年的 4 900 家调整到目前的 966 家，大大提高了劳动生产率，使农民从兼业状态变为职业农民，推进了粮食生产的专业化进程。

（三）显著提高了农民收入水平

松江家庭农场发展十年来，家庭农场经营收入从刚开始户均 4.6 万元提高到目前的 12.2 万元，亩均净收入从 460 元持续提高到 973 元。据调研，按一个家庭农场两个劳动力测算，机农结合和种养结合家庭农场户均收入普遍超过 30 万元，农民拥有"体面的收入"，过上"体面的生活"，使农业成为"体面的职业"。经测算，在松江，家庭农场经营者人均可支配收入为 5.3 万元，是全市农民人均可支配收入的 2.1 倍。总的来说，家庭农场提高农民收入的秘诀在于，这一经营模式使农民找到了通过提高劳动生产率实现可持续增收的道路，而不是靠政府补贴实现增收。在松江，家庭农场的实践使农民看到了种田的前景和希望，许多青壮年农民和一些受过高等教育的年轻人纷纷加入进来，成为新生代职业农民。据统计，目前 966 户家庭农场中，有 54 户经营者是"农二代"，未来这一趋势将成为松江家庭农场发展的常态。

（四）明显改善了农村环境面貌

组建家庭农场后，松江区粮田由本地农民规范种植，改变了过去三分之一粮田由外来户不规范种植、掠夺性生产的情况，对保护基本农田作用明显，有效促进了农业生态环境改善。首先是通过农业技术的普及推广，改进和提高了肥料使用技术和效率，减少了化肥施用量。其次是发展种养结合家庭农场和推进秸秆还田，对增加土壤肥力、养护农田作用明显，种养结合家庭农场化肥施用量折纯氮减少 30%，实现了农业生产的生态循环。再次是推行家庭农场后，秋播实施二麦、绿肥和深翻"三三制"轮作，有利于培肥地力，使农田环境整洁，进一步改善了农业生态环境。

二、主要做法

培育和发展家庭农场是农村改革的一项新生事物，是生产关系不断适应生产力发展要求的具体体现。调研显示,在推动家庭农场发展过程中,松江区注重建立制度、健全机制、完善政策,一环紧扣一环,形成了国内发展家庭农场最完整的政策支持体系。

(一)建立农地流转制度

发展家庭农场首先要解决"地从哪里来"和"怎么来"的问题。实践中,松江区在扎实推进农村土地承包经营权确权登记颁证的基础上,坚持鼓励和规范土地流转,重点平衡好土地承包农户与家庭农场经营者之间的利益关系,既要确保农民的土地承包权益,又要保证家庭农场经营的合理收益,充分调动经营者的积极性:一是以"依法、自愿、有偿"为原则,推行农民承包土地委托村委会统一流转的方式,集中农民土地,实行规模经营,将土地交给真正有志于从事农业生产的农民经营。二是发挥政策杠杆调节作用,及时调整土地流转政策,将土地流转费由原本固定的 600 元/亩调整为以 500 斤稻谷实物折价,使土地流转费随粮食收购价变动,使流出土地农民和家庭农场之间的利益由市场调节。据了解,实行流转价格实物折价政策以来,松江区土地流转费长年处于上海各区的最低水平,2016 年全区土地流转费均价为每亩 733 元/年,仅为全市均价的 65%。

(二)建立土地适度规模经营制度

解决了"地从哪里来"和"怎么来"之后,还要解决如何合理确定土地经营规模问题。松江区特别强调根据当地农村劳动力转移就业、土地流转水平状况来确定家庭农场土地经营规模,兼顾公平与效率,用政策手段和认定标准加以引导,防止土地过度集中,确保家庭劳动力承担的生产规模与现有生产力水平相适应,避免因经营土地面积过大造成农民之间收入差距过大。以粮食生产家庭农场为例,松江区将其经营规模控制在 100—150 亩,一方面可确保种粮农民通过农业劳动获得比在企业务工高一些的收入,有利于家庭农场经营者队伍稳定,另一方面与当前农业机械化能力和家庭农场自耕生产能力相适应,实现了现有生产条件下劳动力与耕地面积的合理配置,提高了劳动生产率。

（三）健全家庭农场经营者准入和退出机制

随着家庭农场效益逐步显现，不少农民都表示出成为家庭农场经营者的强烈愿望。对此，松江区探索了一套成熟规范的家庭农场经营者准入和退出机制。准入机制包括三个方面：一是建立有效的竞争机制，依据"吃苦耐劳、钻研技术、善于经营"的标准，在村级集体经济组织内部选择本地专业农民、种田能手经营家庭农场。在农民自愿申请的基础上实行民主选拔，由本村老干部、村民代表进行民主评定，择优选择；二是倡导发展种养结合、机农一体家庭农场，使经营者成为既种粮、又养猪、还会农机操作的自耕农，成为一种专业的劳动力；三是加强家庭农场经营者分级技术培训，颁发培训证书，提高家庭农场生产经营能力。同时，松江区还建立相应的考核制度，将家庭农场农业生产茬口安排、适时收种、安全用种用药、场容场貌等纳入考核范围，实行考核不合格淘汰机制，全区十年累计淘汰45户。退出机制的规则是设定经营者的年龄限制，年满60岁自动退休，将土地交给年轻农户经营。在初期，为引导土地流转，松江区对老年农民自愿退出土地经营，每人每月给予150元的补贴。从2015年下半年起，松江区又探索开展了老年农民自愿退出土地承包权换保障的做法，对老年农民自愿彻底退出土地承包权的，在每人每月860元农村养老保障金的基础上，由区财政每月再补贴664元。通过实施准入和退出机制，松江家庭农场经营者年龄在50岁以下的占到37.6%，其中45岁以下的占到25%，全区农业从业者的平均年龄比全市平均低5岁左右，有效缓解了农业生产后继乏人的问题。

（四）强化社会化服务机制

要解决家庭农场在生产经营中办不好、办不了的问题，必须通过强化社会化服务措施来解决。为满足家庭农场的生产需求，松江区从五个方面着手，为家庭农场提供产前、产中和产后全程服务：一是加强指导培训。对家庭农场经营者进行农业职业技能培训，指导家庭农场播种优质良种、采用标准化生产技术，提高水稻重大病虫害防治及安全生产水平。每年多次组织经营者开展职业技能培训，并派出技术人员到家庭农场现场指导，进行全程跟踪服务。二是完善农资服务。扩大农资连锁经营覆盖面，建立14家农资超市门店，做好种子、农药、化肥等生产资料统一到村送户服务。三是建造烘干设施。鉴于江南地区水稻收割季节多阴雨气候，近年来，松江区增加投入，累计建造了 2 800 吨烘干能力的设施，为全区家庭农场经营者提供稻谷烘干服务。四是开展信息服务。区农委和电信部门为所有家庭农场经营者配送一部手机，及时提供气象、植保、市场、价格等各类信息。五是给予金融支持。创新质押、担保方式，将家庭农场纳入小额信贷保证保险范围，为家庭农场提供发展所需的贷款贴息服务，贴息比例为同期同档次贷款基准利率的 60%。

（五）强化政策导向的顶层设计

为促进家庭农场这一新型农业经营主体健康有序发展，松江区在每个关键时期，加强顶层设计，利用政策手段引导家庭农场健康可持续发展：一是完善补贴政策。2007 年，为鼓励家庭农场发展，松江区财政给予家庭农场经营者 200 元/亩的土地流转费补贴；2013 年起，松江区将这项普惠制的补贴改为考核奖励，通过建立 18 项指标的考核清单，对考核通过的经营者发放奖励。对 60 位考核优异者，鼓励村集体经济组织与其延长经营期限 10 年。二是推进机农一体。为解决劳动力紧缺的问题，2013 年起，松江区鼓励发展机农结合型家庭农场，实现主体明确、产权明晰、范围明确、场所固定、一户经营、互助作业。目前全区已建成机农互助点 100 个，每个点服务面积达到 1 000 亩。这是调研中大家普遍认为松江发展家庭农场的成功经验。三是促进融合发展。松江区鼓励家庭农场与其他新型农业经营主体融合发展，积极探索农民合作社＋家庭农场、农业龙头企业＋农民合作社＋家庭农场等多种发展形式相结合，并组织成立松江区家庭农场联合会，在全区范围统筹协调开展社会化服务。四是提高社会保障。为解决职业农民无法获得社保的顾虑，2017 年 8 月起，松江区出台家庭农场经营者参加城镇职工基本养老、医疗保险政策，通过区财政对家庭农场经营者进行社保补贴，补贴金额每人每年 2 万元。

三、下阶段发展重点

在调研中，我们了解到，为使家庭农场由规范发展转向融合发展、提升发展、可持续发展，目前松江区正谋划从三个方面打造家庭农场"升级版"：一是牢牢把握家庭农场规模经营的度，既注重公平，又注重效率，使家庭农场的发展与城镇化进程和农村劳动力转移规模相适应，与农业科技进步和生产手段改进程度相适应，与农业社会化服务水平提高相适应。二是在现有966个家庭农场的基础上，以联合与合作为纽带，健全松江区家庭农场联合会，增强多元化、多形式的社会化服务，提升全区家庭农场的组织化程度，增强家庭农场与市场的对接能力。三是着力补齐短板，解决家庭农场对生产保险、冷链仓储、品牌创建等的共性需求问题，从而全面提升家庭农场的综合发展能力。

松江区提升家庭农场发展能级的思路，符合上海农业实现产品绿色、产出高效、产业融合、资源节约、环境友好的多功能农业现代化发展定位。通过调研座谈和问卷调查，我们认为下一阶段松江家庭农场实现可持续发展，可以从三个方面加大工作力度。

（一）提升营销能力

单门独户的家庭农场，无法有效对接市场。因此，松江家庭农场发展的当务之急是要提升营销能力，加强品牌建设，实现组团发展。问卷调查显示，目前全区九成以上的家庭农场将稻谷卖给粮食部门，而采取网上销售、零售和直供给食堂、工厂、超市等方式的只占5%；问卷调查的300个家庭农场中拥有注册商标的只有14家。据松江区农委统计，全区966个家庭农场中，已形成品牌化经营的只有30多户。座谈时，农场主普遍反映，已有的品牌小、散、弱，在市场上没有影响力和竞争力。为此，下一阶段松江区将在提升营销能力方面整合全区资源，统一组织水稻经营，由卖稻谷转向卖大米，并采用"松江稻米"地理品牌，提升产品附加值，进一步做强稻米产业。

（二）完善政策措施

下一阶段，松江区发展家庭农场应着力从五个方面完善支农政策措施：一是盘活存量建设用地资源，根据生产需要，改建为供农机设备停放、安置使用的设施用地；二是加强冷链设施建设，提升稻米的仓储水平和运输能力；三是完善针对家庭农场的农业保险服务，扩大对产量、人身安全、财产安全的险种覆盖面；四是锁定流转费，稳定补贴款，防止流转费和补贴过高制约家庭农场发展；五是加强对品牌管理、市场营销等方面的培训，提高家庭农场主的综合经营能力。

（三）保护农地经营权

实践证明，家庭农场经营期越长，队伍越稳定；队伍越稳定，经营者职业素质越高；经营者职业素质好，农业也就越稳定，发展也就越好。目前，松江区八成以上的家庭农场土地流转合同签订年限都超过了5年，经营者的权益得到了初步保障，但大多数家庭农场主仍盼望能再多延长土地流转年限。为此，基层呼吁在国家层面从法律上保护经营权，从政策上鼓励延长经营期，建议相关部门在修改《农村土地承包法》时将其作为一个内容予以考虑。

农村基层组织治理研究

——以农村土地征收补偿分配为视角

宋伟锋[*]

摘　要：当前社会转型期，农村基层组织治理成为依法治国的头等课题。土地征收补偿纠纷不断，村干部侵吞、截留征地款，监督虚化，民意诉求得不到救济，引发社会群体事件，成为基层组织混乱的缩影。本文以土地征收补偿分配纠纷解决为切入口，探讨畅通法律实施路径，建议强化省级政权指导，完善土地征收补偿分配规范与救济机制，来破解基层组织治理的困境。

关键词：土地征收　家族势力　基层组织治理

一、问题提出

（一）农村土地征收补偿分配问题层出

"三农"问题历来是党和国家关注的热点问题，然而国家经济转型中，国家反哺农业的惠民措施不断推出，真正惠及老百姓身上的有多少不得而知，影响惠民措施贯彻落实的最后一环是基层组织——村镇组织。2018 年，党中央加强对县级政权的管理，举办全国县委书记培训班，可见，中央已开始注意到县级组织的现管作用，但是村镇组织还未受到重视，致使村镇组织管理监督不到位。近年来，圈地、卖地成为地方政府财政收入的一部分，征地成为城市扩充发展的一种现象，征地补偿成为部分基层组织官员眼里的一块"肥肉"。

案例 1：2014 年 3 月 21 日凌晨，山东平度杜家疃村村民守在帐篷里阻止开

---

[*] 宋伟锋，克拉玛依市人民检察院助理检察员。

发商施工，被人纵火行凶，造成一死三伤。村民与开发商对抗的背后，是城镇化迅速推进大背景下，征地过程中村民与村委会负责人之间的利益纠纷。据村民说，杜群山以每张选票平均 1 000 元贿选，成为村主任。未召开村民大会以"上级党委决定"的旗号将地卖掉，对村民质疑回答："卖地这事是政府行为，你们爱上哪儿上访去哪儿上访，爱去找谁去找谁。"村委会截留 20% 的征地款，对卖地被骗和村干部涉嫌贪污征地款，引发村民不满，造成 3.21 纵火事件[①]。

案例 2：2013 年 10 月 22 日下午，云南晋宁县公安机关在晋城镇依法传唤 2 名嫌疑人后，引发广济村村民聚集，现场工作人员和途经该地的公务人员遭村民堵截，30 余辆公务车被打砸，26 名公安民警和 1 名协警不同程度受伤。据报道，村民称群体事件因征地引发[②]。

征地补偿款截留、分配不均等问题不断曝光，严重影响了党和国家在群众中的形象，激化社会矛盾，造成上访及社会群体事件层出不穷。

（二）基层组织治理已成为解决农村问题的关键

征地问题成为政府和农村热点问题，也是引发上访或群体事件的火药桶。据乐思网络舆情监测系统对 2014 年 1 月至 2014 年 12 月 19 日前的监测数据显示，2014 年我国涉及暴力征地事件 22 起，平均每月发生 2 起[③]。土地是农民生命之源，生存之本。土地征收严重影响被征地农民生存权[④]。土地征收补偿分配问题作为征地问题的一部分，理所当然地成为引起群体事件导火索。农村基层组织管理不规范是导致土地征收补偿分配不均、截留等问题的根源。农村基层组织管理失灵的症结何在？

二、引发基层组织管理失灵缘由

（一）基层组织监督缺位

我国宪法赋予基层组织民主自治权力，2010 年修改的《村委会组织法》

---

① 王瑞锋、杨锋：《平度纵火暴行背后的征地纠纷》，载《新京报》2014 年 3 月 27 日。
② http://news.wehefei.com/html/201310/2492461054.html，2016 年 4 月 24 日最后访问。
③ http://www.knowlesys.cn/wp/article/7294，2016 年 4 月 28 日最后访问。
④ 郭洁、李新仓：《集体土地征收补偿市场标准立法构建》，载《理论月刊》2015 年第 10 期。

"总则"第一条明确村民自治、基层民主的治理原则。第四条规定:"中国共产党在农村的基层组织,按照中国共产党章程进行工作,发挥领导核心作用,领导和支持村民委员会行使职权;依照宪法和法律,支持和保障村民开展自治活动、直接行使民主权利。"从中可以看出,村民自治离不开党的领导,党的领导在支持村委会行使职权的同时,要保障村民自治、民主权利实现。

而实践中,部分村干部(村支书或村主任等)打着党领导的旗号肆意践踏村民合法权益,歪曲了党领导的含义,从而给党的形象抹黑,以至于部分村民渐渐对党的方针政策缺乏信任。比如,在征地问题中,村干部代表村民协助政府签署征地补偿、分配方案,却被村干部误认为自身权力,签署征地补偿、分配方案个人独裁,缺乏村民会议的民主讨论,村民稍有不同意见,就会被打压或排斥(如"不同意,不给你分1分钱"等言语)。党的领导在基层组织已经渐渐成为部分村干部践踏民意的权力,致使党与群众关系疏远。在征地过程中,引发暴力群体事件是党和政府与群众关系紧张的真实写照。其实,对基层组织监督就是对基层村干部的监督,暴力群体事件就是对村干部行使职权监督不力的恶果。在农村,原有的乡土习惯有所冲破,市场经济下,部分村干部陷入经济利益的漩涡,以牟取私利为己任,丧失为村民服务的原则。

现有的基层治理方式,对村级组织监督弱化,放大了村民自治,导致村民自治权成为部分村干部牟取私利的工具。据报道,温州10名村干部瓜分价值18亿元的316套安置房,凸显村干部腐败问题日益严重,村干部权力失控[1]。据《人民日报》,2014年7月,中央巡视组工作报告曾痛陈,一些地方"乡村干部腐败问题凸显,'小官巨腐'问题严重"。另有统计显示,自2013年以来,全国各地公开村干部违纪违法案件171起,其中,涉案金额超过千万的案件有12起,总金额高达22亿元[2]。村干部腐败是基层治理权力失控和

---

[1] 陈勇:《温州10名村官瓜分316套安置房 成建国后村官集体贪污最大案》,http://www.qlwb.com.cn/2013/0817/26749.shtml,2018年7月1日最后访问。

[2] 李斌:《以治理法治化铲除"村官腐败"》,载《人民日报》2014年11月5日。

监督错位的表现,如何把权力关进制度的笼子,对基层治理来说举步维艰。

(二)农村家族势力影响

家族势力成为干涉农村基层组织民主自治的顽疾。家族等同于宗族。宗族,是同一父系的人们群居,有着共同的土地财产和宗庙,祭祀着同一祖宗,甚至还有共同墓地等的一个以血缘为基础的组织和社会团体[①]。在利益驱动下,农村家族势力以贿选、安插代理人及结亲等方式,成为其践踏基层民主的主要途径。膨胀的家族势力对集体利益置若罔闻,而以家族利益为核心,对群众上访等矛盾纠纷化解不利,容易引发群体事件。据《西安晚报》报道,2014年,西安市未央区徐家湾街道北辰村党支部原书记葛七宝曾自称"我是政府",要把警察"铐到村委会去",被网友称为"西安最牛村支书"[②]。作为党在基层的形象代言人,村支书的霸道与无理,破坏了基层民主自治,严重扰乱农村基层自治制度落实。在土地征收中,征收补偿分配方案、安置协议等补偿标准、补偿范围,往往反映的是有家族势力影响的村支书等基层"官员"的意志,农民很难参与征收补偿方案中来。

(三)现有土地征收补偿分配规范与机制失灵

1. 现有土地征收补偿分配失范

现行《土地管理法》第五十条规定:地方各级人民政府应当支持被征地的农村集体经济组织和农民从事开发经营,兴办企业。对补偿款分配不明确,以至于实践操作中,部分村干部打着本村发展基金的名义,侵吞、截留、私分征地补偿款。在案例1中,"3·21"平度纵火事件起因就是村委会截留征地补偿款20%,引发群众不满造成的。在现有土地增值收益分配方案中,农民拿到收益10%—15%,开发商拿走20%—30%,剩下的被地方政府拿走[③]。在补偿款利益分配中,农民本身比例最小,更何况还要被部分村干部以各种

---

① 徐小龙:《宗族文化对新农村建设的消极影响及其对策》,载《陕西教育学院学报》2008年第11期。

② 程慧:《委员:反腐不能像割韭菜要动真格》,http://www.china.com.cn/cppcc/2015-02/12/content_34802780.htm,2018年7月1日最后访问。

③ 《征地补偿标准有望提高》,http://roll.sohu.com/20121130/n359170239.shtml,2018年7月1日最后访问。

名义截留，真正到农民手里的少之又少。

2005年《最高人民法院关于审理涉及农村土地承包纠纷案件适用法律问题的解释》（以下简称《解释》）第二十三条规定："承包地被依法征收，放弃统一安置的家庭承包方，请求发包方给付已经收到的安置补助费的，应予支持。"根据《土地管理法》第四十七条第二款规定："征收耕地的补偿费用包括土地补偿费、安置补助费以及地上附着物和青苗的补偿费。"因此，安置补偿款作为征地补偿组成部分，从上述规定看，被征地农民有权请求村集体发放征地补偿，村集体没理由截留。《解释》第二十四条规定："农村集体经济组织或者村民委员会、村民小组，可以依照法律规定的民主议定程序，决定在本集体经济组织内部分配已经收到的土地补偿费。征地补偿安置方案确定时已经具有本集体经济组织成员资格的人，请求支付相应份额的，应予支持。但已报全国人大常委会、国务院备案的地方性法规、自治条例和单行条例、地方政府规章对土地补偿费在农村集体经济组织内部的分配办法另有规定的除外。"该条解释只规定村集体负责在集体成员内部分配土地补偿费，也未赋予村集体截留补偿款的权力。《土地管理法实施条例》第二十六条规定：土地补偿费归农村集体经济组织所有……安置补助费由农村集体经济组织管理和使用，不需要统一安置的，安置补助费发放给被安置个人。该规定也未说明村委会有截留征地款的权力。

在征地补偿费分配中，集体组织成员身份是关键因素。目前，法定识别集体成员身份的衡量标准是户籍，可量化，可操作。在实际分配中，各村集体有自己的分配规则，有的不给公务员身份本村村民分配，有的不给教师身份分配，这些情况存在于征地纠纷中。本村选民身份认定基础以《村委会组织法》规定本村户籍为准。而司法实践中，各地法院与基层组织身份认定不一致，以至于出现法官、村干部自由裁量权滥用，如基层组织多数人的"民主暴政"对少数村民权益的侵害。

2. 土地征收补偿分配救济机制缺乏

土地征收纠纷不断出现，但相应的救济机制不畅通，致使农民权益无人问津，从而引起上访、自焚等群体事件，影响社会稳定。在新型城镇化过程中，土地纠纷日益增多，农村群体事件中，65％以上是土地征收引发的群体事件①。然而，现有的土地纠纷救济混乱，农民救济无门。受利益瓜葛，救济裁判公正性欠缺，以至于农民宁愿不惜千里迢迢京城上访、告状，也不相信本地行政、司法救济手段。

政府批准自身制定的土地征收方案，然后公布征收方案，听取和征求农民意见。农民作为集体土地的所有者无法参与征地过程，知情权及参与权丧失，成为引发征地纠纷的主因，而征地争议裁定时，政府以裁判员和运动员身份出现②。对于体现政府意志的征地方案，我们很难期待其反过来支持农民的异议，更能主动为异议农民主持公道，土地管理部门与当地法院都难逃政府利益的导向，这缘于一项征地方案涉及本地的经济建设重大决策，维持农民权益必然导致项目搁置，工程拖延。这也是村干部腐败治理难的死结所在，基层政府与基层村干部有着共同利益，村干部为征地项目开道，保证项目实施，政府对村干部的管理方式采取"睁一只眼闭一只眼"态度。久而久之，基层组织管理混乱，监督缺失，村干部个人权威至高无上，俨然一个"土皇帝"，以至于堕落腐败，基层组织已不是党领导的根据地了，而演变成为部分村干部自家后花园了。

三、基层组织治理迫在眉睫

（一）基层组织无序化与依法治国的理念格格不入

基层组织治理刻不容缓，党的十八届四中全会通过的《中共中央关于全面推进依法治国若干重大问题的决定》提出深化基层组织依法治理，畅通群众利益协调的法律渠道，健全救济救助机制。然而，在当前征地中，引发的征地纠纷导致的群体性事件，严重影响了依法治国的政策方针。土地纠纷中，

---

① 于建嵘：《土地问题已成为农民维权抗争的焦点——关于当前我国农村社会形势的一项专题研究》，载《调研世界》2005年第3期。

② 练丹琴：《农村集体土地征收的困境与对策探析》，载《山西师大学报（社会科学版）》2015年第S2期。

凸显的村干部侵吞、截留征地款，侵害农民权益问题，足以说明基层组织管理瘫痪，村干部个人独裁，基层组织与依法治国相背离，沦为人治的地步。

在法治文明的今天，基层组织无序化不符合时代潮流，与当初实行群众自治制度的初衷相违背，村民自治不是村干部自治，民主选举不是贿选或以欺诈、威胁等暴力与金钱手段选举。依法治国就是要创建一个法治有序的规则社会，给民众一个表达民意、权益得到保障的生存环境。无序化的基层组织阻碍民意诉求，村干部个人权益凌驾于农民权益头上，社会公正无法彰显。

（二）基层组织混乱影响社会稳定

基层组织是治国之基，是社会稳定器。基层组织是党和国家重大方针、决策贯彻落实的最后一环，如协助党和政府落实惠民措施、征地补偿款发放等工作。不少地方政府要扩大城市发展空间的用地规模，为造形象工程，捞取个人政绩铺平道路[①]，因而违法征地、占用农村集体土地主体，地方政府占据很大比例[②]。一旦基层组织出问题，民意无从得知，国家政策就会缺乏可行性。久而久之，基层官员的胡作非为成为民众眼中党和国家的行为，对党的执政能力失去信心。

土地征收纠纷集中反映当前基层组织混乱的一个缩影。基层组织协助政府落实土地征收工作中，不按照征收程序，以部分村干部利益为核心，侵害群众权益，造成小官巨贪和群体事件不断暴露的现象。因此，治理基层组织对社会稳定显得尤为重要。

四、基层组织治理的现实路径

（一）畅通法律法规实施渠道

基层组织治理的头等课题是落实法律法规，寻找法律法规在基层组织被架空的根源，否则制定再多的法律都无实际意义。基层组织监督机制形同虚

---

① 宋才发：《农业用地保护的法制规范研究》，民族出版社2013年版，第179页。
② 宋才发、李文平：《农村集体土地征收制度改革中的法律问题探讨》，载《贵州社会科学》2015年第7期。

设，在于基层政府与部分村干部利益纠葛，也就有了村干部在实施征地的政策中窃取集体和群众利益，基层政府很少过问，村干部胆子更大，"我就是政府"，这是何等的"威武"。搞清楚政府与基层组织的利益瓜葛后，破解方法就是切断政府与基层组织利益链。

这就要求政府做出建设规划与招商引资时，需要科学论证，严格依法，不得为了个人政绩，拍脑袋决定项目。政府征地项目建议提出后，发布公告听取民意，认真做好项目民意调研，制定征地方案。只有这样，批准征地时，征地决策才能更容易被群众接受。政府也无须借助村干部的霸道横行来贯彻计划。政府对村干部无利益诉求，则更会公正按照法律法规对基层组织指导、监督，村干部的个人行为也就受到制度约束了。

（二）加强省级政权指导监督基层组织

基层组织治理是一个系统工程，不是简单某个贪官治理的问题，基层组织治理不能像割韭菜，而要有良性机制指导。中央党校举办全国县委书记培训班，习近平总书记亲自讲课，也是中央注意到县级政权基础作用，政策落实的执行者缘故，加强基层政权管理力度，是治国理政的导向。在全国部分省份试点的省直管县，司法机关省级垂管都是加强对基层政权管理的折射。

目前，基层组织与县乡政权关系密切，利益关系紧密，具体工作中难免偏袒，损害群众、村集体利益。乡镇对村委会等基层组织指导问题层出，加强村委会指导非常有必要。建议强化省级超越县乡政权组织指导村委会工作，能够真实了解、反馈民情民意，监督上级政策落实情况。村委会等基层组织虽然属于群众自治组织，但《村委会组织法》规定党在村委会的核心领导作用，省级政府监督既符合党的领导政策要求，又能避免地方保护主义。

（三）完善土地征收补偿分配规范与机制

现行《土地管理法》对土地征收补偿分配规定模糊不清，补偿纠纷救济机制不完善，群众利益无法保障。《解释》第一条规定："……集体经济组织成员就分配的土地补偿费数额提起民事诉讼的，人民法院不予受理。"规定含糊，是土地补偿费数额分配到各成员的土地补偿费数额还是征地补偿分到集体待分配的总数额。民事诉讼不受理，那行政诉讼呢？建议《解释》修改时作明确规定。

《土地管理法》及《土地管理法实施条例》《解释》对土地补偿费未作明确归属规定，土地补偿费分配成为争议热点，分给谁成为纠纷的关键。村委会等往往对不满征地方案或需求救济的村民，以不符合分配土地补偿费身份拒绝分配给村民。建议立法规定土地补偿分配归属，对村委会是否有权截留土地补偿费做出规定，规定村委会不得截留，否则容易成为村干部侵吞的口实。建议将集体经济组织成员资格要件以立法形式列明，明确成员条件：① 具有本村户籍；② 满足连续缴纳医疗、养老等手续三年以上；③ 具有本村选民资格；④ 领取农业补贴款三年以上；⑤ 本村刚出生不满一岁的新生儿不受②③④规定限制；⑥ 其他情形。

土地征收补偿分配救济机制呈现多头治水，越治越乱的情况。现有土地补偿救济方式为行政、司法手段。农民遇到土地征收补偿分配纠纷，国土资源管理部门和法院都受政府左右，国土局更是政府的一个部门，裁决以政府项目有力推进为主导，农民权益很难受到重视。如何破解现有土地纠纷救济困境，增加群众对党的执政能力的信心。裁决结果的公正性和权威性需要专门裁决机构保证[1]。建立土地补偿分配纠纷裁定专门机构，具体由省级政府部门组织，如土地纠纷裁决部门裁定方式实行少数服从多数，从省国土部门、省高院、专家学者三方组成，具体操作可以建立一个土地裁判人才库，如陪审员机制，随机选择，避免地方利益影响，也减轻法院裁判压力。依法治国不是说所有问题都由法院解决，依法治国的本质是全民、全体部门的法治，土地行政裁决部门依法裁定纠纷也是法治的一部分。

---

① 刘海霞：《征地补偿安置争议裁决制度的反思与重构》，载《广西政法管理干部学院学报》2015 年第 4 期。

[知识产权法治研究]

数字专利侵权与 3D 打印

蔡晓东*

摘　要：CAD 文档和专利产品之间的界限已经不重要了，数字文档真的不可能直接侵害专利权吗？首先，专利间接侵权制度不足以制止专利产品 CAD 文档的非法利用；其次，非法销售和许诺销售专利产品 CAD 文档的行为利用了专利发明的经济价值，构成数字专利侵权；最后，3D 打印使得数字文档和有形产品之间的界限越来越模糊，仅仅是专利产品 CAD 文档就可以看作实施专利发明。

关键词：3D 打印　数字专利侵权　CAD 文档　专利间接侵权

软件和硬件之间的界限逐渐淡化了，连智能手机的键盘也是"虚拟的"，物品三维图像被计算机扫描，并被转换成数字计算机辅助设计文档（CAD）之后，3D 打印机就可以再打印出该物品，生化科学家数字设计遗传密码就可以直接制造生物和化学物质的分子、细胞甚至器官[①]。与音乐作品数字化类似，CAD 文档可以复制、电子邮件、在线发布和在线上传，数字制造技术也使得专利侵权呈现匿名化和规模化的趋势。现在，专利产品的价值利用不仅体现在专利产品的有形转移上，而且体现在专利产品 CAD 文档的无形转移上，数字专利侵权就是非法利用专利产品 CAD 文档的现象。工业化时期，专利侵权只能以有形的形式侵害，即使是方法专利和计算机软件专利侵权也离不开机器或者设备。数字化时代，专利产品设计虽然不等同于专利侵权，但是，3D 打印使得专利产品制造只需敲击键盘，从技术角度看，即使从未打印

---

*　蔡晓东，天津商业大学讲师，中南财经政法大学知识产权法学博士。
①　刘强、沈伟：《3D 打印人体器官可专利性研究》，载《科技与法律》2015 年第 6 期。

专利产品,仅仅是 CAD 文档构成发明专利"制造",专利产品与 CAD 文档之间的界限,有形与无形之间的界限逐渐淡化了。不过,专利侵权适用严格责任,他人设计或者扫描专利产品创建 CAD 文档,没有像销售或者许诺销售 CAD 文档那样进行商业性利用,因此,一方面,专利间接侵权和数字专利侵权给专利权人提供了更多保护,另外一方面,专利保护扩大可能增加创新成本,不利于后续专利改进。

一、3D 打印与专利间接侵权

专利侵权指未经专利权人授权制造、使用、销售、许诺销售或者进口专利产品,要起诉 3D 打印者直接专利侵权,专利权人面临的问题:一是专利权人难以确定 3D 打印者的身份;二是即使是确定了 3D 打印者的身份,而 3D 打印者居住地分散,专利权人难逐一起诉侵权人;三是打印者可能是专利产品潜在用户,专利权人起诉这些普通侵权人,不利于培育与专利产品将来客户关系。为了克服上述问题,专利权人还可以寻求专利间接侵权制度保护[①]。

专利间接侵权是指一方当事人故意引诱、帮助或怂恿另一方当事人从事专利直接侵权的一种侵权活动。间接侵权的产生以实际发生专利直接侵权为前提[②]。专利间接侵权分为专利引诱侵权和专利帮助侵权两种形式,专利间接侵权人对他人(即第三人)的专利直接侵权行为负责,而 3D 打印机制造商对打印者专利侵权行为负有第三人责任的前提是,3D 打印机制造商明知打印者打印专利侵权产品。不过,3D 打印机按照 CAD 文档命令打印,既能打印专利侵权产品又能打印非专利侵权产品,因此,专利权人很难追究 3D 打印机制造商的专利间接侵权责任。

普通用户通过点对点网络分享、从网站上下载或者购买 CAD 文档,打印

[①] 我国《侵权责任法》第八条、第九条规定:两人以上共同实施侵权行为,造成他人损害的,应当承担连带责任;教唆、帮助他人实施侵权行为的,应当与行为人承担连带责任。仅仅因为 3D 打印者的直接侵权行为而认定网络服务提供者构成共同侵权则是不适当的,我国应借鉴美国专利法中的专利间接侵权制度。参见吴广海:《3D 打印中的专利权保护问题》,载《知识产权》2014 年第 7 期。

[②] See:BMC Resources, Inc. v Paymentech, L. P., 498 F. 3d 1373, 1379 (Fed. Cir. 2007).

侵权专利产品，CAD 文档提供者可能承担专利间接侵权责任。学者们探讨数字文档专利侵权问题时，也大多集中于数字文档提供者的专利间接侵权问题，他们想当然地认为，仅仅是 CAD 文档不可能构成专利直接侵权。

（一）3D 打印与专利引诱侵权

专利引诱侵权的构成要件：一是他人从事了专利直接侵权行为；二是侵权人具有引诱他人从事专利直接侵权行为的故意；三是引诱行为是积极行为。不过，专利权人追究 CAD 文档提供者专利引诱侵权责任面临以下困难：

第一，专利权人必须证明引诱行为导致他人的专利直接侵权行为。也就是说，专利权人有直接证据或者间接证据证明，引诱者向他人提供了 CAD 文档，他人就此打印了侵权专利产品。3D 打印者在网络上一般是匿名的，专利权人找到打印者既耗时又费力。另外，按照现有专利法规定，专利直接侵权行为指行为人未经授权，实施专利发明，"制造"专利产品的行为，打印专利产品，而专利权人要证明每个 CAD 文档下载者确实打印了专利产品难度很大。

第二，引诱者具有引诱他人专利直接侵权的故意。专利权人除了证明他人的直接侵权行为，还得证明引诱者知道被引诱行为是专利侵权行为。也就是说，引诱者知道相关专利的存在。要证明引诱者具有专利侵权的主观故意难度很大，因为在数字制造技术之前，引诱专利侵权人一般是法人和企业组织，法人和企业组织拥有法律、技术方面的专业人士，证明专业人士引诱专利侵权主观上存在过错甚至是故意比较容易。但是，CAD 文档所有者（包括存储 CAD 文档的网站，网络传输 CAD 文档的用户）大多是非专业人士，非专业人士一般不熟悉专利和专利法，专利权人很难证明非专业人士 CAD 文档提供者主观上存在故意；追究非专业人士的引诱专利侵权责任给法律和政策提出了重大挑战；况且非专业人士开发 CAD 文档时，可能不知道已有相关专利，就不能随意推定 CAD 文档提供者主观上具有引诱专利侵权的故意；对于非专业人士来说，专利权人未事前向 CAD 文档提供者告知相关专利的，也不能推定 CAD 文档提供者主观上具有引诱专利侵权的故意；即使向 CAD 文档提供者告知了相关专利，CAD 文档提供者还有可能"善意"地相信相关专利无效或者打印物未侵权；数字制造技术使得大量的非专业人士面临引诱侵权的指控，而非专业人士很容易误解复杂而又艰深的专利法。那么非专业人士CAD文档提供者注意义务的合理标准又是什么？如果非专业人士CAD文档提供者知道了并认真地研究了相关专利，善意地相信相关专利无效或者未侵权，那么非专业人士CAD文档提供者违反"善意"注意义务的标准是主观性的或者是客观性的？[①] 构成违反"善意"注意义务的主观性标准是CAD文档提供者视而不见相关专利。所谓视而不见相关专利，首先是要证明，CAD文档提供者主观上相信专利侵权可能性较大（CAD文档提供者的主观看法不影响主观故意的认定），被告知道专利存在并侵害之，专利CAD文档提供者故意侵权应加倍赔偿受害人；违反"善意"注意义务的客观性标准是，CAD文档提供者应该知道专利侵权的风险（CAD文档提供者主观上相信未有专利侵权不能否定侵权之故意）并侵害之。如果CAD文档提供者善意相信专利无效或者未侵权，一般就不存在侵权故意。不过，CAD文档提供者善意相信的前提是，CAD文档提供者咨询过专业人士，有相关的材料佐证之。

第三，引诱者从事了"积极引诱"的专利侵权行为。"引诱"的意思是"导致、影响、说服"，"积极"意味着引诱是为了达到需要的结果而采取的积极行为，即CAD文档提供者知道他人为了打印产品，还故意传输或者上传CAD文档，不过还不清楚CAD文档提供者故意的具体内容是什么。例如，故意的内容仅仅是提供者故意上传或者传输CAD文档，还是另外要求提供者鼓励他人打印CAD文档专利产品？另外，提供者上传或者传输的CAD文档可能是为了分享，不一定是为了打印专利产品；如果上传的CAD文档附有专利侵权免责声明，提供者可以规避专利间接侵权责任吗？

（二）3D打印与专利帮助侵权

专利帮助侵权责任的构成要件：一是帮助者销售、许诺销售或者进口；二是专利产品的零部件，该零部件是专利产品的实质部分；三是该零部件除了

---

① 伍春艳：《试论3D打印技术背景下专利间接侵权的认定》，载《华中科技大学学报（社会科学版）》2014年第5期。

用来专利侵权，没有其他非侵权用途；四是导致了他人的直接专利侵权行为。专利帮助侵权人主观上的故意是推定的，在专利侵权行为发生之前，帮助者知道相关专利，知道提供了专利产品零部件，且零部件是专利产品实质部分，而引诱专利侵权人主观上具有促使他人专利直接侵权的故意；另外，他人有些行为即使不是专利直接侵权，引诱者仍然可能是专利间接侵权人，但帮助者成为专利间接侵权人前提是他人的行为构成专利直接侵权。

第一，探讨"销售"或者"许诺销售"或者进口专利产品零部件。如何解释专利产品零部件"销售"或者"许诺销售"？除了按照传统合同法规定："许诺"是达成交易的意思表示，行为人接受并同意对方的要约邀请。另外，CAD 文档制作成本低廉，制作者一般愿意免费转让 CAD 文档，网站也愿意存储之，CAD 文档获得的便捷性威胁到了相关专利产品的销售；专利侵权产品零部件的广告和推销也可能威胁到专利产品的定价，损害专利权人。

第二，必须是销售或者许诺销售专利产品"零部件"。CAD 文档是否是专利产品零部件？传统专利法规定，"零部件"是专利产品的一部分，而打印专利产品的 CAD 文档不是专利产品的一部分，实际上，CAD 文档是整个专利产品的数字表达；另外，一旦被打印，CAD 文档仍然独立和不同于被打印的专利产品；专利产品的存在也毋需 CAD 文档，正如生产传统产品的装配线或者模具不是传统产品的"零部件"；CAD 文档不是零部件，但存有 CAD 文档的产品则可能是专利产品零部件，正如单就计算机或者是软件来说，不可能构成专利侵权[1]，然软件加载到计算机上，则可能发生专利侵权。因此，"抽象"意义上的软件不是专利产品"零部件"，而加载到计算机上的软件则可能是专利产品零部件。

二、3D 打印与数字专利直接侵权

工业制造时期，专利直接侵权形式一般是专利发明的有形实施，打印侵

---

[1] See：Microsoft Corp. v. AT & T Corp.，550 U.S. 437, 441 (2007).

权专利产品是专利直接侵权,非法提供 CAD 文档则可能构成专利间接侵权。传统专利产品制造前期需要"制作"或者"使用"专利产品模具或者图纸,那么,与之类似的 CAD 文档能否构成专利直接侵权呢?数字制造时代,3D 打印只需敲击键盘,作为侵权意义上的发明专利的有形实施还重要吗?一旦 3D 打印无处不在和廉价,CAD 文档和相关专利产品区分就不重要了;而且发明专利权利要求也可能数字化;与 3D 打印类似,计算机软件可以完成硬件的功能,计算机软件已经淡化了有形与无形的区分。另外,区分电子书、数字音乐与图书、纸质乐谱还有多大的意义?数字时代,CAD 文档与专利产品可能被同样对待。

(一) 3D 打印与 CAD 文档销售或者许诺销售

传统专利直接侵权的典型形式是他人未经专利权人的授权,制造、使用、销售、许诺销售或者进口发明专利,传统专利侵权离不开发明专利的有形实施,即使是方法发明专利侵权也离不开相关的机器和设备。制造、使用或者进口发明专利利用了专利产品本身的价值,离不开专利有形实施,而发明专利的销售或者许诺销售则利用了发明本身的经济价值,不是利用专利产品经济价值①,因此,销售和许诺销售发明专利不需要发明专利有形实施②。而且现在,发明专利 CAD 文档和专利产品之间的界限逐渐淡化了。

第一,消费者的兴趣不是 CAD 文档本身,而是 CAD 文档能够打印专利产品,销售 CAD 文档能够替代相关专利产品的销售,非法销售或者许诺销售发明专利 CAD 文档直接损害了专利权人的商业利益,非法销售发明专利 CAD 文档等同于销售专利侵权产品。

第二,即使没有销售侵权专利产品,面临非法 CAD 文档的威胁,专利权人也不得不降低相关专利产品的价格。

第三,CAD 文档传输便捷、快速,非法销售一个 CAD 文档的危害远大

---

① See:TransoceanOffshore Deepwater Drilling, Inc. v. Maersk Contractors USA, Inc 617 F. 3d 1296.
② 有的学者坚持传统观点认为:"侵权销售须以侵权产品的有形存在为前提的规则,单纯销售 CAD 文档的行为不构成侵权销售。"参见刘文琦:《3D 打印中 CAD 文档侵权问题研究:理论逻辑与立法反思》,载《浙江工商大学学报》2016 年第 5 期。

于销售一件专利侵权产品。

（二）CAD 文档与专利产品"制造"

发明专利的销售或者许诺销售不需要发明的有形实施，而专利发明"制造"则利用了发明有形价值，自然要求"制造"是有形的实施行为。点对点免费传输 CAD 文档，网站供免费下载 CAD 文档都不具有商业性，自然不可能是专利"销售"或者专利"许诺销售"侵权形式，专利权人只可能起诉 CAD 文档创建者或者提供者。那么什么是专利发明的"制造"？创建或者复制 CAD 文档是"制造"吗[①]?

专利产品制造分四个阶段：第一阶段是专利产品设计、工程设计之类。从专利产品设计到专利产品还需付出相当的资源、精力和技能，因此，专利产品设计、工程设计不可能是"制造"发明专利行为。第二阶段是制作专利产品模具。专利产品生产模具加上工业流程就能制造出专利产品，专利产品生产模具更接近于专利产品。不过，专利产品最终形成除了专利产品生产模具，还离不开昂贵的机器设备和复杂的加工工艺。第三阶段是生产专利产品零部件。专利产品零部件还没有被生产流水线装配，不属于发明专利产品"制造"。第四阶段是专利产品完成。专利产品完成当然是专利发明"制造"。

CAD 文档属于专利产品制造的第几阶段呢？第一，CAD 文档具有无形性，CAD 文档显然不同于专利产品零部件。第二，CAD 文档打印专利产品时，只需敲击键盘，显然也不同于专利产品设计和专利产品生产模具。第三，CAD 文档的价值不是文档本身，而是能够打印专利产品，人们下载 CAD 文档不仅仅是为了占有 CAD 文档，而是利用 CAD 文档代码打印专利产品，因此，仅仅创建专利发明 CAD 文档可能构成"制造"专利产品。另外，创建免费的 CAD 文档可能是专利产品"制造"，因为免费的 CAD 文档可能替代专利产品销售，否则，专利权人难以阻止免费的 CAD 文档大规模地传播。

[①] 本文不赞同有些学者提出的"创建专利产品的数字模型文件并不等于制造专利产品，销售专利产品的数字模型文件也不属于销售专利产品的行为"的传统观点。参见伍春艳、焦洪涛：《3D 打印技术发展与专利法回应》，载《科技与法律》2014 年第 4 期；刘文琦：《3D 打印中 CAD 文档侵权问题研究：理论逻辑与立法反思》，载《浙江工商大学学报》2016 年第 5 期。

传统专利制度不仅仅保护第一发明人，后续发明人还能通过专利披露的技术方案，围绕现有专利进一步研发，除了发明专利实验之外，后续发明人未经授权，实施发明专利将构成侵权。后续发明人为了避免专利侵权，通过创建专利发明计算机模型，以虚拟的方式改进现有发明专利。现在，创建CAD文档是发明专利"制造"行为，那么从技术上讲，创建专利发明计算机模型也可能构成专利侵权。未经专利权人允许，"销售"和"许诺销售"CAD文档，行为人显然不是为了改进现有发明专利，而是商业性地利用专利发明的经济价值，构成专利侵权。

（三）CAD文档与专利等同侵权

专利等同侵权可以应对前沿技术发展带来的专利侵权问题，防止现有专利制度过时。专利等同侵权[①]指专利保护范围不限于专利权利要求的字面意思，非重要地和非实质性地修改了专利技术特征的产品也是专利侵权产品。认定专利等同侵权，首先是"非实质性区别"检测，即被控专利侵权产品与专利产品技术上是否具有实质性区别；其次是"三步检测法"，即被控专利侵权产品与专利产品技术特征上是否以实质上相同的方式履行实质上相同的功能，达到实质上相同的结果。前数字制造时期，CAD文档与产品区别显著，人们大多质疑专利等同侵权原则适用于CAD文档专利直接侵权，但是在数字制造时期，CAD文档与打印产品许多方面具有非实质上的差异，正如一本图书的数字复制件与一本纸质图书没有实质上的区别，而且专利字面侵权难以有效地保护专利权人，专利等同侵权可以扩大专利权保护范围，阻止专利发明CAD文档非法传播。CAD文档虽然只是打印专利产品的计算机代码，不是专利产品零部件，也没有CAD专利产品那样的技术特征，但是，专利权利要求范围可以适用于CAD文档打印物。

三、数字专利侵权的意义

现有专利法只能应对部分数字专利侵权问题。

---

① 张广良：《论我国专利等同侵权原则的适用及限制》，载《知识产权》2009年第5期。

（一）数字专利侵权与激励创新

专利制度主要目的是激励创新，数字制造的关键是 CAD 文档，如果专利权人不能有效地控制 CAD 文档，就会加大专利权人创新成本和创新风险，从而导致整个社会创新投入不足。不过，激励创新理论解释数字制造也有不足，因为，数字制造可以显著降低创新成本，降低专利制度的需求。数字制造（包括 3D 打印）大大降低了专利产品研发设备的成本；大大降低了专利原型产品制造成本，加快了专利原型产品走向商业化的速度；发明人不再为了大规模生产专利产品而去支付巨额的前期费用，而是根据需要制造专利产品，从而降低了专利产品推出的成本和风险；CAD 文档可以方便、快捷地直接传输给打印者，也大大降低了专利产品的流通成本。专利制度之所以赋予发明人一定期限的排他权，就是为了补偿专利产品的开发成本和沉没成本，数字制造显著地降低了创新成本和创新风险，相应地也降低了专利制度的需求，数字制造技术的发展是否要求重估专利制度呢？现在，数字制造还没有在制造业中占据主要地位，即使将来占据了制造业主流，也不能降低所有技术领域的创新成本。

（二）数字专利侵权与非专业人士（普通公众）

非专业人士不了解专利法，如果创建、使用、许诺销售、销售 CAD 文档和打印了专利产品，构成直接专利侵权，那么非专业人士专利侵权的风险增大了，并且面临专利侵权巨额损害赔偿。例如，一部移动电话覆盖了成千上万项专利，如果普通消费者使用的移动电话是专利侵权产品，那么构成专利直接侵权。不过，专利权人一般不会起诉专利侵权产品的终端消费者，因为：第一，起诉专利侵权产品的生产商更有效率。第二，起诉消费者不利于培育相关专利产品的声誉。第三，将专利侵权风险的主体扩大到非专业人士将面临以下问题：① 大规模地起诉不知情的非专业人士专利侵权，使得专利法面临社会认同危机；② 专利文件大多是律师和技术人员起草的，语言晦涩艰深，非专业人士很难知晓是否构成专利侵权，普通消费者一般知道擅自复制数字音乐是非法的，但是一般不知道 CAD 文档和打印产品是否构成专利侵权；③ 即使非专业人士意识到了专利侵权，专利侵权问题则涉及专利有效性问题，专利权利要求解释问题,专利侵权等同原理适用问题等,认定专利既耗时费力,又面临极大的不确定性。随着数字制造技术的发展,专利侵权可能性越来越大,专利法事实上被越来越多的人规避、破坏,专利制度将面临合法化危机。

对于普通公众涉及大规模专利侵权问题,法院可以选择:第一,数字专利侵权例外。第二,个人数字专利侵权例外。不过,上述两种选择过于宽泛,既保护了善意侵权者,又保护了故意侵权者和商业性侵权者。第三,起诉商业性侵权者①。第四,个人侵权责任的主观要件不再适用严格责任,而适用过错责任。主观过错包括故意、明知、轻率、疏忽。其中故意和明知是主观过错要件的最高标准,专利权人要证明,侵权责任人主观上是故意和明知难度最大;轻率和疏忽是主观过错要件的中等标准,具有相对合理性和弹性,但是,证明结果不确定性较大;相对客观的标准则是侵权之前,被控侵权人是否被告知相关专利。第五,大幅度减少非专业人士善意侵权的损害赔偿额,同时避免使用禁令救济。

(三)数字专利侵权与网络服务商

除了普通个人,存储 CAD 文档的网站和其他网络服务商也可能面临专利间接侵权和专利直接侵权指控,且专利侵权诉讼结果不确定,耗费巨大。虽说网络服务商比起普通个人拥有更多的资源,但是,网络服务商一般存储了相当多的 CAD 文档,面临专利侵权风险更大。另外,网络服务商仅仅就部分 CAD 文档可能专利侵权,就关闭整个网络服务,也会断绝合法 CAD 文档分享渠道,社会将丧失大量合法 CAD 文档,最终不利于数字制造技术发展。避风港规则是视频网站和其他网络服务商著作权侵权抗辩的理由,与著作权避风港类似,作为专利善意侵权者的网络服务商也可适用避风港规则保护②,专利权人就涉嫌专利侵权的 CAD 文档向网络服务商发送"删除"请求,网络服务商可以删除相关的 CAD 文档,避免专利侵权风险,同时,与著作权避风港

---

① 伍春艳、焦洪涛:《3D 打印技术发展与专利法回应》,载《科技与法律》2014 年第 4 期。
② 刘强:《3D 打印技术专利侵权问题研究》,载《武陵学刊》2014 年第 1 期。

规则滥用通知—删除制度类似,也要避免合法 CAD 文档被删除①。

(四)数字专利侵权与计算机软件专利侵权

软件是指在计算机上运行、实现一定功能的程序,数字文档则指计算机软件使用的集合数据,抽象的计算机软件不具有可专利性,但是,加载在计算机可读介质(包括光盘和软盘)上的计算机软件具有可专利性②。CAD 文档属于广义上计算机软件,虽然非法 CAD 文档可能构成数字专利侵权,但数字专利侵权不能简单地延伸到计算机软件专利侵权。因为:第一,计算机软件输出的结果是无形的指令,CAD 文档打印的则是专利产品,CAD 文档属于传统专利客体。第二,计算机软件专利权利要求范围不确定,意思模糊;计算机软件专利有效性经常受到质疑;计算机软件专利权利要求带有功能性特点,常常超出了专利权利要求范围;计算机软件更容易与专利丛林、防御型专利和专利蟑螂联系在一起。第三,除了传统专利保护计算机软件的功能性,保护范围较广,著作权保护也阻止了计算机软件代码的非法传播。

CAD 文档打印的"客体"可能具有独创性,而用来描述"客体"的代码仅仅是精确的、非独创性的计算机指令,与计算机软件相比,CAD 文档代码和文本独创性有限,CAD 文档的著作权保护范围更窄。不过,CAD 文档可以作为图画、图形和雕塑作品受到著作权保护,著作权保护图画、图形和雕塑作品独创性部分,不保护实用性部分。他人未经允许,仅仅是不能复制具有版权性的 CAD 文档,但是,打印物大多具有实用性,他人可以创建自己的 CAD 文档,再加上三维扫描仪可以零成本地、独立地创建有形客体 CAD 文档,著作权保护实用性客体的 CAD 文档意义不大。

---

① 《信息网络传播权保护条例》(2013)第十四条至第十七条、《侵权责任法》第三十六条。
② 孙海龙、曹文泽:《计算机软件专利保护法律问题研究》,载《法学家》2002 年第 2 期;Alice Corp. v. CLS Bank Int'l, 134 S. Ct. 2347,2358 (2014)。

非专利实施体标准必要专利
诉讼中禁令的适用原则

何 丹[*]

摘 要：随着高新产业的发展与专利标准化的普及，越来越多非专利实施体请求法院向标准必要专利侵权人颁发禁令。目前，国际上法院对禁令的适用原则不同，主要存在衡平法原则、FRAND 原则和过错责任原则。学界则多从反垄断法与反不正当竞争法视角论述，论述原则相对单一。禁令适用标准成为最近饱受争议的话题，而禁令制度影响着企业的发展和技术的革新，因此国际上法院适用禁令时当以善意原则、FRAND 前置原则、利益平衡原则及禁令最后救济原则进行综合考察。

关键词：标准必要专利 禁令原则 非专利实施体 专利侵权

2017 年 4 月，英国法院作出 UPI 诉华为的判决结果再度引起全球关于标准必要专利案件的关注[①]。上述案件的原告是来自英国臭名昭著的非专利实施实体（Non-Practicing Entity，"NPE"），也被称为"专利蟑螂"或"专利流氓"（Patent Trolls）[②]。这类公司通过大量买入标准必要专利向大公司积极发

---

[*] 何丹，福州大学法学院硕士研究生。

[①] 2017 年 4 月 5 日，英国法院（Royal Court of Justice）在 Unwired Planet International Ltd.（以下简称"UPI"）与华为公司标准必要专利侵权纠纷案中判决华为侵犯 ETSI 设定的标准必要专利，包括 2G（GSM\GPRS）、3G（UMTS）、4G（LTE）核心技术，驳回华为提出的 UPI 滥用市场地位，要求华为接受法院提出的强制许可费率（即便华为只接受在英国范围的许可而拒绝接受 UPI 提出的全球范围的许可），否则法院将对其核发禁令。See Unwired Planet International Ltd. V. Huawei Technologies Co. Ltd. [2017] EWHC711 (Pat). pp. 160 – 165.

[②] See Patent Troll: "applied to person or company that attempts to enforce patent rights against accused infringers far beyond the patent's actual value or contribution to the prior art, often through hardball legal tactics." 指试图发动专利侵权诉讼却没有产生专利产品的个人或公司（笔者译）。See "Patent troll", Wikipedia. https://en.wikipedia.org/wiki/Patent_troll，2017 年 6 月 29 日最后访问。

起诉讼,以禁令威胁,迫使公司与其达成和解收取高额许可费或高额诉讼费。UPI 此前向 Ericsson 公司购买大量标准必要专利并如愿于 2014 年 3 月与此案中的他方被告如三星、谷歌达成和解①。诸如此类的案例还有 Sportbrain Holdings 诉华米案等②。由此可见,标准必要专利随着标准技术、产业需求及法律制度等因素的影响,NPE 的兴起成为市场的必然趋势。由于一般非专利实施体与所衍生的专利蟑螂的法律地位界定困难,以及考虑到市场机制的复杂性,法院在审判中难以通过认定"专利蟑螂"来核发禁令。因此,为遏制"专利蟑螂"利用禁令制度破坏创新、阻碍技术发展,法院应以区别于普通专利制度的判案标准来核发禁令。

一、SEPs 案件中禁令的适用存在不同标准

(一) SEPs 案中适用禁令的现状

标准必要专利(Standard Essential Patent,SEPs)通常应用于电信行业。专利技术标准化是为了确保全球的连接和互操作,是各制造商相互协调从而实现产业规模效应的基础③,也即建立一个连接型国际社会。从国际上的相关规定和判例看,各方对 SEPs 案件中提出的禁令("诉终禁令"或"永久禁制令",本文称"禁令")存在不同看法。

美国联邦法院和国际贸易委员(International Trade Commission,ITC)对于 SEPs 是否颁发禁令以及依何种标准立场不一。美国《专利法》第 283 条规定④,当数家法院对专利诉讼案有管辖权时,都可以依照衡平法原则发出禁

---

① http://www.yidianzixun.com/article/0G4hS3Nr,2017 年 6 月 29 日最后访问。

② 2017 年 3 月 23 日,Sportbrain Holdings LLC. 在美国伊利诺伊北部联邦地区法院起诉华米公司的 Pace 手表侵犯其拥有的美国 7545002 号专利,此前被起诉的公司还包括苹果、惠普、耐克、联想、TCL 等公司。Sportbrain Holdings 公司仅 2016 年全年发起的诉讼就多达 75 件,自 2012 年以来通过控告其他公司侵犯 7545002 专利的诉讼就多达 90 件,"享有"美国 2016 年滥诉排名第三。参见 http://chuansong.me/n/1717371752120,2017 年 6 月 28 日最后访问。

③ [葡]乔纳森·罗德里格斯编著:《5G:开启移动网络新时代》,江甲沫等译,电子工业出版社 2016 年版。

④ 35 U.S.C. 283 Injunction: The several courts having jurisdiction of cases under … as the court deems reasonable. Patent Law. United States Code Title 35 – Patents.

令，防止法院以认为合理的理由侵害由专利证书取得的任何权利。最高法院在 eBay Inc. v. MercExchange, LLC 案①确立了永久禁令是选择性的衡平法上的补救措施，通过传统衡平法四要素平衡原被告之间的利益以及考量是否损害公共利益来决定。Smith Int'l Inc. v. Hughes Tool Co. 案②参考了四要素的标准确立了临时禁令的考量因素。此外，Apple, Inc. v. Motorola, Inc. 案③明确 SEPs 案适用禁令救济。不同于法院的标准，ITC 作出的禁令救济，包括排除命令（Exclusion Order）、禁止令（Cease Desis Order）及扣押或没收（Seizure or Forfeiture），系根据《美国法典》第 19 编 1337 节的规定核发禁令。ITC 更倾向于考虑公众利益因素，如公众的健康和福利、国家的经济状况、相似的或竞争产品的生产及国内消费者的状况等④。例如，在 Realtek Semiconductor Corp. v. LSI Corp. 案中⑤，ITC 以 Realtek 是否违反 337 条款来核发禁令。

美国对必要专利视具体情况核发禁令，而欧盟在 SEPs 的相关制度上更加体系化。欧盟法院认为获得禁令救济是专利的法定权利（包括 SEPs），法院在核发禁令之前考虑双方是否尽到了法定的义务，并核查权利人寻求禁令的行为不存在滥用市场支配地位（例如权利人已发出过警告并明确表示愿意签订 FRAND 许可协议等）⑥。德国法院亦允许专利权人对 SEPs 提出禁令的请求，在有侵权可能的情况下会核发禁令，例外的情形是基于竞争法中关于 FRAND 授权原则的抗辩或专利权滥用。英国法院认为禁令之核发是基于衡平

---

① eBay Inc. v. MercExchange, LLC. 547 U. S. 388 (2006).
② Smith Int'l Inc. v. Hughes Tool Co., 718 F. 2d 1573, 1579 (Fed. Cir. 1983).
③ Apple, Inc. v. Motorola, Inc., 2012WL2376664 (N. D. iii. June 22, 2012).
④ http://www.ipr.gov.cn/zhuanti/337/law.html，2017 年 6 月 29 日最后访问。
⑤ http://www.essentialpatentblog.com/wp-content/uploads/sites/64/2013/11/2013.05.20 - 102 - Order-re-Mot-for-SJ.pdf，2017 年 6 月 29 日最后访问。
⑥ 2015 年 7 月 16 日，欧盟法院就德国杜塞尔多夫地方法院咨询的标准必要专利禁令问题作出裁决，对《欧盟运行条约》（Treaty on the Functioning of the European Union, TFEU）第 102 条关于滥用市场支配地位作出解释，该裁决在欧盟范围内针对此问题提供了统一的司法标准。参见顾萍、杨晨：《域外技术标准化中的标准必要专利权人承诺研究——合同法、专利法与竞争法视角》，知识产权出版社 2016 年版，第 84—98 页。

原则的救济措施，法院可依自由裁量权酌情核发①。

目前，我国对 SEPs 的禁令适用参考过错责任原则、诚实信用原则和 FRAND（Fair Reasonable and Non-Discrimination）许可原则。例如 2017 年 3 月，北京知识产权法院首次在西电捷通诉日本索尼侵害 WAPI 无限网路安全接入标准必要专利案件中针对标准必要专利发布禁售令②。法院对禁令核发的前提在于该标准必要专利是否侵权，虽然本案中法院亦考虑了是否存在 FRAND 许可，但不承认"承诺作出 FRAND 许可"的效力。

由此可见，各国法院对于标准必要专利的禁令救济标准存在着一定的偏差，美国法院适用衡平法四要素的标准，英国法院适用类似的利益平衡法。欧盟法院着重审查权利人是否履行 FRAND 义务，我国法院适用诚信原则和过错责任原则。如果对禁令制度不加以完善，专利制度投机者将可能通过购买更多的标准必要专利积极提起诉讼，破坏市场秩序。

（二）在涉及 NPE 的 SEPs 案件中适用禁令的问题

上述国家的不同禁令制度都没有对专利非执业体与专利执业实体作出明确的区分。"专利蟑螂"盛行的美国亦未明确 NPE 案件中禁令的核发标准，法院在决定颁发禁令从而规制 NPE 的滥诉行为时，考虑的是是否存在公共利益问题、原被告双方的利益是否失衡以及专利权人是否违反反托拉斯法等。实际上，大部分国家都认可 NPE 在市场运作过程中不得违反《竞争法》和《反垄断法》，不得侵害公共利益，然而如果没有将 NPE 与非 NPE 的审理标准进行区别，对症下药，遏制"专利蟑螂"只会治标不

---

① https：//nccur.lib.nccu.edu.tw/bitstream/140.119/78097/1/123301.pdf，2017 年 6 月 29 日最后访问。

② 北京知识产权法院认定禁制令核发的标准为：（1）专利侵权之成立要件，不因涉案专利是否为 SEPs 而有所改变，即 SEPs 同样存在侵权问题，FRAND 授权承诺声明并不等于授权许可，故不能认定双方已经达成授权协议；（2）在涉案专利已纳入产业标准且原告提出 FRAND 授权承诺下，在授权协商过程中，是否存在主观不合理行为或过失；（3）双方自 2009 年以来授权协商未达成共识。原告西电在授权协商的过程中，已向被告索尼解释专利发明涉及 WAPI 国家强制专利、WAPI 相关专利技术，并提供书面清单和文本。前述基础上被告当然能够判断其手机产品之 WAPI 软件是否落入专利权利范围，而无须再要求专利权人提供请求项对照表。参见 http：//www.cneip.org.cn/newscontent.aspx?CateID=17&ArticleID=22824，2017 年 6 月 29 日最后访问。

治本。

根据 Lex Machina 的报告指出，美国近年里审理的专利案件数量快速增长，2016 年度共有 4 520 项专利案件（见图 1）。

图 1　2011—2016 年美国法院专利案件量

图片来自 Lex Machina①

其中大多数案件来自 NPE 的诉讼，2011—2014 年是"专利蟑螂"滥诉的高峰期，在此期间美国针对 NPE 现象进行立法、司法以及执法上的整治②。如图 1 所见，专利案件确有下降趋势，然而情况依然不容乐观。2016 年的专利诉讼案件居高不下，其中 NPE 为原告提起的诉讼数量就超过 10%，排名第一位是臭名远扬的"专利蟑螂"公司 Shipping & Transit，该司 2016 年起诉多达 106 件（见图 2）。

由此可见，打击 NPE 滥用市场支配地位破坏市场秩序首先需要从根本上将从事研发为导向的实体与从事滥诉为手段的实体的案件进行区分，即法院核发禁令的标准应当区分专利实施体与非专利实施体。

---

①　https://lexmachina.com/q4-litigation-update/，2017 年 6 月 29 日最后访问。
②　2011 年美国大规模修改了《美国发明法》（AIA）。2013 年，白宫国家经济会议中发布了《专利操控与美国创新》（Patent Assertion and U. S. Innovation）的报告。同年，美国国会的政府考评局（Government Accountability Office）出台了《评估影响专利侵权诉讼因素可帮助改善专利质量》（Assessing Factors That Affect Patent Infringement Litigation Could Help Improve Patent Quality）。此后，美国联邦贸易委员会对专利蟑螂展开了新一轮的研究与分析。参见朱光琪：《"专利蟑螂"之美国规制》，载《太原理工大学学报（社会科学版）》2014 年第 6 期。

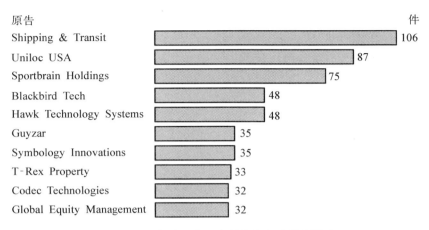

图 2 2016 年美国专利案原告起诉案件量排名
图片来自 Global-IP-Update①

二、涉及专利蟑螂之 SEPs 诉讼中遵循的原则

(一) SEPs 案件不同于非 SEPs 案件

欧洲电信标准化协会（European Telecommunications Standards Institute, ETSI）对必要性专利的定义是：当专利权被包含于某一标准内，如果要使用该标准，又无其他技术可替代，因此无法避开必须要使用的该项专利称为标准必要专利②。

简言之，为使得市场产品的兼容与协调，满足公众利益的需求，从而形成标准化专利。因此 SEPs 案件必然不同于非 SEPs 案件：一方面，SEPs 较之一般的专利（非 SEPs）在授权专利许可方面受市场自由竞争的影响较小。由

---

① http://chuansong.me/n/1717371752120，2017 年 6 月 28 日最后访问。
② See ETSI Intellectual Property Rights Policy: "ESSENTIAL" as applied to IPR means that it is not possible on technical (but not commercial) grounds, taking into account normal technical practice and the state of the art generally available at the time of standardization, to make, sell, lease, otherwise dispose of, repair, use or operate EQUIPMENT or METHODS which comply with a STANDARD without infringing that IPR. For the avoidance of doubt in exceptional cases where a STANDARD can only be implemented by technical solutions, all of which are infringements of IPRs, all such IPRs shall be considered ESSENTIAL. page 35 Rules of Procedure, ETSI directives version 37, April 2017.

于 SEPs 的技术标准包含的必不可少和不可替代的专利，也就是企业为生产技术标准化产品而不得不使用和不可规避的专利①，使得市场参与者难以寻求其他替代技术或自行研发可替代技术，标准专利权人因此能享受其技术市场的排他权利。另一方面，标准化以其自身优势俨然成为全球化趋势，如产品服务得以保证，减少研发资源的浪费等。然而 SEPs 不仅会缩小消费者的自由选择范围，而且容易造成不正当竞争，形成市场垄断，在与专利使用人许可费谈判的过程中占据更优势的地位。在区别了 SEPs 与非 SEPs 后，法院才能更理性地在涉及 SEPs 相关诉讼中考量禁令的核发是否符合 SEPs 的初衷与市场定位。

即便 SEPs 与一般专利权有不同之处，也可能遭到侵权。目前各国法院在标准必要专利权人是否有权提出禁令救济的问题上基本达成一致，SEPs 作为科学技术发明与创新的劳动成果，在认定侵权的层面上应当和一般专利享受同样的标准。

一旦认定 SEPs 遭受侵权，是否也应当享受与非 SEPs 同样的救济呢？笔者认为应当视情况而定。由于 SEPs 自身具有难以替代的性质，在公众利益和技术市场方面产生极大的影响力，如果将 SEPs 案件与一般专利案件的救济标准混为一谈，恐将打击 SEPs 的技术创新动力。因此，法院在认定此类案件的过程中，应当审慎决定是否核发禁令。

（二）NPE 的标准必要专利权是否值得保护？

如今的 NPE 在国际上一直饱受诟病，也常常被业界称为"专利流氓""专利蟑螂"，即"本身并不从事科技的研发或生产，却专门以获取他人的专利为手段，然后再运用这些权利来威胁起诉对同类技术相关的使用者，主张侵权（通常的对象是较具规模的企业，因为有利可图），但真正的目的并非从事技术转让，而是借此聚财，获得暴利"②。例如，Vringo 是一家从事技术创新和专利运营的企业，但只有 27 名员工，也不出售任何实体产品。为了其购

---

① 王晓晔：《论标准必要专利的特殊性》，载《中国价格监管与反垄断》2015 年第 10 期。
② 孙远钊：《专利诉讼"蟑螂"为患？——美国应对"专利蟑螂"的研究分析与动向》，载《法治研究》2014 年第 1 期。

买的标准专利尽快变现,在英国、德国、巴西、澳大利亚等国家积极发起诉讼[①]。据 HBR 的报告来看,NPE 确有可能带来危害[②],但 NPE 的标准必要专利权也有被侵权的可能,亦应当受到保护。我们不能只看到这类公司带来的负面影响而完全否定它存在的市场必然趋势和给技术产业带来的价值。因此,NPE 类公司在市场中的价值考量是解决 SEPs 案救济的前提条件。

NPE 最初并不被视同为专利蟑螂,而是存在专利二级市场中的一种极为复杂的集合体。可能是纯粹以专利买卖与许可为核心的攻击型机构,也可能是以专利聚集为手段并对客户提供专利保护的防御型机构,其可能诞生之初就定位为专利运营,也可能早前是实体企业后逐渐变为 NPE,还可能是研发与专利运营并行的机构甚至是由政府倡导建立的专门性专利运营组织[③]。对于本身不从事技术研发而专门购买专利的 NPE 法人实体并非都被视为"专利蟑螂",NPE 的存在是技术市场的必然趋势,其主要为解决专利发明人的资金、专利管理以及专利实施等问题,如学校、研究机构或爱好研究的个人倾向于授权行为而非投入大量资金来发展其专利在市场上的地位。这类如同技术市场管理者的 NPE 的存在反而可以极大地促进专利技术的有效利用和实施,鼓励产业革新和技术发明。不可否认,上述市场模式也为制度投机者("专利蟑螂"型的 NPE)留下可趁之机,他们利用制度漏洞提高专利许可费率或积极发起诉讼,迫使 SEPs 实施人不得不妥协。由于 NPE 市场形势的复杂性,鉴别专利蟑螂型的 NPE 存在一定的举证困难,若法院在审理过程中没有平衡自由市场机制与法律救济制度之间的关系,有可能侵犯其他类型的 NPE 的合法权利。

(三)标准必要专利适用禁令的原则

eBay 案之前,永久禁令几乎是美国法院在一旦认定专利侵权时必然核发

---

① http://blog.patsnap.cn/3392,2017 年 6 月 30 日最后访问。
② https://hbr.org/2014/07/the-evidence-is-in-patent-trolls-do-hurt-innovation,2017 年 7 月 3 日最后访问。
③ http://www.chinaipmagazine.com/journal-show.asp?id=1615,2017 年 6 月 30 日最后访问。

的禁令（除非涉及公共利益），Weinberger v. Romero-Barcelo①案设立了永久禁令的适用原则即"永久禁制令衡平四要素测试法（4 - factors test）"②。然而，在判断是否发布永久性禁令的决定时所做的衡平性考量不应是僵化的，也不能够采用不同于非专利案件的标准③。因此在 eBay 案之后可能涉及专利投机者案件中，法院不再适用永久禁制令的普遍性原则，为各国法院审理 SEPs 案件提供选择性的操作模式。

正如笔者上文指出的，NPE 持有的 SEPs 也会遭到侵权，但如专利蟑螂型的 NPE 有意积极挑起诉讼则很可能使得非 NPE 公司将重心从研发技术转移至应对诉讼，因为公司一旦败诉就可能面临法院核发禁令的风险，此前的研发产品在市场上无法流通，企业将受到巨大的损失，也必然会打击技术创新的热情。专利蟑螂的行为不但加大了社会成本，耗费巨大的司法资源，而且打击发明创造、阻碍技术市场的发展。

因此如果与普通 SEPs 或一般专利侵权案件适用同样的"衡平法四要素原则"，则无法有效解决 NPE 带来的普遍性问题。笔者以为，鉴于涉及 NPE 的标准必要专利案件的特殊性，法院可以通过善意原则、FRAND 前置原则、利益平衡原则、临时禁令优先原则来综合考虑，最后做出是否颁发禁令的判决。

1. 善意原则

善意原则（good faith）是商业运作过程中各个主体都必须遵守的原则，也是法院颁发禁令时考量的基本原则。在剑桥英语词典中"善意"为凡行事当以诚实和真挚的方式（笔者译）④，其含义包括善良、公平与诚信。美国专利法第 154 条⑤规定包含了善意原则，即专利权人应当如实告知（actual

---

① Weinberger v. Romero-Barcelo, 456 U. S. 305, 320, 102 S. Ct. 1798, 72 L. Ed. 2d 91.
② 永久禁制令衡平四要素测试法：(1) 专利权人受有无可回复之损害 (it has suffered an irreparable injury)；(2) 法律上之救济不足以弥补该损害 (remedies available at law are inadequate to compensate for the injury)；(3) 在衡量双方损益后，认为应该核发永久禁制令 (considering the balance of hardships between the plaintiff and the defendant, a remedy in equity is warranted)；(4) 核发禁制令不会损害公众利益 (the public interest would not be disserved by a permanent injunction)。
③ ［美］J. M. 穆勒：《专利法》，沈超、李华等译，知识产权出版社 2013 年版，第 453 页。
④ http://dictionary.cambridge.org/zhs/词典/英语/good-faith，2017 年 7 月 2 日最后访问。
⑤ 35 U. S. C. 154 (pre-AIA).

notice）潜在的专利使用人其拥有的标准必要专利并备案在册。2016 年 2 月 9 日，联邦巡回上诉法院对 Rosebud LMS Inc. v. Adobe Sys. Inc. 案①作出维持一审原判的判决。合议庭认为 Rosebud 未实质透露 280 专利申请案号码或名称，不足以建立第 154 条要求侵权人如实告知的要件，亦无法建立被告实质知悉子专利申请存在的事实。笔者认为，该原则同样适用于 SEPs 案。"如实告知"要求标准必要专利权人以善良、公平、诚信的方式向专利标准组织充分公开其所拥有的 SEPs，使用人在得知上述专利后可以通过被授权获得 SEPs 的使用权，或通过研发替代性专利技术来规避侵权的风险。良好的市场秩序必须基于市场参与者的善意，不论是专利劫持抑或反专利劫持都是一种非善意行为，法院在判断原被告是否善意亦为颁发禁令的考虑因素之一。

善意的判断应当是双向的，并且结合主观善意和客观善意。主观善意要求不论是个人还是公司决策人的主观意志都必须立足于善良、公平和诚实。但是众所周知，由于人性与思想的不可捉摸，判断主观善意在司法实践中的举证是存在困难的。因此，司法实务中往往将客观行为作为判断个体是否善意或是否存在过错的主要标准。中国有学者提出"善意实施人"的概念，即"只有在遵循 FRAND 许可的善意标准必要专利权人，才有权利向不遵循 FRAND 许可的恶意标准必要专利实施人主张禁令救济"②。

笔者认为，FRAND 原则仅仅是客观善意行为的其中一种表现形式，在 NPE 案件中应当站在双方的立场，即通过具体行为加以外化的"善意表征"③来评价善意行为人。SEPs 权利人善意行为的判断包括但不限于如下：① 诚实公开标准必要专利的内容；② 以善良友好、公平合理、无歧视的方式进行许可授权；③ 公司的运营符合正当目的，主要经营收入非通过滥诉与专利劫持获得；④ 在知悉侵权事实时，首先应当通过友好协商解决侵权赔偿及后续的专利许可授权。对于 SEPs 实施人善意行为的判定包括但不限于如下：① 禁止

---

① Rosebud LMS Inc. v. Adobe Sys. Inc. NO. 1：14 - cv - 00194 - SLR - SRF.
② 祝建军：《标准必要专利禁令救济的成立条件》，载《人民司法（应用）》2016 年第 1 期。
③ 韩伟、徐美玲：《标准必要专利禁令行为的反垄断规制探析》，载《知识产权》2016 年第 1 期。

反专利劫持，应当接受权利人提出的公平、合理、无歧视的许可请求；② 不得在明知 SEPs 权利人拥有专利的情况下通过使用、出售等行为侵犯对方权利；③ 在获知已侵犯 SEPs 的情况下立即停止侵权。

2. FRAND 前置原则

当 SEPs 权利人对标准制定组织（如 IEEE，ITU 等）作出 FRAND 条件约束时，在标准必要专利案禁令核发之前就应当将 FRAND 许可作为参考依据。这是由于 FRAND 在专利许可费的谈判过程中为避免出现专利劫持（patent hold-up）[①] 现象对 SEPs 权利人做出的约束，否则，SEPs 实施人可能因不接受 SEPs 权利人的高额许可费被其以专利侵权诉至法院并面临法院核发禁令的风险。

从欧盟与德国法院在审理专利蟑螂 SEPs 案中对禁令救济的立场来看，鲜见有直接依据 FRAND 许可声明对禁令救济进行限制。笔者认为，FRAND 许可原则系防止标准必要专利权人滥用市场地位、保障 SEPs 实施人获得专利许可使用权的合法权益的一种保护机制。若在 NPE 案中标准必要专利许可未以 FRAND 原则进行谈判，法院应当限制甚至拒绝对专利实施人核发禁令。例如上文所述 UPI v. Huawei 案，UPI 授予华为的许可费用远高于其授予其他公司的许可费用，法院认为 UPI 与华为在许可费上均未遵循 FRAND 原则，并判决若华为不接受法院提出的许可费，其将核发禁售令。在该案中，法院表面上是在平衡原被告双方的利益，实际上对于 UPI 这样的专利蟑螂而言百利无一害。只要法院判定专利侵权，专利蟑螂可能获得的最坏结果是依据 FRAND 原则给予专利使用人合理的许可费用。如此一来，不仅专利使用人遭受财力和劳力损失，而且造成司法资源的极大浪费。

因此，法院应当将事前 FRAND 许可原则作为判定是否核发禁令的依据

---

① 专利劫持是指一旦专利成为标准，标准专利权人很可能利用禁令威胁作为筹码迫使其他公司接受其提出高额许可费的要求，否则将不能在市场上使用该专利。"companies that own FRAND-encumbered SEPs may opportunistically use the threat of an injunction as leverage against other firms (colloquially referred to as a 'hold up') in demanding higher royalties after the patented technology has been incorporated into an industry standard than they could have otherwise obtained had the technology not been used in the standard"，https: //www. law. berkeley. edu/files/CRS _ SEP _ Report _ 9 - 2012. pdf，2017 年 7 月 2 日最后访问。

之一，不仅能够间接督促更多的 SEPs 权利人遵守 FRAND 原则，还可以有效遏制专利蟑螂的滥诉行为。在审查 FRAND 原则时主要应当考察如下因素：① 是否依据 FRAND 原则诉前友好磋商。② FRAND 许可费率是否公平、合理且无歧视。FRAND 许可原则应当是良好的机制，尤其应当关注专利许可费率上如何设立 FRAND 标准的问题，否则该原则对禁令的限制形同虚设。笔者在此不作赘述。

值得一提的是，存在专利劫持的同时也必然产生反向专利劫持（patent hold-out）和 FRAND 抵制①。这些恶意拖延专利许可谈判或极力压低专利许可费率，意图以低于合理费率的价格获得专利许可的公司与"专利蟑螂"一样，是专利制度的投机者，因而也是法院是否颁发禁令的参考因素。

3. 利益平衡原则

英美法院中都提到标准必要专利的禁令救济应当遵循利益平衡原则。这是因为，专利权主要保护专利权人的利益，具有排他性、独占性，是一种法定的垄断权。当技术标准与专利结合后，经营者欲遵循标准要求生产产品，就不得不实施标准中的某项专利，特别是对于那些具有强制性要求的标准产品。特别是，SEPs 必然涉及市场自由竞争机制与专利权排他性、公共利益与私权之间的平衡，相应的，SEPs 的救济也应当权衡各方市场参与者的利益。英美法院的利益平衡原则包括综合衡量对原被告方的影响、不损害公共利益尤其是消费者的利益、其他救济无法弥补等。此外欧盟法院还参考了 FRAND 原则。然而笔者注意到，大多数法院根据利益平衡原则判定是否颁发禁令时并未区分 NPE 与非 NPE 案件。

正如笔者上文所述，NPE（尤其是专利蟑螂型的）与非 NPE 在标准必要专利实施中是有差别的，法院不应将两者混为一谈。首先，即使区别专利蟑螂型的 NPE 与一般 NPE 实体确有一定难度，法院在审查原被告方的利益时亦不能忽略这两种实体的区别，因为通常专利蟑螂型的 NPE 的整体利益输入

---

① 与专利劫持正好相反，反向专利劫持指当被许可人利用筹码获得低于 FRAND 的费率和条款的情况；FRAND 抵制是指被许可人拒绝或者拖延接受 FRAND 许可。http://www.mikeshor.com/research/antitrust/antitrustsource.pdf，2017 年 7 月 2 日最后访问。

会远大于其在诉讼中的利益输出，仅 1997—2016 年期间，NPE 获得的和解费用高达 11 466 676 美元，是非 NPE 的近 3 倍①。其次，利益平衡原则要求法院将审查目光不断流转在各方利益之中，包括：① 原被告或第三方的利益，即如不颁发禁令原告或第三方是否将面临巨大的损害，颁发禁令被告是否造成极大的资源浪费无法继续经营等。② 私权保护与社会福祉。专利权是一种排他性的法定垄断权，专利法设定的目的也是为推进发明创新，保护智慧财产，但任何一种私权的使用都不能以侵犯公众利益为目的，如美国的 City of Milwaukee v. Activated Sludge, Inc. 案②，法院认定城市侵犯了一项污水净化专利，颁发禁令将会使整个城市的污水处理厂停止运作从而污染湖水、危害公众的健康和生命安全。③ 技术标准化制度与市场自由竞争之间的利益。两者不必然是对立关系，却可能存在着利益冲突。技术标准化是产业的趋势，涉及技术的整合与兼容、标准化制度的必然参与者 SEPs 权利人的独占权。另一方面，也可能将其他市场参与者锁在"标准"之中，影响其享有的市场自由竞争之权利。因此，平衡两者冲突也是解决个案的要求之一。

4. 禁令最后救济原则

在专利救济的过程中，禁令并非是专利侵权救济的唯一模式，如临时性禁令③、实际损失、侵权所得、许可费的倍数、法定/酌定赔偿以及其他救济④。鉴于禁令系相对严重的惩罚措施，因此绝非是首先适用的救济手段。NPE 标准必要专利案件极具复杂性，要求法院对 SEPs 侵权救济时当先考量除禁令外的其他救济方式，只有在其他方式无法弥补原告之损害，才通过上述各项原则综合考量，采取最优的处理方式。如果没有把握 SEPs 侵权救济的各项原则，禁令的颁发只会增大社会成本、阻碍发展进步。

---

① http://www.pwc.com/us/en/forensic-services/publications/assets/2017-patent-litigation-study.pdf，2017 年 7 月 2 日最后访问。

② 69 F, 2d 577 (7th Cir. 1934).

③ 临时禁令（preliminary injunctions）也被称为中间的（interlocutory）或诉讼期间（pendent lite）（未决诉讼）中的禁令，是一种特殊的、非常规的救济，并且只有在专利权人（临时禁令请求人）能够为必要因素提供强有力的证明时，法院才发布禁令。

④ 其他救济还包括销毁侵权产品或侵权工具、赔礼道歉、合理费用支出、惩罚性赔偿等。崔国斌：《专利法：原理与案例》，北京大学出版社 2016 年版，第 838—894 页。

每个专利侵权个案对于普遍适用的规则而言具有特殊性,法院审理时必然不能永远轻松地适用法律规则和现有制度,而是需要通过综合地理性地评价专利法、市场机制、标准必要专利制度的初衷和存在价值。原则是灵活的,是普遍性的,是设立制度和规则的准则与参考标准。法院运用专利侵权救济的规定或制度也需要立足于原则,因为当运用规则无法获得公正的判决结果时,原则将必然开辟一条通往救济的道路。笔者提及的上述禁令审查原则并不必然都要全部适用在所有涉及 NPE 的 SEPs 案件中,而是建议根据具体案件通过以善意原则为其他审查原则的根基进行综合考察,结合法律法规以及规章制度合理地行使法官的自由裁量权。当然,禁令审查原则绝不仅限于上述四项原则,还可能借鉴禁反言原则(Equitable Estoppel)、专利公示原则(Dedicated to the Public)[1] 以及默示许可原则[2]等,笔者在此不再赘述。

三、完善国内标准必要专利案件的禁令审查原则

(一)中国 SEPs 案件禁令适用的现状

在立法层面上,我国《专利法(修改草案)》(征求意见稿)在第十四条修订中提出了应在总则中增加原则性规定,在第七十九条至第八十一条修订中提出当然许可制度的建议(包含 FRAND 原则和专利信息披露机制),在第八十二条修订中提出诚实信用原则和标准必要专利默示许可制度的建议。但笔者注意到鲜有涉及标准必要专利禁令救济的适用规定。

在司法实践中,虽然中国法院对非专利实施体的 SEPs 案件暂无核发禁令的先例,但不代表未来专利蟑螂的现象不会存在,完善禁令审查原则防患于未然仍属必要。值得参考的是,我国于 2017 年颁布了第一起涉及专利实施体

---

[1] See Johnson & Johnston Associates Inc. v. R. E. Service Co., Inc. 285 F. 3d 1046 (Fed. Cir. 2002).
[2] 朱雪忠、李闯豪:《论默示许可原则对标准必要专利的规制》,载《科技进步与对策》2016 年第 23 期。

SEPs 案（西电捷通诉日本索尼案）的禁令，其主要考量的因素在于是否存在侵权行为、FRAND 授权过程有无主观过错以及是否侵害公共利益，其与普通的专利侵权案基于专利法、民法、侵权法、民事诉讼法及相关司法解释等对专利侵权进行禁令救济（又称为"停止侵害"）①略有不同。两者共同之处在于禁令救济必然与承担侵权责任挂钩。在学界，知识产权侵权责任采"二元论"，以民事侵权中的"过错责任"为主要原则，在补充原则上主要存在两种立场：一种是无过错责任②，另一种是过错推定责任③。学界在两种立场上都有发声，笔者在此不作深入探讨。两者之不同在于，法院在标准必要专利案件中考察了原告是否作出 FRAND 许可。此外，法院加重公共利益的考量，认定 SEPs 权利人是否存在不正当竞争或垄断的事实。由此可见，我国 SEPs 禁令救济的立法和制度尚未体系化，相关规定零散且单一，还有待完善。

（二）完善 SEPs 禁令立法和相关制度

笔者认为，虽上述专利法修订内容确有涉及 SEPs 持有人的行为规范，但法律法规对 SEPs 的规定仍不够充分，禁令审查依据的诚信原则、过错原则和不违反公共利益原则仍稍显单薄。鉴于涉及 NPE 的 SEPs 案件之复杂性，禁令适用在具体的规则中不一定能获得公平合理的结果，但只要作为基石的价值观和原则没有改变，就有可能产生最优的判决。但凡原则都必然与完善的制度和立法相结合。

第一，笔者完全赞成《专利法》修订中应当在总则章节加入原则性规定，如善意原则、FRAND 前置原则、利益平衡原则、禁令最后救济原则及其他原则。值得一提的是，根据禁令最后救济原则，首先可参照最高人民法院的司法解释，将临时禁令（又称为"行为保全"）作为优先考虑措施。临时禁令的成立因素包括：① 被申请人构成专利侵权的可能性；② 不及时制止有关行

---

① https://www.sinoss.net/show.php?contentid=56120，2017 年 7 月 4 日最后访问。
② http://219.151.4.130/guochen2/zhishichanquanfa/contents/thesis/the_018_01.pdf，2017 年 7 月 4 日最后访问。
③ 吴汉东：《知识产权保护论》，载《法学研究》2000 年第 1 期。

为是否会给申请人带来难以弥补的损害；③ 申请人与被控侵权人的损害的权衡；④ 申请人提供担保情况；⑤ 发放禁令是否损害公共利益①。除此之外，损害赔偿可以作为主要救济手段。

第二，笔者建议在《专利法》中设立专章以区分一般专利与SEPs专利的规则制度：SEPs持有人的行为准则和违法后果；通过细化FRAND许可来禁止其专利劫持的现象，如FRAND许可的范围、对象、程序、许可费率等；禁止SEPs实施人反专利劫持；禁令救济的适用范围和标准、程序的适用条件；SEPs持有人与实施人过错责任的认定条件；SEPs持有人不正当竞争和垄断的行为规范；侵犯公共利益的认定标准；等等。

四、结语

标准必要专利的禁令审查原则应在专利法与市场机制中并行考量，肯定非专利实施体市场地位的前提下，综合地、理性地权衡专利蟑螂的标准必要专利权的保护力度。考虑到法律对私权的救济、善良的市场参与者的付出、技术行业的发展和公共利益等，法院颁发禁令的标准应当包括但不限于善意原则、FRAND前置原则、利益平衡原则和最后救济原则，不仅有利于标准必要专利的市场运作，制定更完善的制度，还有利于规范市场参与者的行为以及推进整个技术行业的发展。本文所探讨的原则的初衷不仅在于为制定规则提供参考，同时也为司法审判提供公平公正的救济手段。然而原则不能凌驾于一切之上，否则法院行驶自由裁量权的限度将不复存在。因此，本文之后还有很多问题可以继续探讨。例如，如何建立专利劫持与反专利劫持的制约制度；标准必要专利最后适用禁令之前如何建立有效的救济方式；其他救济手段如损害赔偿是否也可以适用上述FRAND原则的考量；如何确定FRAND原则的许可费率；等等。

---

① 《专利法》第66条、《民事诉讼法》第一百零一条及《最高人民法院关于诉前停止侵犯专利权行为适用法律问题的若干规定》第十一条。

[企业产权法治研究]

我国经营者集中附条件许可制度研究

罗 阳[*]

摘 要： 自2008年《反垄断法》实施以来，我国相继制定一系列针对经营者集中附条件许可制度的配套规则，反垄断执法机构的执法水平也不断提高。但作为一个年轻的法律支系，仍不免暴露一系列问题，影响其理论完善和执法实践。我国应进一步立法具体化，改进有关程序构造，落实违规法律责任，以充分实现经营者集中附条件许可制度对维持竞争的积极效果。

关键词： 经营者集中 附条件许可 《反垄断法》

企业强强联合不仅关乎企业自身谋求更加蓬勃的发展，由此形成强大的市场影响力往往也容易对整个经济竞争秩序形成控制，封锁消费者利益。经营者集中附条件许可制度，致力于在企业效益与公共利益之间寻求一个最佳的平衡点，通过对经营者的资产或业务经营方面进行一定限制，以求维持正常的竞争秩序，同时满足经营者通过集中做大做强的要求。

我国经营者集中附条件许可制度随2008年《反垄断法》的出台而诞生，迄今已有10年的实践历程。2014年商务部出台的《关于经营者集中附加限制性条件的规定（试行）》（以下简称《试行》），标志着我国经营者集中附条件许可制度的理论和实务成果达到一个新的高度，然而面对我国发展快速又复杂多变的市场，立足于党的十九届三中全会"加强和优化政府反垄断、反不正当竞争职能"的背景，进一步完善经营者集中附条件许可制度意义重大。结合欧美理论和实践经验，对比我国有关规定及现状，笔者对我国目前的经

---

[*] 罗阳，上海大学法学院2017级法律硕士研究生。

营者集中附条件许可制度存在的一些主要问题进行了如下梳理,并给出相应的完善建议。

一、立法具体化

(一) 明确指导原则

经营者集中附条件许可的原则贯穿经营者集中附条件许可制度的始终,引导经营者集中附条件许可制度实体规定和程序操作的核心规则。关于经营者集中所附条件确定的指导原则,在《试行》中间接提到三点,即有效性、可行性和及时性。《商务部反垄断局负责人关于〈关于经营者集中附加限制性条件的规定(试行)〉的解读》对三点原则做出了进一步的阐述[1],然而并未对原则的深入内涵予以详细说明,比如如何保障其有效及有效的判定标准?可行的要素包括哪些?显得过于概括笼统。对此,国外立法实践、有关学者探讨均有相应成果。

美国司法部(Department of Justice, DOJ)于 2004 年颁布《合并救济政策指南》,对经营者附条件许可案件提出了六大原则,而在 2011 年颁布的《合并救济政策指南》中仅强调三项原则:一是有效保护竞争原则(effectively preserving competition),这对于合并救济是最为关键的原则;二是保护竞争而不是竞争者原则;三是救济需针对个案特定事实,基于法律和经济原则谨慎适用原则,从而有效解决每一件集中案件的竞争关切[2]。欧盟分别于 2001 年和 2008 年颁布了两部《可接受的救济通告》,提出了重塑竞争原则、结构性救济优先原则、综合评估原则、有效实施原则、保证实施原则、当事人提出救济原则、个案处理原则等[3]。结合有关学者的相关著作,笔者认为,下列

---

[1] 申报方提出的限制性条件建议应当满足三项条件:一是有效性,足以消除集中对竞争产生的不利影响;二是可行性,在实践中是可以操作的;三是及时性,能够快速解决集中存在的竞争问题。

[2] See U. S. Department of Justice Antitrust Division, Antitrust Division Policy Guide to Merger Remedies, 2011, pp. 1-4.

[3] 王炳:《反垄断法中的经营者集中附条件许可问题的研究:争议与反思》,中国政法大学出版社 2015 年版,第 65—67 页。

原则比较具有代表性：

1. 重塑或促进竞争原则

保护竞争是反垄断救济的出发点，此项原则被美国最高法院认定为反垄断救济措施的核心，在美国 2011 年的《合并救济政策指南》中也规定，一旦一项集中被认定为具有反竞争效果，则反垄断执法机构只会考虑采用能解决竞争问题并且保护竞争的救济措施[1]，保护竞争的内涵既包括维持集中前的竞争水平，又包括提高集中前的竞争水平。

2. 比例原则

比例原则在经营者集中附条件许可制度中，主要体现为三个核心要求：① 所附条件是能够解决竞争关切的手段；② 所附条件对于消除竞争关切、维护社会公共利益是不可缺少的；③ 当反垄断执法机构面临多种条件选择时，应当比较各种条件，选择对当事人限制和利益损害最小的方案。上述核心要求分别对应比例原则的三项子原则，即适应性原则、必要性原则和狭义比例原则[2]。

3. 确定性原则

确定性原则指经营者集中所附条件的内容明确具体，具有操作性。具体表现为所附条件的类型、范围、实施主体、权利义务、执行期限和法律后果的具体明确[3]。该确定性是保证所附条件顺利实施的前提基础，拟集中方在向反垄断执法机构做出附条件承诺时，应当就剥离业务转让中可能产生的影响所附条件确定性的风险进行消除[4]。

4. 透明原则

透明原则指经营者集中反垄断审查过程中，包括救济措施的商讨谈判阶

---

[1] See U. S. Department of Justice Antitrust Division, Antitrust Division Policy Guide to Merger Remedies, 2011, p. 3.

[2] 王炳：《反垄断法中的经营者集中附条件许可问题的研究：争议与反思》，中国政法大学出版社 2015 年版，第 93—94 页。

[3] 王炳：《反垄断法中的经营者集中附条件许可问题的研究：争议与反思》，中国政法大学出版社 2015 年版，第 99—100 页。

[4] See Official Journal of the European Union, Commission notice on remedies acceptable under Council Regulation (EC) No 139/2004 and under Commission Regulation (EC) No 802/2004, pp. 3 - 4.

段、形成决定阶段、实质性阶段、异议解除阶段,都必须将反垄断审查的相关政策、程序、经营者身份等必要信息,通过各种途径向公众披露,从而使社会各界深入准确地了解执法工作,提出批评建议,提高执法质量和水平[①]。

5. 参与原则

在执法信息公开透明的基础上,还必须保障与经营者集中有关联关系的第三人参与到救济措施的商讨、确定、实施和矫正过程的权利,有利于保障反垄断执法机构掌握必要的决策信息,充分发挥审查程序的事前规制功能,降低执法失败的风险[②]。

其中,透明原则、比例原则等对于经营者附条件许可的确定具有重要的作用,我国立法未对此予以原则性指导的法律地位,不利于形成一个系统完备的原则体系。因此,反垄断执法机构需进一步修改完善相关法规,全面考虑经营者集中附条件许可的重要核心原则,并做出清晰合理的解释。

(二)细化限制性条件规定

早在1990年,美国联邦贸易委员会(Federal Trade Commission, FTC)就发布了《剥离程序研究》,从关注剥离资产买家情况的角度,分析了1990—1994年间37项剥离案件,讨论了何种剥离指令的规则以及剥离程序更有利于保证剥离的有效性和公正性,为FTC之后制定和执行合并救济措施提供依据[③]。2017年,FTC发布的《竞争与经济报告》,根据2006—2012年89项救济指令,进行超过200次采访,通过案例分析、调查报告等方式,收集来自近200家公司提供的数据,分析附加的经营者集中许可条件的各种类型的适用情况以及对不同行业的适用成功率和影响(尤其是医药行业),区分不同类型限制性条件的适用评价标准等[④],具有非常详尽和直观的指导作用。

---

① 李俊峰:《经营者集中反垄断救济措施运行机制研究》,上海大学出版社2015年版,第51—52页。
② 李俊峰:《经营者集中反垄断救济措施运行机制研究》,上海大学出版社2015年版,第52—54页。
③ See U.S. the Staff of Bureau of Competition of the Federal Trade Commission, A Study of the Commission's Divestiture Progress, 1999, pp. iii - iv. i.
④ See U.S. the Staff of Bureau of Competition of the Federal Trade Commission, The FTC's Merger Remedies. 2006 - 2012 A Report of the Bureaus of Competition and Economics, 2017.

我国的《试行》中对附加限制性条件的分类与国际通行分类一致,即结构性条件、行为性条件和综合性条件,但并未结合不同的经营者集中类型,如横向集中、纵向集中等进行适用上的阐明,也没有对后续执法情况和条件有效性进行分析总结,从而形成相应的规范指南。因此,我国在立法上可以明确针对某种类型的经营者集中一般情况下附加何种类型的救济措施以及例外情况,同时为确定经营者集中附条件许可的确认提供指引性的考虑因素,如全球化因素、行业因素、实施资源因素,等等,从而使得救济措施能够在一个系统、完善和合理的框架内有效地根据每一个个案形成。

另外,自《反垄断法》实施以来,商务部已经审结2031件经营者集中案件,其中附条件许可集中36件、涉及行为性条件的29件,约占总体附条件许可集中案件的80.6%[1],可见商务部对行为性条件的适用偏好。然而《试行》中对行为性条件种类的范围规定得过于狭小,只包括开放网络或平台等基础设施、许可关键技术(包括专利、专有技术或其他知识产权)、终止排他性协议等行为性条件,且对于实际操作并无详述,不利于应对现实中错综复杂的案件。实践中,已有部分新型行为性条件在具体案件中适用,如2017年8月审结的博通收购博科案,商务部要求博通公司对第三方光纤通道适配器保密信息和第三方光纤通道交换机保密信息采取防火墙措施,防止博通公司在光纤通道交换机市场和光纤通道适配器市场突破保密协议,损害市场竞争[2]。为制定合适有效的救济措施提供明确而充分的参考和指引,应当增加规定行为性条件的种类,如防火墙条款、供应合同、服务水平承诺等,并明确其具体适用的条件和标准。

(三)受托人制度若干问题去模糊化

受托人制度或委托实施机制,兼具了公权力机关实施所具备的威慑力和强制性特点以及私人实施的人力、财力和市场灵敏度的优势,是经营者集中附条件许可制度中贯穿集中方经营、监督和剥离等实施环节的重要组成部分。

---

[1] http://fldj.mofcom.gov.cn/article/ztxx/?,2018年4月7日最后访问。
[2] http://fldj.mofcom.gov.cn/article/ztxx/201708/20170802632065.shtm,2018年4月7日最后访问。

为保证受托人制度的有效运行，关键在于严格规范受托人的选任。

《试行》仅仅原则性地规定要求具有独立性，具备相应的知识、技能和经验，但如何评判独立性，如何保障独立性都没有具体明确的规定。例如，监督受托人的薪酬由剥离义务人支付，因此不得不考虑薪酬的高低以及支付情况对监督受托人履行职责情况的影响，如果薪酬过高，则容易导致利益关系；如果薪酬过低，则会损害监督受托人履行职责的积极性，因此，应当明确，薪酬的制定一方面要以行业标准为参照，另一方面商务部也可以在特殊情况下进行干预。虽然关于受托人的薪酬问题在商务部发布的《监督受托人委托协议（示范文本）》中有所规定，但并不具有强制力，还需要上升到法律法规层面进行规范。另外，设定受托人任命的消极资格，从源头上把控受托人和集中方之间的利益关系，是保证受托人的独立性的前提。例如，根据欧委会 2008 年的《合并救济指南》"受托人应独立于当事方，有执行任务所需要的资格，不应当存在或可能存在利益冲突"[1]，可规定受托人不得受聘为参与集中经营者及其关联企业的董事会成员或其他高管，不得持有委托人及其关联企业的股权或与委托人之间存在着债权债务关系（份额或数量不足以影响受托人独立性的除外），不得与委托人之间存在商业上的服务关系，诸如担任其律师、审计师、顾问等[2]。

受托人的专业知识对于其履行受托职责至关重要。对此，《试行》只是强调受托人应"具有对限制性条件进行监督所需的专业知识、技能及相关经验"。那么，何为针对性的专业知识？在选任受托人时可参照怎样的标准范围筛选出所需的专业人员？为保障受托人的专业资质，欧盟倾向于任命会计师事务所、律师事务所、投资银行、资讯管理机构作为监督受托人，而美国则倾向于任命职业经理人、科学家等具有相应产业专门知识的机构或个人作为

---

[1] See Commission Notice on remedies acceptable under the Council Regulation (EC) No 139/2004 and under Commission Regulation (EC) No 802/2004.
[2] 刘武朝、时建中：《论经营者集中反垄断审查中的监督受托人——欧美的经验及借鉴》，载《河北法学》2014 年第 5 期。

监督受托人①。同时由于限制性条件的内容通常涉及国民经济多个行业的专门知识，受托人相应的知识技能也因不同行业的集中方而应有所不同，且"行为性条件常常需要对特定产品的价格、质量、标准、性能等进行合理性判断"②，比起模糊的"专业知识"或"相关经验"，对受托人要求更为侧重的是对于"行业"的发展以及相关行业专业知识都有比较深入的认识，尤其对于监督受托人来说，同一行业中作为监督受托人的经验，则对于监督工作的顺利开展会起到很好的作用。因此，为了方便执法机关进行受托人选任，提高执法明确性，应当结合我国国情，对适格受托人的具体范围进行指导，并体现行业契合性。

对于被选任的受托人如何进行监督，《试行》仅提到"受申报方委托并经商务部同意"的单一的事前监督机制，难以在限制性条件的实施过程中，尤其对于长期性的行为性条件的实施效果发挥预设的作用。因此，在受托人被选任之后，应当及时公布其名称（姓名）、注册地、主要办事机构所在地、联系方式等信息，同时定期公布受托人的履职情况，既有助于通过公开机制合理选任受托人，又能避免道德风险，防止受托人怠于或滥用职权，起到促进受托人积极履行职责义务的作用。

二、程序构造方面

（一）行政认定裁决的弊端

1. 我国的确认程序——行政认定裁决

根据我国《反垄断法》和《经营者集中审查办法》的规定可知，经营者集中附条件的确认阶段发生在经营者集中进一步审查阶段，即经营者申报的集中案件在初查阶段被认定具有反竞争效果，商务部针对集中方提出的附加限制性条件，与集中方进行商讨，最终确认。

---

① 刘武朝、杨茂喜：《经营者集中反垄断审查与企业创新——挑战及制度内应》，知识产权出版社 2016 年版，第 157—158 页。
② 袁日新：《经营者集中救济类型位阶性的理论反思》，载《法律科学》2016 年第 2 期。

根据《试行》第二章，确认经营者集中所附条件大致经过以下流程：第一，商务部针对集中案件具有或者可能具有的反竞争影响向集中方提出并且说明理由，集中方可以在此之前或者之后提出限制性条件以减少或消除竞争关切的建议。第二，如果集中方提出附条件建议未超过规定期限，商务部应对附条件建议进行评估，并与集中方进行协商，集中方在得到评估结果通知后，应当在进一步审查阶段结束前向商务部提交最终方案；反之，如果集中方提出附条件建议超过规定期限，或者该附条件建议缺乏减少或消除反竞争效果的充分性，商务部将禁止该项集中。第三，商务部在评估集中方提供的附条件建议时，可以通过调查问卷、听证会和专家座谈会等形式向社会征求意见。同时商务部可以要求申报方提供更为严格的备选方案，防止申报方提供的首选方案存在难以实施的风险。第四，商务部将附加限制性条件的审查决定向社会公布，并明确是否要求申报方委托受托人及适用的程序。

2. 美国的确认程序——准司法裁决

而美国 FTC 形成救济措施的程序不同于中国商务部的"行政认定裁决程序"，FTC 审查机制受到 1946 年《联邦行政程序法》的影响，显现出"准司法裁决程序"的特征。经营者集中所附条件的形成大致包括以下流程：第一，第三人（与经营者集中有实际关联的消费者或竞争者）向竞争保护部门举报集中方的违法行为。第二，竞争保护部门进行初步调查，根据调查结果向 FTC 提出是否进行正式调查的建议。第三，FTC 可通过向有违法嫌疑的集中方发出传呼令等强制措施开展正式调查。第四，调查结束后，如果 FTC 与违法集中方无法达成庭前和解，则会向集中方发出诉状以及停止令初稿，并正式转入行政诉讼程序。第五，由集中方作为被告，FTC 作为原告（FTC 内部调查部门代表），双方均可以聘请律师辩护，进行举证质证以及辩论，公开庭审，由 FTC 内部的行政法官裁定被告是否违法并裁定禁止令的内容。FTC 内部调查起诉部门与负责裁决部门的相互分立，行政法官任免的独立性以及行政法官享有终身任职和充分的薪酬待遇，确保了行政法官行使职权的独立性，因而即使对集中案件的调查起诉权与裁决权都集中于 FTC，也能够保证最终个案裁决的公正性。另外，FTC 也可以向联邦地区法院起诉，FTC 内部的行政裁决程序与联邦地区法院的诉讼程序基本一致①。

2012年美国FTC诉OSF和Rockford这两家医疗保健系统合并案中，FTC作为原告，向联邦地区法院起诉被告OSF和Rockford的集中行为违反了《克莱顿法案》第7章，诉请初步禁令（preliminary injunction），双方进行了充分的抗辩。如在分析和评判相关市场方面，FTC认为被告的产品市场之一GAC市场包含了宽泛的医药和外科诊断以及治疗服务，而不包含门诊病人、康复、精神学等方面的服务；拟议合并的相关地域市场是位于Rockford市中心约30分钟车程内的区域，该区域包括罗克福德的所有三家医院，但它不包括外围地区的较小的医院。被告方均未对此做出实质意义的抗辩。FTC又提出了一系列初步证据，说明合并将导致合并实体控制GAC市场的相当大的份额，并将导致市场集中度的显著增加。被告并不特别质疑这些计算数据。相反，被告认为，法院必须考虑的不仅仅是市场份额统计，以确定附属是否是反竞争的。被告也反驳尽管集中度高，然而特别是由于市场上还存在着Swedish American这个强大的竞争对手，拟议的合并将不允许他们将价格提高到超越竞争的水平，而且原告未进行过合并模拟来确定拟议合并的实际价格效应。被告还认为拟议的合并将产生大量的效益，将使各方重新部署资本顺序，改善和扩大医疗服务，增加消费者福利。同时，被告认为合并将允许他们以多种不同的方式改善他们的患者的护理质量。总的来说，被告声称这些利益将超过任何反竞争影响，并驳斥FTC的初步证据表明的非法推定②。

从上述案件的主要内容和程序过程可以看出，通过原被告的对抗式举证质证，相对于反垄断执法机构单方面进行信息判断和筛选的方式进行事实发现，能够最大限度地展现出客观的"裁决事实"，并且有利于裁决者站在中立的立场上公正裁判，形成更为有效、公正、针对性强的救济措施。

对比上述两种救济措施形成程序，可以发现两者核心的区别集中在"行政认定裁决"与"准司法裁决"对事实发现的方式和程度上。我国商务部作

---

① 潘志成：《经营者集中反垄断审查的裁决程序》，法律出版社2012年版，第96—99页。
② See F. T. C. v. OSF HEALTHCARE SYSTEM, 852 F. Supp. 2d 1069 (N. D. Ill. 2012), pp. 1069 - 109.

为反垄断审查机构，同时充当着调查者和裁决者的角色，对裁决事实（ajudicative fact）——商务部据以判定集中是否违法或确认限制性条件的案件事实，其掌握的方式是通过拟集中的经营者在申报和审查过程中提供的文件资料，其他竞争者、消费者、专家等其他主体通过听证会、座谈会等形式提供的意见和事实以及判断市场份额、市场集中度的一系列审查评估要素和方法。其中审查评估要素和方法，早在美国1992年颁布、1997年修订的《横向合并指南》中已经存在，且规定基本一致，然而由于需要获取大量的数据信息，通过经济学方法测定，且通用的相关市场界定方法如 SSNIP（Small but Significant Non-transitory Increase in Price）依赖于消费者心理、市场营销策略等不确定因素，准确性受到质疑。因此，有不同主体提供的事实信息，对于商务部进行审查裁判至为重要。不同于 FTC "准司法裁决"程序的特点，商务部面对诸多事实信息往往表现为单方性的选择，而不是原告通过对抗式参与的方式来进行事实发现。

为保障商务部就经营者集中附条件许可做出公正的裁决，对商务部的内部机构制度进行制度设计是必不可少的。我国商务部对经营者集中审查裁决的程序属于"行政认定"裁决类型，即认定的"裁决事实"主要是通过对多个相关主体提供的信息资料的单方选择，因此对真实有效的"裁决事实"的发现程度相对来说十分有限。为提高商务部对案件真实信息的掌握程度，借鉴"准司法裁决"程序的优势有重要意义。例如，可以仿照美国 FTC 内部设置的独立行政法官，在我国商务部内部设置类似机构，该机构形式上虽然属于商务部内部机构，但为了保证裁决的独立性和公正性，其负责官员的任免和薪酬制度应独立于商务部，且不受商务部及其反垄断局的命令和指导，仅负责通过组织和主持审查机关和集中方进行举证质证，依照案件事实和法律做出公正裁决。

（二）仲裁制度的缺失

在我国经营者集中附条件许可制度中并未引进仲裁机制。仲裁机制通过解决集中当事方与第三人关于集中条件履行的争端，能够间接地推动和监督集中方对集中条件的遵守和执行，为反垄断争议提供一个快速解决的途径，减轻反垄断执法机构的执法压力。相对于反垄断执法机构监督而言，第三人作为集中实施的利益相关人，对集中带来的竞争损害有着更为敏锐和及时的反应；相对于私人诉讼而言，由于能够选择具有专业知识的仲裁员进行裁判，又避免了法官行业知识缺乏而难以有效判决的弊端，因此具有不可替代的优势，尤其是对于需要投入长期时间和财力进行监督的行为性条件，在美国和欧盟等发达国家和地区仲裁受到广泛支持，仲裁条款在附加限制性条件的集中许可中普遍存在。

根据 1986 年我国加入的《承认与执行外国仲裁裁决公约》中的商事保留声明，我国只承认与执行依据我国法律属于契约型和非契约性商事法律关系引起的争议所作的判决，并没有明确排除仲裁在反垄断领域中适用的可行性；而集中当事方与第三人关于集中的行为性条件履行的争端，在本质上属于平等法律主体之间的民商事法律关系①，具有可仲裁性。反过来说，当国外仲裁机构做出此类仲裁并涉及我国经营者时，我国法院就必须承认和执行；然而我国的仲裁机构却不能就此类集中案件做出仲裁，这显然是不合理的。

目前，我国仲裁机构的数量已居世界前列，且解决案件的质量和效率也受到好评，仲裁机制发展迅速，日益完备②。因此，将仲裁机制引入我国经营者集中附条件许可制度，既具有必要性，又具备可行性。

当然，若引入仲裁机制还必须对其与经营者集中附条件许可制度之间存在的不相适应之处进行调适，例如传统仲裁强调的独立性、保密性等方面，由于不仅要考虑当事人之间争议的解决，还需要保全对竞争秩序的维持效果，必然有反垄断执法机构一定程度的介入，协调好仲裁机构与反垄断执法机构之间的职权范围和运作关系是关键所在。

（三）执行配套措施方面的缺陷

当待剥离资产存活性不稳定、可销售性较弱、购买方不确定时，为了保障经营者集中所附条件得以及时有效地实施，皇冠宝石（crown jewel）、定资

---

① 王李乐：《再论经营者集中附行为性条件争议仲裁的适用》，载《河北法学》2015 年第 2 期。
② 刘武朝、杨茂喜：《经营者集中反垄断审查与企业创新——挑战及制度内应》，知识产权出版社 2016 年版，第 182—183 页。

先行（fix it first）、先行买家（upfront buyers）等执行配套措施有着非常重要的作用。

1. 皇冠宝石条款

皇冠宝石条款是指如果集中方未能在命令规定的期限内完成剥离，则反垄断执法机构可以剥离附加资产。一般而言，附加资产补充和优化了反垄断执法机构决定初始剥离的资产，从而提高剥离资产包的购买吸引力，潜在地扩大可接受的买家范围，增强剥离资产包的可销售性，最终促使剥离的成功。例如，集中方只有一个产品线需要被剥离，当该产品线的销售性较弱、影响到买方的确定时，皇冠宝石条款可能要求剥离制造该产品和其他产品的整个部门以提高剥离资产的购买吸引力[1]。

早在2009年日本三菱公司收购璐彩特公司案中，我国商务部就适用了皇冠宝石规则。但直到2014年出台的《试行》才正式将其上升到立法层面——《试行》第十一条规定，为预防集中方提出的限制性条件的首选方案的实施风险，商务部可以要求集中方提出一个更加严格的备选方案，该备选方案包含了集中方的其他资产，这是我国首次对皇冠宝石条款的认定适用[2]。相对于欧美等国指定的较为详细和不断更新的适用指南，我国的皇冠宝石规则仍停留在粗略原则、初始探索的层面，体现在程序方面的明显缺陷是披露适用皇冠宝石规则时间过早，易导致初始剥离方案被架空。

从本质上来说，皇冠宝石条款是一种替代性剥离方案，利用具有较高市场价值的附加资产，增加合适购买人出现的可能性，从而促成剥离资产购买及存活，保护相关市场竞争。若过早披露替代性剥离方案，对买家而言，容易造成其选择消极观望战略以降低购买成本，拖延剥离期，而剥离期越长，越不利于待剥离资产的保值，同时损害了集中方利益。美国1999年《剥离程序研究》就指出缩短剥离期限正是对之前救济措施的创新进步，使得剥离完

---

[1] See U. S. the Staff of Bureau of Competition of the Federal Trade Commission，A Study of the Commission's Divestiture Progress，1999，p. 4.

[2] 《商务部反垄断局负责人关于〈关于经营者集中附加限制性条件的规定（试行）〉的解读》将《试行》第七条申报方提供的备选方案称为"皇冠剥离"。

成的平均时间从 1995 年的平均 15 个月，缩短到 1996 年的 6 个月，以及 1997 年和 1998 年的 3 个月，从而大大提高了剥离的成功率①。而从商务部适用皇冠宝石规则的案例（2009 年日本三菱公司收购璐彩特公司案和 2013 年嘉能可收购斯特拉塔案）来看，都是直接在审查决定中披露替代性剥离方案，易引发买方的道德风险。加拿大《合并救济信息公告》规定，皇冠宝石条款的设置和内容，只有在受托剥离阶段才向公众披露②。英国 2008 年《集中救济指南》中提到，为防止替代性剥离方案损害剥离资产，一般不会将其列入案件公开报告版本中③。因此，为避免上述风险的发生，可借鉴外国立法经验，在审查决定公告中，对皇冠宝石条款的适用先进行保密，当初始剥离方案无法进行，进入到受托剥离阶段时，再公布替代性剥离方案，充分发挥皇冠宝石条款的积极作用。

2. 定资先行与先行买家

根据 2011 年美国司法部《合并救济政策指南》规定，在某些案件中，当事方会寻求定资先行的救济方式就剥离资产与买方进行事先商议，并达成购买协议，该协议如果被 DOJ 认为能够解决竞争关切而同意接受，则该集中无须进入诉讼程序，只要定资先行的救济在集中完成之前实施完成即可。定资先行有许多优点，在某些情况下，定资先行补救办法可以比剥离指令更快和有效地保护市场的竞争，节约司法资源。此外，定资先行可以使当事方在形成适当剥离方面具有最大的灵活性。由于不同的购买者可能需要不同的资产组合以提高竞争力，定资先行补救措施允许资产针对特定的拟购买者。但是一旦定资先行条款需要集中方履行后续义务，如防火墙条款等行为性条件，则不适用④。

先行买家是指在反垄断执法机构对经营者集中案件进行竞争关注之后、

---

① See U. S. the Staff of Bureau of Competition of the Federal Trade Commission, A Study of the Commission's Divestiture Progress, 1999, pp. 39-40.
② See Competition Bureau, Information Bulletin on Merger Remedies in Canada, 2006, para. 38.
③ See Merger Remedies: Competition Commission Guidelines, 2008, p. 19.
④ See U. S. the Staff of Bureau of Competition of the Federal Trade Commission, A Study of the Commission's Divestiture Progress, 1999, pp. 21-23.

做出决定之前，集中方自主选择购买方提交反垄断执法机构审核，签订资产转让协议①。DOJ 的先行买家与定资先行有着极大的相似处，都要求集中方在 DOJ 做出决定前寻找购买人，签订购买协议并获得 DOJ 的认可，目的都是为了尽早确定合适的买方，增加剥离的成功率；核心的区别在于先行买家要进入诉讼程序获得正式的同意判决，而定资先行在调查阶段结案，不需要进入诉讼程序。

我国商务部借鉴了欧美定资先行和先行买家的做法，在《商务部反垄断局负责人关于〈关于经营者集中附加限制性条件的规定（试行）〉的解读》中规定，当剥离的有效性和可行性存在不确定性时，商务部在作出审查决定之前或者集中交易交割前，可以要求集中方提前找到买方并与之签订出售协议草案，这种做法被称为"交割前剥离"。

与定资先行和买家先行的适用条件相似，不同点在于定资先行和先行买家的适用可由集中方主动提出，最后由反垄断执法机构决定；而交割前剥离则只能在商务部要求之后，集中方才能提前联系买家进行适用。作为审查机关，商务部在经营信息、剥离资产信息等方面无法做到与集中方一样第一时间全面掌握，因此，由商务部提出"交割前剥离"相比于由集中方主动提出，存在着确定合适买家的时间迟延，为避免时间迟延带来的买家确定风险，应当赋予集中方主动提出适用"交割前剥离"的权限。

三、法律责任方面

（一）罚款金额限度过低

根据《试行》第六章的规定，反垄断执法机构对于违法集中方的处罚方式包括责令限期改正、责令停止实施集中、限期处分股份或者资产、限期转让营业，配套的相应行政处罚金额规定在 50 万元以下。

---

① 娄丙录、朱琳：《我国经营者集中附加结构性条件批准法律制度研究》，载《河南财经政法大学学报》2016 年第 5 期。

事实上，在经营者已经合并的情况下，要求其恢复原状或拆分，在操作上具有较大的难度，而且往往也会影响到大企业内部经营运行的结构，影响到某一行业的发展状态甚至是整个市场秩序，牵扯到诸多方面的秩序稳定和利益关系；同时，拆分企业的执行难度和执行时间、财力成本都非常大，很难最终契合发展变化的市场环境①。

因此，应当慎重使用恢复原状或拆分的处罚方式，同时更加重视对违法企业征收罚款的处罚方式。而符合申报标准的集中方，只能是市场中资金雄厚的大企业，50万元的最高限额对于预防和威慑经营者的违法集中行为显然是远远不足的，提高行政罚款上限对于威慑经营者，阻却其进行违法集中的意图和行动来说具有现实性和必要性。行政罚款的具体数额限度可以比照其他国家的罚款标准，如德国规定对违反规定的经营者集中最高罚款是50万欧元，欧盟规定的最高罚金是不超过相关企业全球市场销售额的10%②。

（二）受托人责任畸轻

对于受托人在履行职责时提供虚假信息或隐瞒信息的行为，违反忠实勤勉义务要求的，《试行》只是规定商务部可以责令改正，如此轻微的处罚难以防止受托人发生道德风险，怠于履行职责甚至滥用职权。而受托人在限制性条件的执行和监督中发挥着重要的作用，因此需要合理设置对受托人违反忠实勤勉义务的法律责任。

由于受托人机制涉及两方面的法律关系——一是受托人与集中方的民事委托合同关系；一是受托人与反垄断执法机构的公共权力委托关系。因此与之相对应，受托人也应承担两方面的法律责任——一是对集中方承担的私法上的责任，包括扣减受托人的服务酬劳，追究受托人的民事赔偿责任等；一是对反垄断执法机构承担的有公法性质的责任，如解除受托人在本案中的受托资格，禁止受托人在一定期限内从事受托业务，对受托人进行公开谴责等③。

---

① 李国海：《反垄断法实施机制研究》，中国方正出版社2006年版，第186—187页。
② 王晓晔：《王晓晔论反垄断法》，社会科学文献出版社2010年版，第342页。
③ 李俊峰：《经营者集中救济措施的委托实施机制研究》，载《上海财经大学学报》2015年第5期。

[保险产权法治研究]

社保缴费基数不足问题的法律规制

孔德娥 谢 颖[*]

摘 要：用人单位和职工未按实际工资如实申报社保缴费基数的现象普遍存在，但是由于法律、法规尚不完善，相关规定之间的衔接也存在诸多问题，在遇到纠纷和矛盾时，经常出现执法机关为难、劳动者不满、企业喊冤的现象，社保缴费不足引发的矛盾日益凸显。通过对社保缴费基数不足现象所涉的责任主体、追溯期限、劳动者维权途径等方面的分析，对当前解决社保缴费不足问题提出了建议，以期对相关问题解决有益。

关键词：社会保险 社保缴费基数 追溯期限 社会保险缴费基数申报

当前，反映社保缴费基数不足的社会保险投诉、举报事件逐渐增多，有的已演变为群访事件，给社会稳定造成很大压力。地方政府、人社行政部门、社保经办机构、社保费征收机构等都牵涉其中，但由于法律、规定和政策衔接不上，对于诸多法律问题目前尚无统一的、权威的意见，相关机构和部门时常感到"无所适从"。

何为足额申报缴费基数？劳动和社会保障部社会保险事业管理中心《关于规范社会保险缴费基数有关问题的通知》规定："凡是国家统计局有关文件没有明确规定不作为工资收入统计的项目，均应作为社会保险缴费基数。"1990年国家统计局发布的《关于工资总额组成的规定》第四条规定："工资总额由下列六个部分组成：（一）计时工资；（二）计件工资；（三）奖金；

---

[*] 孔德娥，江苏洲际英杰律师事务所律师；谢颖，江苏洲际英杰律师事务所律师。

(四)津贴和补贴;(五)加班加点工资;(六)特殊情况下支付的工资。"部分省市在实际执行过程中亦做出明确规定①。

根据人社部数据显示,当前企业养老保险月均缴费基数不足月工资的七成,实际可能占比还要低②。未能足额申报缴纳基数的原因,一方面是由于我国养老保险制度激励性不够完善,多缴多得的原则没有真正树立起来。参保人员不知道现在缴费到退休时能拿回多少。因此,导致实际费率低于规定费率、实际缴费基数小于真实缴费基数等情况频现,为了少缴费,很多企业主和职工常常就合谋缩小缴费基数达成"默契"。另一方面,社会保险制度从建立到完善是一个逐步发展的过程,部分地区仍着重推进社会保险的普及,地方政府出于降低企业成本和鼓励全民参保的考虑,实际执行的缴费基数下限较低。以江苏省南通市为例:2014—2017年间,对应的上年度在岗职工月平均工资分别为 4 832 元、5 149 元、5 600 元、6 057 元,按规定设置的缴费基数下限应分别为 2 899 元、3 089 元、3 360 元、3 634 元,实际执行的下限分别为 2 299 元、2 550 元、2 550 元、2 940 元,远低于规定的标准③。

一、社保保险缴费和申报的义务主体

(一)缴费和申报义务主体

根据《社会保险法》第六十条和《社会保险费申报缴纳管理规定》第四条、第五条的规定,根据保险种类的不同,缴费和申报的义务主体也有所不

---

① 如《浙江省人民政府办公厅关于进一步加强社会保险费"五费合征"工作的意见》(浙政办发〔2017〕114 号)规定,企业缴纳各项社会保险费统一以当月的企业全部职工工资总额为缴费基数。企业全部职工工资总额的计算以国家统计局规定的口径为准。《江苏省社会保险费征缴条例》规定,缴费单位应当根据本单位职工工资总额、职工工资收入和费率按月向社会保险经办机构申报应当缴纳的社会保险费数额……前款规定的职工工资总额是指缴费单位直接支付给本单位全部职工的劳动报酬总额;职工工资收入是指缴费单位直接支付给职工本人的劳动报酬(包括工资、奖金、津贴、补贴和其他工资性收入等)。

② http://finance.sina.com.cn/stock/t/2016-08-31/doc-ifxvixsh6999747.shtml,2017 年 8 月 31 日最后访问。

③ 相关数据来源:南通市人力资源和社会保障局《关于开展 2017 年度社会保险费缴费基数申报工作的通知》《关于开展 2016 年度社会保险费缴费基数申报工作的通知》《关于开展 2015 年度社会保险费缴费基数申报工作的通知》。

同，应当由用人单位单独缴纳的社保种类，用人单位是申报和缴费的义务主体。应当由用人单位和职工共同缴纳的社保种类，用人单位和职工个人都是申报和缴费的主体，各自按照缴费规定，对自己应当缴纳的部分承担申报和缴费义务。但是，对于职工个人应当缴费的部分，用人单位是代为申报和代扣代缴义务主体。用人单位代职工申报的缴费明细以及变动情况，应当经职工本人签字认可并留存备案。

（二）未及时申报和缴费的责任

对于用人单位未按规定申报且未缴纳社会保险费的，社会保险经办机构有权责令限期补缴，逾期仍未改正的，按照《社会保险法》的规定收取滞纳金或罚款。

用人单位未按照规定申报应缴纳的社会保险费数额的，社会保险经办机构暂按该单位上月缴费数额的110％确定应缴数额；没有上月缴费数额的，社会保险经办机构暂按该单位的经营状况、职工人数、当地上年度职工平均工资等有关情况确定应缴数额。

用人单位未按时足额代缴的，社会保险经办机构应当责令其限期缴纳，并自欠缴之日起按日加收0.5‰的滞纳金，用人单位不得要求职工承担滞纳金。

二、社会保险费追溯的期限

（一）社会保险费追溯是否应该具有期限

对于社会保险费追缴的期限，目前主要存在三种主流的观点：第一种观点认为应当具有2年时效，简称"2年时效说"；第二种观点认为社会保险费追溯不应设定期限，简称"不受时效限制说"；第三种观点认为对于未缴和少缴应当区分对待，简称"折中的观点"。

"2年时效说"认为，社会保险费追溯应当具有时效，每个人都应当是自己利益的最大守护者，不设定时效，对劳动者不一定有利。违法时间越长，用人单位的责任越大，其逃避责任的动机越强；执法机构也可能因执行的困难而不了了之①。这种观点的主要依据是《劳动保障监察条例》第二十条以及《社会保险行政争议处理办法》第六条、第十条的规定。此外,深圳市在2013年发布的《深圳经济特区社会养老保险条例》第四十条规定:"职工认为用人单位未按照规定为其缴纳养老保险费的,应当在知道或者应当知道权利被侵害之日起两年内向市社保机构投诉、举报。投诉、举报超过两年的,市社保机构不予受理。"也体现了这种观点。

"不受时效限制说"认为,社保缴费具有公法的性质,请求用人单位补缴社会保险费这项权利,不仅是劳动者的私权,也是国家的公权,如果因为超过时效而免除了用人单位的补缴义务,将导致基金损失,加重财政负担,并间接影响参保人利益②。以时效制度驳回劳动者请求,对用人单位偷漏社保费会产生诱导作用③。这种观点的主要依据是《社会保险法》《社会保险稽核办法》《社会保险费征缴暂行条例》均未规定时效问题。《劳动保障监察条例》不能违反或超越《社会保险法》的规定。

"折中的观点"认为:社保漏缴与少缴系不同违法行为。社保漏缴期间,整个违法行为始终处于连续状态,因而时效起算点应自违法行为终了之日起算。社保少缴行为中每个月的社会保险费低于法定基数都是独立的违法行为,社保少缴行为即便一直存在也不视为违法行为状态处于连续,因而在适用时效时以2年为界,在2年时效范围内的期限予以处理,超过2年的少缴行为则不予处理④。由于这种观点对"漏缴"和"少缴"这两种违法程度不同的行为进行了区分对待,看似更加公平合理,可操作性也较高,故在社保经办机构工作人员中的认可度最高。

(二) 本文的分析:社会保险费追溯应有期限

无论是从法律逻辑还是实务角度,我们认为社会保险费的追溯应有期限更为适宜。

---

① 韩君玲、齐秋:《社保费补缴时效悬疑》,载《中国社会保障》2011年第5期。
② 查碧然:《社保费补缴的仲裁时效探析》,载《中国人力资源社会保障》2012年第5期。
③ 《用人单位不能以时效为由拒缴社保》,载《检察日报》2014年6月21日。
④ 夏小伟:《追缴社会保险费的劳动监察时效适用》,载《中国劳动》2017年第3期。

《社会保险法》虽然未规定社会保险费追缴具有期限，但同时也并未有相反规定，在此情况下，《劳动保障监察条例》第二十条的规定不算是"违法"。

对权力或权利设定行使期限是通行的做法，民事权利具有行使期限显而易见，但也并非违反国家意志就会遭到"终生追杀"。例如，相比于社保缴费不足更为严重的违法行为和犯罪行为，《行政处罚法》和《刑事诉讼》均设有追溯期，超过追溯期的，不再追究行为人的责任。所以，无论是将社保缴费追缴理解为是劳动者的权利，还是征缴机构的权力，都不应该没有期限。

社会保险制度在我国从建立到实施再到完善必然有一个过程，既不可能一蹴而就，更不可能一劳永逸。须知，在部分行业和地区，社保尚未能全面普及，尚有大量劳动者没有纳入社保体系中。如果执法过于超前，势必造成执法机关难操作，企业和劳动者难举证的困境，反而加剧矛盾。

（三）社会保险费的追溯期限不同于民事诉讼时效或除斥期间

有观点认为，社会保险费的追溯期限相当于民事诉讼时效，也有观点认为相当于民法上的除斥期间，还有观点将社会保险费的追溯期限定义为"劳动监察时效"[①]。本文认为，社会保险追溯的期限不同于民事诉讼时效或除斥期间，而是与《行政处罚法》和《刑事诉讼法》中规定的违法行为追溯时效更为接近。

从是否可起算和是否时效中断的角度而言，《劳动保障监察条例》第二十条规定："违法行为在 2 年内未发现，也未被举报、投诉的，劳动保障行政部门不再查处。前款规定的期限，自违反劳动保障法律、法规或者规章的行为发生之日起计算；违反劳动保障法律、法规或者规章的行为有连续或者继续状态的，自行为终了之日起计算。"可见，社保费追溯的期限不是自权利人知道或者应当知道权利受到侵害之日起算，而是违法行为发生或者行为终了之日起算。如果两年内被发现、被举报或被投诉的，应当查处，而不是时效再往后延长，这显然与民事诉讼中的诉讼时效或者除斥期间不同，而与《行政处罚法》和《刑事诉讼法》上的追溯时效的规定更为相似。

---

① 夏小伟：《追缴社会保险费的劳动监察时效适用》，载《中国劳动》2017 年第 3 期。

从期限届满的后果来看，民事诉讼的诉讼时效届满，权利人丧失胜诉权，除斥期间届满，权利人丧失相应的权利。但是，即便是社保缴费的追溯期限届满，用人单位因社保缴费年限或缴费基数不足，对劳动者造成损失的，劳动者依然可以要求用人单位承担民事赔偿责任。比如，《最高人民法院关于审理劳动争议案件适用法律若干问题的解释（三）》第一条明确规定："劳动者以用人单位未为其办理社会保险手续，且社会保险经办机构不能补办导致其无法享受社会保险待遇为由，要求用人单位赔偿损失而发生争议的，人民法院应予受理。"

表1 社保追溯期限与相关时效、期间的对比统计

项目	社保追溯期限	民事诉讼时效、除斥期间	行政处罚时效	刑事追诉时效
期限	2年	民事诉讼时效3年，最长不超过20年。除斥期间规定各有不同	2年	5年/10年/15年/20年
起算时间	违法行为之日或行为终了之日	权利人知道或者应当知道权利受到侵害之日起	违法行为发生之日或行为终了之日	犯罪之日或犯罪行为终了之日
突破期间限制条件	发现、举报、投诉		发现、举报	案件受理后行为人逃避，被害人控告
主张权利对期间的影响	相关机构应立案查处	诉讼时效中断，重新开始计算。除斥期间按照不同法律规定执行	相关机关查处、处理	相关机关查处、处理
期间届满的后果	劳动行政部门不再查处，但是不影响职工的民事权利	诉讼时效超过，丧失申诉权；除斥期间超过，权利消灭	不再行政处罚，但并不影响民事权利义务	不追究刑事责任，但不必然导致民事权利义务的消灭

三、用人单位社保缴费不足的救济途径

（一）劳动者本人有权要求确认社保缴费基数

根据《人力资源和社会保障部关于切实做好社会保险费申报缴纳管理规

定贯彻实施工作的通知》）的规定，社保经办机构在核定应缴纳的社会保险费时，应要求用人单位提供本单位纳税申报表和经职工本人签字确认的为职工代扣代缴明细情况。可见，用人单位代为申报社保基数时，应当得到劳动者本人的确认。

此外，根据《社会保险费申报缴纳管理规定》第十四条、第十五条的规定，用人单位应当按月将缴纳社会保险费的明细情况告知职工本人，并应每年向本单位职工代表大会通报或者在本单位住所的显著位置公布本单位全年社会保险费缴纳情况。社会保险经办机构应当及时、完整、准确地记录用人单位及其职工的缴费情况，并将缴费情况定期告知用人单位和职工。可见，劳动者有权要求用人单位和社保经办机构告知和公布社保费用的缴费情况。

（二）行政复议或行政诉讼

社保经办机构对社会保险缴费基数的审核属于具体行政行为，根据《社会保险行政争议处理办法》第六条、第九条的规定，劳动者如果认为经办机构未按照规定审核社会保险缴费基数的，可以申请复查，对复查决定不服，再向劳动保障行政部门申请行政复议。属于行政诉讼受案范围的，也可以提起行政诉讼。

（三）劳动监察投诉、举报

根据《劳动监察条例》第九条的规定，对于用人单位未依法足额申报单位缴费基数的违法行为，任何人都有权向劳动保障行政部门举报。用人单位未足额为劳动者申报社保缴费基数的，劳动者有权向劳动保障行政部门投诉。

（四）不能补交且造成损失的，可以要求民事赔偿

根据《社会保险费征缴暂行条例》《劳动保障监察条例》等规定，因用人单位欠缴、拒缴社会保险或者劳动者对缴费年限、缴费基数有异议等发生的争议，劳动行政部门对此具有专属的监察权和处罚权。但是，用人单位未为劳动者办理社会保险手续且不能补办导致其无法享受社会保险待遇的，劳动者可以直接向法院起诉，要求用人单位赔偿损失。

四、解决当前社保缴费基数不足问题的对策

（一）尽快完善相关的法律和规定，为执法提供更加明确的依据

当前劳动行政部门在执法过程中感到无所适从的根本原因还是法律规定不完善，相关规定之间又存在不一致。执法人员怕做错、不敢做、又怕担上"不作为"的责任是普遍存在的现状，解决这一问题的根本还是要从制度上完善。应鼓励各地结合实际情况，按照有利于解决历史遗留问题、适当减轻企业负担和坚决维护劳动者合法权益相结合的原则，探索并制定更加实际和具有可操作性的政策规定。

2017年9月，人社部在答复13名广东全国人大代表关于社保追缴建议中提出，将以"保权益、可操作、顾大局"为基本原则，会同相关部门做好以下工作：一是鼓励部分地区就解决历史欠费问题进行试点探索。二是专题研究解决历史欠费特别是《社会保险法》实施的企业欠费问题，进一步完善相关法规和政策规定，规范行政管理和经历管理，完善执法程序。经办机构接到超过《劳动保障监察条例》第二十条第一款两年的追诉期投诉后，一般也按程序进行受理。对能够提供佐证材料的，尽量满足参保者诉求，予以解决，以减少企业职工临近退休时要求企业足额补缴欠费的问题发生。

（二）合理化费率、基数，促进企业和职工的积极性

国务院提出阶段性降低社保费率后，上海等地纷纷出台新政，不同程度地降低了企业缴费部分的社保费率。但另一方面，应将城镇私营单位职工等地收入的工资纳入缴费基数统计口径范围，真实反映工资水平，有利于挤出社会平均工资中的水分，让社保缴费基数走向合理化，避免挤压职工现金收入和加重企业负担，对企业和职工的缴费积极性具有促进意义。

（三）优化网络建设，提升信息化应用水平

在大数据背景下，进一步推进社会保险经办机构之间，社保部门与税务、财政、工商、银行等部门和单位之间的信息联网和数据共享，社保的征缴与税收、工商信息联动，以督促用人单位依法缴纳社保。

（四）落实社会保险费缴纳情况的公布，为劳动者维权提供便利

尽管当前已有要求用人单位公布社保缴费情况的规定，但实践中很少有用人单位做到主动公布。今后应当加强对用人单位依法公布缴费情况的监督，建立相应的处罚体系。此外，劳动行政部门应当增加信息公开的途径，适时采用网络查询、柜面查询、手机信息发送、书面告知相结合的方式，进一步拓宽缴费信息公开的途径和政策宣传，从而为劳动者维权提供便利。

（五）完善社保保险待遇制度，建立更加科学的待遇核算和发放体系

鼓励企业和职工足额申报和缴纳，在社保保险待遇发放基数的核定上，更好地体现缴费年限、缴费基数挂钩，通过明确增加缴费年限、提高缴费基数的回报来增强参保人积极性。

强制执行人身保险保单权益相关问题研究

李治非*

摘 要： 由于保险法律知识在司法、行政机关的普及不足，相关法律、法规存在不完备或空白，导致保险公司在协助司法、行政机关开展执行工作时面临很多难以解决的问题。特别是在保单的可执行性、查封后的处理措施以及协助划扣保单现金价值如何平衡被保险人、收益人权益方面，有很多争议。本文结合相关法律、法规对司法机关冻结、查封、执行保单权益相关问题进行分析，最终从介入权制度的引入，为司法实践中处理此类事项提供有益的建议。

关键词： 人身保险 保单权益 强制执行

随着个人资产的不断累积，越来越多的人将目光投向带有理财功能的保险产品，新型保险产品（万能险、分红险、投连险）正在成为人们投资理财的重要选择之一。与此同时，由于"执行难"问题的存在，笔者在日常工作中遇到的司法、行政机关要求保险人协助查询犯罪嫌疑人、债务人的保单信息，协助冻结、查封、扣划保单权益的情况也逐渐增多。

一、实践案例及现有规范总结

笔者作为保险公司的合规法务工作者，在近年的日常工作中逐渐会遇到查封冻结、划扣保单的司法文书执行问题，现举如下案例：

案例一：×公司江西分公司接到江西省吉安市公安局协助冻结财产通知

---

* 李治非，百年人寿保险股份有限公司合规负责人。

书，要求公司客户杨××、李××保单权益，两张保单涉及投保金额合计200余万元，冻结期限6个月，从2017年10月10日到2018年4月10日。

案例二：2017年9月21日，×公司淮南中支接到淮南市八公山区人民法院协助执行通知书，要求公司按照该法院作出的民事调解书，扣划被执行人曹××在该保险公司淮南中支保单账户中的142 000元及140 000元在保险期间的利息。×公司淮南中支先前已经按照淮南市八公山区人民法院的协助执行通知书将曹××的上述保单进行了冻结操作。

案例一属于在公安机关侦查犯罪的过程中，冻结涉案的保单权益；案例二属于人民法院根据执行申请人的申请，强制扣划被执行人的保单权益。

笔者搜集了中央及各地方涉及保单权益冻结查封、划扣的相关规范性文件，发现不同层级、不同地域的立法、司法机构的观点也不尽相同。

（一）刑事司法领域

《公安机关办理刑事案件适用查封、冻结措施有关规定》于2013年9月1日由最高人民法院、最高人民检察院、公安部、国家安全部、司法部、国土资源部、住房城乡建设部、交通运输部、农业部、人民银行、林业局、银监会、证监会、保监会、民航局联合下发，具体规定如下。

第二十三条："根据侦查犯罪的需要，公安机关可以依法冻结涉案的存款、汇款、证券交易结算资金、期货保证金等资金，债券、股票、基金份额和国务院依法认定的其他证券，以及股权、保单权益和其他投资权益等财产。"

第二十四条："在侦查工作中需要冻结财产的，应当经县级以上公安机关负责人批准，制作协助冻结财产通知书，明确冻结财产的账户名称、账户号码、冻结数额、冻结期限、冻结范围以及是否及于孳息等事项，送交银行业金融机构、特定非金融机构、邮政部门、证券公司、证券登记结算机构、证券投资基金管理公司、保险公司、信托公司、公司登记机关和银行间市场交易组织机构、银行间市场集中清算机构、银行间市场登记托管结算机构、经国务院批准或者同意设立的黄金交易组织机构和结算机构等单位协助办理，有关单位应当在相关通知书回执中注明办理情况。"

第二十九条："冻结保单权益的，应当经设区的市一级以上公安机关负责人批准，冻结保单权益期限为六个月。需要延长期限的，应当按照原批准权限和程序，在冻结期限届满前五日以内办理续冻手续。每次续冻期限最长不得超过六个月。冻结保单权益没有直接对应本人账户的，可以冻结相关受益人的账户，并要求有关单位协助，但不得变更受益人账户，不得损害第三方利益。人寿险、养老险、交强险、机动车第三者责任险等提供基本保障的保单原则上不得冻结，确需冻结的，应当经省级以上公安机关负责人批准。"

小结：

适用理由：公安机关办理刑事案件侦查犯罪需要；

可采取的措施：冻结；

审批机构：应当经设区的市一级以上公安机关负责人批准，人寿险、养老险、交强险、机动车第三者责任险等提供基本保障的保单原则上不得冻结，确需冻结的，应当经省级以上公安机关负责人批准。

（二）民事司法领域

(1)《关于加强和规范对被执行人拥有的人身保险产品财产利益执行的通知》在2015年3月6日由浙江省高级人民法院发布，具体规定如下。

第一条："投保人购买传统型、分红型、投资连接型、万能型人身保险产品，依保单约定可获得的生存保险金、或以现金方式支付的保单红利、或退保后保单的现金价值，均属于投保人、被保险人或受益人的财产权。当投保人、被保险人或受益人作为被执行人时，该财产权属于责任财产，人民法院可以执行。"

第四条："保险机构对人身保险产品财产利益的协助冻结内容，既包括不允许被执行人提取该财产利益，也包括不允许将保单约定有权获得该财产利益的权利人变更为被执行人以外的第三人，或对保单约定的红利支付方式进行变更，执行法院应在协助冻结通知书中载明要求协助的具体内容。"

第五条："人民法院要求保险机构协助扣划保险产品退保后可得财产利益时，一般应提供投保人签署的退保申请书，但被执行人下落不明，或者拒绝签署退保申请书的，执行法院可以向保险机构发出执行裁定书、协助执行通知书,要求协助扣划保险产品退保后可得财产利益,保险机构负有协助义务。"

小结:

适用范围:浙江省省内法院;

可采取的措施:查询、冻结、处置;

适用险种:传统型、分红型、投资连接型、万能型人身保险产品、依保单约定可获得的生存保险金、或以现金方式支付的保单红利、或退保后保单的现金价值;

冻结内容:既包括不允许被执行人提取该财产利益,也包括不允许将保单约定有权获得该财产利益的权利人变更为被执行人以外的第三人,或对保单约定的红利支付方式进行变更,执行法院应在协助冻结通知书中载明要求协助的具体内容。

(2)《关于执行案件法律适用疑难问题的解答意见》(广东省高级人民法院2016年3月3日发布)问题十一:"被执行人的人身保险产品具有现金价值,法院能否强制执行?"

处理意见:"虽然人身保险产品的现金价值是被执行人的,但关系人的生命价值,如果被执行人同意退保,法院可以执行保单的现金价值;如果不同意退保,法院不能强制被执行人退保。"

小结:

适用范围:广东省省内法院;

适用险种:人身保险;

适用规则:只有在被执行人同意退保的情况下,法院方可执行保单的现金价值。

除上述几部规范性文件规定的适用范围、区域外,其他情况下对保单的冻结、处置等执行措施都是类比适用《民事诉讼法》第二百四十二条和《刑事诉讼法》第一百四十二条对被执行人、犯罪嫌疑人的存款、债券、股票、基金份额等财产采取强制措施的规定。

综上所述,刑事执行方面,依据较为准确,执行操作较为简单明确。民事执行方面,有的法院认为,退保以后的保单现金价值是投保人的责任财产,法院可以强制执行。投保人下落不明或者拒绝解除合同的，法院可以直接扣划。有的法院则认为，保单现金价值虽然是投保人的财产，但以投保人解除合同为前提，法院不能强制投保人解除；指定受益人且受益人不是被执行人的，法院不能执行保险金。

但是通过查询各地法院的执行文书可知，实践中多数法院可以扣划保单现金价值，如〔2016〕浙0782执异59号、〔2015〕安中执字第230—4号、〔2016〕苏02执复22号、〔2014〕佛明法执异字第3号等。

法院能否强制冻结、扣划保单的现金价值，现行有效的法律、法规、司法解释并未予以明确规定，但部分地区法院在其发布的工作文件中对此予以了支持。地区法院的工作文件虽不能作为法院裁判、执行中直接援引的依据，但却是对具体法律适用的权威理解，对于系统内的执行工作具有统一的指导意义。

二、理论基础解析

（一）保单现金价值的来源

从合同角度来看，保单现金价值是投保人解除保险合同或者符合法律规定条件时，保险公司按照保险合同约定应退还的金额。保险合同为何会有保险单现金价值，是由保险产品的定价机制决定的。

保单价值准备金者，乃指以计算各寿险契约保险费之预定利率及生命表为准，而计算之责任准备金。因此，保单价值准备金亦为责任准备金之一种[①]。责任准备金来源于投保人的保险费，包括时间上预收之保险费与在实质上超收之保险费。前者是指未到期的保险费（例如，投保人于8月1日一次交付一年份的保险费，其中除8月至12月属于本年度外，其余七个月是预收下个年度尚未到期的保险费，属于时间上预收的保险费，保险人应当寄存为责任准备金或者保单价值准备金），后者是指实质超收的保险费，即采用平均

---

① 林群弼：《保险法论（下）》，三民书局2009年版，第590页。

保险费方式所超收的保险费。

保险产品的定价与保险事故发生概率有关。保险公司根据保险事故发生概率确定保险费率,事故发生概率高则保险费率高,反之则保险费率低。在一年期的寿险中,保险公司根据当前的死亡成本确定需要收取的保险费,因此,投保人当年交纳的保险费能够负担当年的保险金支出,保险公司无须特别提取准备金。但是在期限较长的寿险中,因保险公司并不是按照死亡成本收取对应的自然保险费,而是采用趸交保险费或者均衡保险费的方式,导致保险公司前期收取的保险费数额大于死亡成本,后期收取的保险费数额小于死亡成本,故保险公司需要将前期多收取的保险费提取用于支付未来的保险金,即形成保险准备金,投保人退保时保险公司需要支付相对应的现金价值。具体来说,人的生命随着年龄增加死亡的可能性越来越大,故保险公司收取的保险费也会逐年提高。考虑到人的经济来源随着年龄增长逐步减少,不断提高自然保险费成为投保人的负担,于是存在趸缴保险费与均衡保险费①。

所谓趸交保险费是指投保人一次性交清所有保险费。这种方式可以减少后续保费的烦琐,让投保人选择在经济实力较强的时候一次性付清保费,避免在自然保费方式下可能出现的后续支付能力不足的现象。趸交保费方式下,投保人在以后的期限不再交纳保险费,但保险人的给付责任并没在投保人交费当期就结束,其还需在以后的保险期限内的各年度承担保险金的给付责任,所以保险人需要在每个经营年度末提取责任准备金,以备将来支付的需要。均衡保险费是将投保人应交的全部保险费在整个保险期间进行平均,每年交纳相同的保险费,即通过数学计算将投保人需要交纳的全部保费在整个保险交费期内均摊,使投保人每期交纳的保费都相同②。由于被保险人的死亡率随着年龄增加,死亡保险的给付可能性随之增加,故保险初期均衡保险费高于

---

① 关于自然保险费、趸交保险费及均衡保险费的界定,参见张洪涛、郑功成:《保险学(第三版)》,中国人民大学出版社 2008 年版,第 357 页。

② 彭爱美:《保险单现金价值的法律思考》,载《东方企业文化》2010 年第 5 期。被保险人年轻时,死亡率低,投保人交纳的保费比实际需要的多,多交的保险费将由保险公司逐年累积。被保险人年老时,死亡率高,投保人当期交纳的保费不足以支付当期赔款,不足的部分将正好由被保险人年轻时多交的保费予以弥补。

自然保险费，而在保险后期，均衡保险费则要低于自然保险费，因此，保险人在保险期限前期需要提取责任准备金，以备付保险期限后期均衡保险费不足以支出保险给付的差额。可见，在趸交保险费以及均衡保险费的方式下，保险人需要提取责任保险金以备将来给付保险金之需，如投保人退保或者保险合同因其他事由终止的，则保险人无须在将来支付保险金，其提取的责任准备金应当返还给投保人，这就是保险单的现金价值[①]。

（二）关于保险单现金价值的退还及可执行性的比较法研究

关于保险单现金价值返还的请求权，德国《保险合同法》第 169 条第 1 款规定："如果在保险合同中保险人的赔偿责任是确定要发生的，则当投保人终止保险合同或保险人解除保险合同或宣告保险合同无效时，保险人应当支付保险单的现金价值。"第 152 条第 2 款关于投保人解除保险合同的效果规定："尽管有本法第 9 条第一句之规定，保险人仍应按照第 169 条之规定支付保单的现金价值与红利。在第 9 条第 2 句规定的情形下，保险人应向投保人支付保单现金价值与红利，或者在对投保人更为有利的情形下，退还投保人第一年缴纳的保险费。"第 161 条规定："在人寿保险合同中，如果被保险人在合同签订之日起 3 年内故意实施自杀行为，保险人无需承担保险责任。但如果行为人处于精神混乱状态并导致其无法正常控制其行为时，则前述条款不予适用。双方当事人可以协议方式延长本条第 1 款规定的期限。如果保险人无需承担保险责任，则其应根据本法第 169 条之规定支付保单的现金价值。"

德国《保险合同法》第 170 条第 1 款规定："当保险请求权被假扣押或者强制执行，或投保人的财产开始进入破产程序的，记名受益人可以经投保人同意，介入保险合同，取得投保人的地位。受益人介入保险合同，必须于如合同中投保人所能向保险人请求的额度内，满足执行债权人或破产财产的要求。"

根据我国台湾地区所谓"保险法"，保险人在以下情形下返还保单现金价

[①] 崔吉子、黄平：《韩国保险法》，北京大学出版社 2013 年版，第 225 页。

值：第一，被保险人故意自杀的。第 109 条第 1 款规定："被保险人故意自杀者，保险人不负给付保险金额之责任，但应将保险之保单现金价值返还与应得之人。"第二，被保险人因犯罪处死或拒捕或越狱致死。第 109 条第 3 款规定："被保险人因犯罪处死或拒捕或越狱致死者，保险人不负给付保险金额之责任；但保险费已付足二年以上者，保险人应将其保单现金价值准备金返还与应得之人。"第三，保险合同因投保人未交保险费中止的。第 116 条第 1 款规定："人寿保险之保险费到期未交付者，除契约另有订定外，经催告到达后届三十日仍不交付时，保险契约之效力停止。"第 7 款规定："保险契约终止时。保险费已付足二年以上，如有保单价值准备金者，保险人应返还其保单价值准备金。"第四，投保人行使任意解除权。第 119 条规定："投保人终止保险契约，而保险费已付足一年以上者，保险人应于接到通知后一个月内偿付解约金；其金额不得少于投保人应得保单价值准备金之四分之三。"第五，投保人故意致被保险人死亡。第 121 条第 2 款规定："投保人故意致被保险人于死者，保险人不负给付保险金额之责。保险费付足二年以上者，保险人应将其保单价值准备金给付与应得之人……"

我国台湾地区所谓"保险法"第 123 条规定："保险人破产时，受益人对于保险人请求之保险金额的债权，以其保单价值准备金按订约时之保险费率比例计算之。投保人破产时，保险契约订有受益人者，仍由受益人之利益而存在。投资型保险契约之投资资产，非各该投资型保险之受益人不得主张，亦不得扣押或行使其他权利。"

《日本保险法》第 63 条规定："保险人在下列事由导致的生命保险合同终止的情况下，必须向投保人返还该终止时的保险费公积金（指从收取的保险费总额中，为充足该声明保险合同相关的保险给付，在确定保险费或者保险给付金额时使用预定死亡率、预定利率及其他计算基础算出的金额部分）。但是，当保险人承担保险给付责任时，不在此限：一、第 51 条各项（第 2 项除外）规定的事由；二、保险人的责任开始前根据第 54 条或者第 58 条第 2 款规定的解释；三、根据第 56 条第 1 款规定的解除；四、根据第 96 条第 1 款规定的解除或者根据该条第 2 款规定的该生命保险合同的失效。"其中，第 51 条规定的是被保险人自杀或者被保险人、受益人故意致被保险人死亡，保险人不承担保险金给付责任的情形；第 54 条规定的是投保人行使任意解除权解除保险合同的情形；第 58 条第 2 款规定的是基于被保险人请求投保人解除生命保险合同的情形；第 56 条规定的是保险人在危险程度显著增加解除保险合同的情形；第 96 条规定的是保险人破产投保人解除保险合同或者保险合同失效的情形。

《日本保险法》第 60 条规定："扣押债权人、破产管理人以及其他的死亡保险契约（仅限具有第 63 条规定的保险费准备金之契约。次款以及次条第 1 款中相同）当事人以外之人等可以解除该死亡保险契约者（次款以及第 62 条中称之为'解除权人'）所进行的解除，自保险人受通知时开始一个月后发生效力。保险金受领人（限前款所规定的于通知发生时，投保人以外的，投保人或被保险人的亲属或被保险人。次款以及次条中称之为'介入权人'）经投保人同意，于前款规定的期限到来前，向解除权人支付若该死亡保险契约的解除于该通知之日发生效力则保险人须向解除权人支付的金额，并就该支付行为已通知保险人，前款规定的解除不发生效力。若第 1 款规定的解除的意思表示发生于扣押的手续或投保人的破产手续、再生手续或更生手续中，则介入权人完成了前款规定支付与通知时，在与该扣押的手续、破产手续、再生手续或更生手续的关系上，现为保险人已经支付了因该解除的发生而应为之给付。"[①]

因此，参考域外和我国台湾地区的立法，保单现金价值是投保人已经交纳的所有保险费在保险人累积所形成的财产，是属于投保人的财产，且属于债权性质，投保人有自由处分权，这也就构成了保单现金价值具有可被执行的法理基础。

同时，近些年有不少国家和地区立法（如德国、日本）开始承认保单现金价值的可执行性，但需要我们注意的是，大多同时规定了受益人的介入权

---

① 最高人民法院民事审判第二庭编著：《最高人民法院关于保险法司法解释（三）理解与适用》，人民法院出版社 2015 年版，第 443—444 页。

设计。

三、易误读的问题解析

（一）保单权益的可执行性与《保险法》第十五条的关系

《保险法》第十五条："除本法另有规定或保险合同另有约定外，保险合同成立后，投保人可以解除合同，保险人不得解除合同。"

上述规定限制的是保险人的合同解除权，并非限制有权机关对投保人的强制执行权，人民法院在执行中强制执行被执行人（投保人）保险合同的保险单现金价值的行为，与本条规定并无冲突。

（二）人寿保险是专有债权，申请执行人可否通过法院执行

《合同法》第七十三条："因债务人怠于行使其到期债权，对债权人造成损害的，债权人可以向人民法院请求以自己的名义代位行使债务人的债权，但该债权专属于债务人自身的除外。"

《最高人民法院关于适用〈中华人民共和国合同法〉若干问题的解释（一）》第十二条："《合同法》第七十三条第一款规定的专属于债务人自身的债权，是指基于扶养关系、抚养关系、赡养关系、继承关系产生的给付请求权和劳动报酬、退休金、养老金、抚恤金、安置费、人寿保险、人身伤害赔偿请求权等权利。"

上述规定是代位权规则。代位权是指债权人代替债务人向次债务人主张到期债权，与人民法院强制执行是不同的概念。

《最高人民法院关于适用〈中华人民共和国合同法〉若干问题的解释（一）》第十二条规定，"劳动报酬""养老金"是与"人寿保险"并列的不能行使代位权的专属于债务人自身的债权。但不可以被代位追偿，并不影响人民法院强制执行时要求有关单位协助冻结、扣划被执行人的相关权益。

参考"养老金"的执行处理原则，根据《关于能否要求社保机构协助冻结、扣划被执行人的养老金问题的复函》（〔2014〕执他字第 22 号）的答复："一、被执行人应得的养老金应当视为被执行人在第三人处的固定收入，属于其责任财产的范围，依照《中华人民共和国民事诉讼法》第二百四十三条之规定，人民法院有权冻结、扣划。"养老金是与人寿保险并列的不能代位行使的专属于债务人自身的债权，但法院在执行程序中仍可以依法冻结、扣划该部分财产。根据类推解释，人寿保险也当然可以被冻结、扣划。且事实上，部分地方法院已经出台了相关工作文件，规定法院在执行过程中可以扣划被执行人基于保单享有的权益。

（三）保单可执行性与《保险法》第二十三条的关系

《保险法》第二十三条第三款规定："任何单位和个人不得非法干预保险人履行赔偿或者给付保险金的义务，也不得限制被保险人或者受益人取得保险金的权利。"

该条禁止的是"非法干预"，而法院依据债权人的申请对有能力执行法院生效判决而拒不执行的债务人是符合法律规定的。

四、实务问题梳理及建议

（一）保单冻结后保险人的具体管理措施

关于要求保险公司协助执行的具体内容，法院、公安机关在法律文书中的表述不一、含义不明且没有明确规定保险公司操作的相应法规，因此对于保险公司的管理措施很难明确，现依据相关规定及保险业务的原理分析以下操作措施：

1. 冻结的内容是什么？冻结期间保险合同效力如何？

冻结保单是一种通俗的说法，实际冻结的是保单财产权益，如被执行人、犯罪嫌疑人是受益人，冻结的是受益人可获得的保险金、保单红利等权利；如被执行人、犯罪嫌疑人是投保人，冻结的是投保人退保后的保单现金价值。

因此，笔者认为，冻结期间，保险合同持续有效，保险公司仍需承担保险责任，但是对于受益人获得保险金、保单红利，投保人获取退保的保单现金价值等权利均受到限制，即上述权利均处于被"冻结"状态，而且变更受益人、变更红利支付方式等操作也都不可以进行。

2. 对保单进行划扣或收缴的结果是什么？过程如何操作？

根据《民事诉讼法》《刑事诉讼法》的相关规定，人民法院对保单进行处分（划扣或者收缴）的，需要投保人签署退保申请书，进行退保操作。如投保人拒绝签署或下落不明的，保险公司依据法院的判决、裁定、协助执行通知书扣划、处置保险产品退保后可得财产利益（保单现金价值）。

（二）介入权制度解决对被保险人、受益人的平衡保护问题

目前保险市场中存在大量的新型人身保险产品，主要包括万能型、投连险、分红险，兼具保险和理财的功能。部分保险公司将新型保险产品的"避债功能"作为宣传卖点之一，同时考虑到当前"执行难"的情况，如果禁止债权人申请执行投保人的保险单现金价值，则投保人身保险就真的有可能成为部分保险公司所宣传的债务人逃避债务的一种合理方法，这与现在全国司法系统加大力度解决"执行难"问题大的政策导向背道而驰。因此，在司法实践的执行程序中，涉及债权人的债务清偿，我国法院一般采用直接从投保人的保单账户提取现金价值的方式实现对债权人的债务清偿。

我国《民事诉讼法》第二百四十二条规定："被执行人未按执行通知履行法律文书确定的义务，人民法院有权向有关单位查询被执行人的存款、债券、股票、基金份额等财产情况。人民法院有权根据不同情形扣押、冻结、划拨、变价被执行人的财产。人民法院查询、扣押、冻结、划拨、变价的财产不得超出被执行人应当履行义务的范围。"

笔者认为上述规定的被执行人财产范围中虽然未直接体现保单权益，但是就执行原理而言，法院划拨被执行人在银行的存款等执行行为，本身也应该包含了解除合同+提取款项两个行为，否则，如果存款合同未解除，存款人的提取存款请求权仍存在，那么存款人依然可以向银行主张提取存款，执行程序的基本原理结构就被颠覆。参照而言，直接提取保单的现金价值，也包含了解除保险合同+领取现金价值两个步骤，与划扣被执行的存款在执行原理上是一致的，只是由于保险合同的利他性，需要平衡被保险人及受益人的权利。此时，在大陆法系诸多国家法律体系中的"介入权"的制度设计就应运而生。

同时，如前所述，保单现金价值可以认定为属于投保人的责任财产，债权人可以通过强制执行程序以此来清偿债务并无明显的法律障碍。不容置疑，投保人为被保险人订立的保险合同中，被保险人、受益人会基于保险合同产生一定的期待，甚至，在投保人签订保险合同的情况下，由于信赖利益或者其他的原因，被保险人可能不会再为自己订立另外的保险合同进行保障，而在执行程序中合同一旦解除，由于被保险人各方面条件（如健康状况、年龄等）发生变化，又不能满足保险公司投保的核保要求或者费率会大幅度提高，所以，如果不加限制地给予债权人申请强制执行解除合同并提取现金价值清偿债务的权利，则被保险人可能会失去获得保险保障的机会和可能。

为兼顾债权人实现债权与被保险人、受益人保障的需求，大陆法系的德国、日本等国推进了介入权制度，意在通过制度设计，为被保险人、受益人等利害关系人提供阻止债权人任意解除保险合同的救济手段。

所谓介入权，是指投保人的债权人解除保险合同以现金价值获偿债务的，被保险人、受益人等利害关系人借由向债权人支付相当于保单现金价值的金额代为清偿，得以介入保险合同，维持合同的存续①。前文所述的德国《保险合同法》第170条、日本《保险法》第60条均规定了介入权的制度设计。

在我国，最高人民法院于2015年9月发布的《保险法司法解释（三）》第十七条实际就已经赋予了被保险人、受益人的保险合同介入权。按照上述规定，被保险人、受益人向投保人支付保险单现金价值并通知保险人后，即受让了保险合同的相关权利义务而取得了保险合同当事人的地位，故应将已支付保单现金价值的被保险人、受益人确定为投保人，实际上就是对介入权应用的探索。

2017年4月20日重庆市高级人民法院发布的《重庆市高级人民法院关于保险合同纠纷法律适用问题的解答》第二条规定："《最高人民法院关于适用〈中华人民共和国保险法〉若干问题的解释（三）》第十七条赋予了被保险

---

① 王静：《保单现金价值强制执行若干问题研究》，载《法律适用（司法案例）》2017年第14期。

人、受益人保险合同介入权,被保险人、受益人向投保人支付保险单现金价值并通知保险人后,即受让了保险合同的相关权利义务而取得了保险合同当事人地位,故应将已支付保单现金价值的被保险人、受益人确定为投保人。"其中明确提到了"介入权"的概念,是在高级人民法院层面对"介入权"的实践应用做的有益尝试。

其实,在《最高人民法院关于适用〈中华人民共和国保险法〉若干问题的解释(三)》(征求意见稿二)第四十九条曾规定:"投保人的债权人申请扣押或者强制执行保险单的现金价值,并要求以保险单的现金价值偿还其债务,符合法律规定的,人民法院应予支持,并要求保险人将剩余的保险单的现金价值退还投保人。投保人的债权人申请扣押或者强制执行保险单的现金价值,应当通知被保险人和受益人。被保险人、受益人或者被保险人同意的其他人,在收到通知后三十日内向投保人的债权人支付债权人因保险合同解除可以获得的款项的,对投保人债权人的申请,人民法院不予支持。被保险人、受益人或者被保险人同意的其他人向投保人及其债权人支付相当于保险单的现金价值的款项后,要求变更其为投保人的,人民法院应予支持。"

但是在最终发布的司法解释三中删除了此条,其实,并非最高人民法院对观点有异议,而是由于该问题是程序法上的问题,在实体法的司法解释中予以规定不甚妥当,故未保留相关内容[①]。

笔者建议最高人民法院就保单的冻结、划扣等执行问题在司法解释中作出相应规定,明确在保单的执行过程中需要通知被保险人、受益人,并且明确被保险人、受益人介入保险合同以使保险合同继续存续的权利,保险人、受益人等利害关系人还可以就保单现金价值的执行提起执行异议之诉。

从程序设计上讲,介入权制度的引入,一方面可以避免保险合同被解除,平衡被保险人和受益人的权益;另一方面可以保障债权人顺利实现债权,也符合解决"执行难"的政策导向需求。

---

① 最高人民法院民事审判第二庭编著:《最高人民法院关于保险法司法解释(三)理解与适用》人民法院出版社 2015 年版,第 443—444 页。

五、总结

随着保险行业的发展，储蓄型的保险产品在保险行业市场中的地位举足轻重，其优点就是兼顾保险和储蓄的双重功能，但凡事有利也有弊，正是因为其兼顾的储蓄功能属性，也就促使其具有了可供强制执行清偿债务的理论基础。同时，由于保险合同的利他性，致使我们不得不兼顾考虑被保险人、受益人的权益，因此在执行过程中介入权的引入也就变得非常必要。

保单的现金价值强制执行问题涉及保险学科、法律学科等诸多学科的交叉，既要研究保险精算原理对保单现金价值的内在计算规则，又要兼顾司法政策导向、各方权利的平衡以及实践中的可操作性。以上只是对于保单现金价值执行几方面问题的初步研究，具体细节还有待实务工作者、学者专家的详细论证分析，立法机构对立法的积极推进，以找到解决问题的最为稳妥恰当的途径。

[产权保护与司法救济]

我国网络金融法律监管制度研究

金鹏伟[*]

摘　要：随着网络技术的变革更新，传统的金融行业受到了很大的冲击和挑战，无论是交易方式、交易成本，还是工作效率都发生了翻天覆地的变化。与之相对应的法律监管制度，却存在明显的滞后，监管不力在一定程度上阻碍了网络金融的快速发展。因此，迫切需要完善的法律监管制度，为网络金融的发展提供强有力的支撑和保障。西方发达国家网络金融发展较早，有很多较为成熟的模式和经验可以借鉴，因此必须借鉴国外的发展经验，从法律体系、监管模式、监管创新、交流合作、主体职责、信用体系等方面加以构建和完善，实现网络金融监管机制的快速、高效运转，从而促进国民经济更加快速、有序发展。

关键词：网络金融　法律监管　制度创新

一、网络金融概述

（一）网络金融概念

随着互联网的普及和应用，原有的生活方式发生了翻天覆地的变化。与此同时，各行各业也在互联网技术的更新中得以迅速发展。金融业作为现代经济的核心和焦点，从诞生之日起就与互联网技术有着不可分割的联系，两者的结合似乎也成了必然。"网络金融"这一概念兴起和诞生之前，互联网

---

[*] 金鹏伟，宜让商贸（上海）有限公司总经理。

就已经在传统金融行业得到广泛的应用和普及,即所谓的金融互联网。其中具有代表性的是证券业和银行业。前者体现在各大证券交易所利用互联网技术进行证券的交易和买卖,后者体现在中国银联利用互联网进行业务开发和网络支付。可以说,传统金融行业得以飞速发展,离不开互联网技术的变革。人类社会的各个领域、各个行业被互联网渗透和应用之后,世界经济核心的金融业也开始逐步摆脱时间和空间的束缚,通过互联网搭建金融平台,开展金融业务。互联网技术与金融的有机结合,最终推动和产生了网络金融。

对于网络金融这一概念,目前学术界没有统一观点。一般认为,网络金融就是互联网和金融的结合,包括:① 金融互联网,即金融机构通过现代互联网技术开展和提供各类金融业务服务社会,如网上银行、网上支付。② 网络企业凭借和依托最新的互联网系统和技术,在传统金融模式基础上,提供全新的金融模式,如互联网企业借助于互联网销售原来只有银行才有的基金、保险以及其他理财产品,如理财通。③ 具有互联网精神的金融业态,所谓互联网精神,即拥有开放精神、平等精神、协作精神及分享精神,这也可以被认为是广义网络金融①。

(二)网络金融的特性

1. 大众化

帕累托法则又称"二八定律",广泛应用于社会学及企业管理学等多个领域。在我国商业银行的业务开展方面,同样遵循该法则,即认为20%的高端客户创造了80%的价值。因此各大银行为节省资源,保证优质客户享受优质服务,普遍采取的做法就是设置较高的金融服务门槛,如规定银行理财产品销售的门槛是最低5万元起;预期收益也根据门槛的不同有所差异。与之不同,网络金融面向的群体更为广阔,甚至80%以上都是小微客户,因此门槛设置上更多体现的是服务大众的特点。以余额宝

---

① 芮晓武、刘烈宏:《中国互联网金融发展报告(2013)》,社会科学文献出版社2014年版,第5页。

为例，最低 1 元钱的起存门槛极低，大众参与性极强，普惠金融的性质得到充分地体现，这也是余额宝一经推出就能迅速占领市场的最主要原因之一。

2. 便捷化

网络金融的普及应用为公众带来了不同以往任何时候的全新用户体验，客户真正享受到了更加高效、便捷的金融服务，原有的金融业服务效率低下的问题，得到了极大地改善和提高。如原本需要很长时间的现金交易、系统操作等传统程序，已经逐步被银行系统"快捷支付"所取代，客户只需要输入基本信息，如卡号、动态口令等信息就能轻松完成，不仅使原有的付款流程得到简化，更为重要的是避免了传统程序中人为操作的误差。原本贷款业务需要漫长的审核过程，如今微信微粒贷借钱、支付宝蚂蚁借呗等业务，只需客户自身有良好的信誉状况，即可通过交易后台轻松完成贷款审核、发放等一系列手续，全部过程仅需 3 分钟就可实现，真正体现了网络金融时代的便捷化。

3. 低成本化

网络金融依托于大数据和信息化等高端技术，诞生以来导致三项社会成本的显著下降，分别为人工成本、交易成本、融资成本。具体体现在计算机运行取代人工操作，使效率大幅度提高，人工成本降低；各大平台数据共享，信息更加透明、公开，交易成本直线降低；网络金融极大地方便了中小企业融资，特别是小微企业资金难问题得到有效解决，2017 年阿里巴巴数据统计显示，从发放贷款总额不难发现，上一年金融服务的群体重点是中小微企业，合计 500 万家会员 8 000 亿元的贷款总额。这些中小微企业包含对象非常广，既有传统的淘宝、天猫的商家，也包括阿里巴巴平台的商家，甚至包括一些高质量的线下商户，甚至一部分农业生产经营者都是服务的对象。为众多企业解决了资金上的困扰，极大地促进了中小企业的发展。提供贷款的同时，普惠金融服务也是蚂蚁金服的主要服务内容。截至 2016 年底，蚂蚁金服服务的群体遍布世界各地，受惠群体合计超过 6 亿消费者；除此之外，蚂蚁金服一直致力于开发线上和线下两种路径，全方位提供各种极具特色的、综合性的金融服务①。

4. 社交黏性化

这一特点最为明显的腾讯公司的 QQ 和微信。腾讯公布的 2017 年第二季度及中期业绩报告中显示，QQ 核心用户参与度上升，特别是包括个人计算机及移动端在内的最高同时在线账户同比增长 8.4%，至 2.68 亿个。年龄为 21 岁或以下用户的智能终端月活跃账户同比增长，反映 QQ 在年轻群体中的受欢迎程度增加②。

同时，微信企业号注册用户已超过 2 000 万个，腾讯 2016 年第二季度总收入为人民币 566.06 亿元（83.56 亿美元），比去年同期增长 59%。微信及 WeChat 整体而言，月跃用户数达 9.63 亿个，同比增长 19.5%。使用微信的广大用户中，大约有超过 70% 的用户每天开启 10 次以上，甚至有超过 40% 以上的用户每天要开启 35 次以上，微信中拥有超过 100 个好友的用户超过了 60%，每月使用微信付款、转账超过 10 次的人达到了 50% 以上③。

如今微信的功能已经非常完善，覆盖了生活中的方方面面，既有大家非常熟悉、普遍参与的微信红包、转账、生活缴费、城市服务、微粒贷借钱、信用卡还款等服务，也有摩拜单车、滴滴出行、美团外卖、京东优选等新增加服务，这些功能的出现和普及，让微信成为名副其实的使用最多的运营商，用户黏性也得到了极大地提升，基础金融平台的雏形已经基本形成。

（三）网络金融的模式

当前中国的网络金融模式众说纷纭，目前尚未形成统一结论，本文所称的网络金融模式分成资金筹集、货币支付、货币发行、信息化金融机构等五种模式，分别具有不同的行业特点，处于不同的发展时期。其中，资金筹集根据内容的不同，可以分为众筹、P2P 网贷、大数据金融等三种；信息化金融则可以分为银行业互联网化、保险业互联网化、证券业互联网化、基金业互联网化等四种。

---

① http://www.techweb.com.cn/internet/2017-01-04/2467006.shtml，2017 年 1 月 6 日最后访问。
② 2017 年腾讯公布的第二季度及中期业绩报告。
③ 2016 年腾讯公布的第二季度及中期业绩报告。

模式	内容	行业特点	类型	发展时期	举例
资金筹集	众筹	拥有创意项目的发起人通过在线平台向有意愿投资者筹集资金	综合类 主题类 股权类	萌芽期	众筹网、追梦网、大家投
	P2P网贷	个人或个体商户通过互联网平台获得贷款	纯平台模式 债权转让模式 纯线上模式	整合期	人人贷
	大数据金融	通过大数据获得电商企业信用记录完成小额贷款需求的信用审核并放贷	平台模式 供应链金融模式	期望膨胀期	阿里小贷 京东金融
货币支付	第三方支付	独立于商户和银行的在线支付和结算平台	独立模式 有担保支付模式	成熟运作期	银联支付 微信支付
货币发行	虚拟货币	通过计算机技术生成的非实体货币	虚拟游戏币 虚拟专用货币 虚拟金融货币	行业整合期	游戏币 QQ币 比特币
信息化金融机构	银行业、保险业、证券业、基金业互联网化	柜台业务服务系统、电子资金清算系统和金融管理信息系统，使得银行、保险和证券等金融行业信息化正处于一个全新的阶段	一是传统金融机构的业务电子化模式； 二是基于互联网发展的创新金融服务模式； 三是金融电商模式	黄金发展期	建设银行 众安在线非常e购

资料来源：2016年中国互联网金融行业深度研究报告

二、我国网络金融法律风险的分类及表现

金融自从诞生以来，就无法完全、彻底地规避各种风险，无论是传统金融，还是网络金融，都面临着这一共同的难题，这些风险有很多种，其中最主要的风险是信息安全风险、信用风险、技术风险以及法律风险等。

（一）信息安全风险

信息安全风险是指由于信息系统安全系数的不足，存在一定的漏洞，进

而导致风险的发生。此处是指网络金融业务开展过程中,由于信息系统自身的缺陷和不足,以及人为的破坏和攻击,带来的不可预测的风险和无法挽回的损失。长时间以来,信息安全风险是金融行业始终无法回避的风险,无论是经营多年的商业银行还是新兴的网络金融平台,都面临着此类风险。现实中由于网络金融开展业务,都是借助计算机网络和程序来完成的,一旦计算机系统出现问题,如病毒侵袭、黑客攻击都会造成金融系统的全面瘫痪,导致原有的业务无法正常开展。

信息安全风险主要来自恶意人员造成的影响,基本的实施途径有:一是内部人员抓住漏洞,故意泄露数据信息和客户隐私,导致风险产生;二是外部人员抓住系统的弱点,利用技术手段,对网络或系统进行破坏。

(二)信用风险

信用风险是指网络金融平台在经营过程中,由于出借一方资金运营问题,导致违约发生,即从事信贷业务的公司,对于已经到期的债权债务合约没有正常履约,进而导致危机的出现。最典型的就是近年来的 P2P 网络信贷事件,由于网贷规模持续扩大,其交易额也呈成倍增长的态势,所有参与者都坚信信贷公司能如期兑付,结果部分平台卷款跑路事件却时有发生。可以说信用风险的控制,是包括 P2P 在内的众多网贷行业所必须面对的首要问题。该问题能否解决是整个网络金融行业能否长期、稳定、健康发展的关键。绝大多数 P2P 网贷平台之所以信用风险很大,根本原因在于中国人民银行征信系统考核的缺失所导致的监管力度不够。

(三)流动性风险

流动性风险是指网络金融平台在运营过程中,因为流动资金不足导致的风险,原因包括金融从业人员缺乏市场风险防控能力和经验,使经营过程中的流动性资金不足,进而引起资金链断裂,导致大面积客户投资无法兑付的情况出现。

近年来,网络理财产品种类繁多,始终保持较高的回报率,其背后却暗藏危机。伴随国内基金市场、货币市场的一次次大幅波动,各种网络金融产品的收益率也呈逐渐下降的趋势。一旦出现用户大规模赎回资金的情况,就可能有无法兑付的现象，进而引发流动性风险。

（四）法律风险

法律风险是指网络金融平台在运营过程中，由于法律法规的缺失、规定的不明确，参与主体违法等导致的利益受损。主要体现在两方面：一方面类似于传统金融行业，网络金融机构或客户有违反相关法律法规的行为出现。另一方面由于网络金融的规定，现行的法律法规严重缺失，有关网络金融的立法化相对滞后和模糊。不同于传统金融机构，网络金融并不在一般的监管模式和法律制度约束之内，不必受到证券法、保险法等有关法律的严格约束。

由于配套法律法规的缺失，对于交易主体间的权利和义务没有明确规定，对于交易行为和交易结果也难以确定，这不仅会导致网络金融的交易费用增加，也会在一定程度上增加交易的风险。

三、我国网络金融法律监管原则

（一）法治原则

法律监管的第一原则就是法治原则。网络金融领域的有法可依、有法必依也必须建立在法律基础上，脱离法律原则一切都只是空谈。所有监管措施也一样，一旦抛开法律原则必将本末倒置。对于网络金融机构而言，要落实法治原则，就必须以法律精神作为指导，附以明确的法条和规章制度，真正做到法律监管无处不在，没有遗漏。针对我国的网络金融发展状况，要做到覆盖整个体系的监管，包括网络金融项目、金融机构、从业人员、资金使用等全方位无死角的监管；要充分借鉴西方国家的先进模式，依照法律精神，促进系统的稳定、合理发展，真正做到不断地、持续性地发展。

（二）扶持原则

扶持原则，即网络金融的发展，既要处于监督管理之下，使其合规合法运营，在法制轨道健康、有序发展，又要加大支持力度，为其发展营造良好的社会氛围和政策环境，创造宽松的经营理念和实惠的扶持政策，积极帮助其改进技术、改善管理、输送人才。作为新兴的金融方式，国家有关部门在监管过程中，要留有足够的空间和余地，既要适当监管，又要给予必要的扶持。

（三）引导原则

市场经济本身具有趋利避害的特点，这就要求在发展过程中，不能脱离社会公平体系的束缚，必须借助政府的公权力，充分发挥其协调的作用，规避市场经济本身的缺陷和不足，保证其始终不脱离整个社会的公平体系。

市场经济的作用能否充分发挥出来，并不能依靠互联网自身的遵守和自觉维护去实现，还必须借助政府的指导意见，发挥其宏观调控的能力，去调控市场。证监会于2010年曾经推出投资顾问制度，初期实施中质疑声一片，并没有得到公众的认可和支持，也没有产生非常好的效果，随着网络金融行业的进一步发展，这一制度的优势和作用得以逐步体现，创造出了网络金融行业新的取向，环境要素也开始一点一点累积发展起来。所以，必须确立必要的引导原则，真正做到趋利避害，从根本上防止网络金融行业误入歧途，从而使其朝正确的、健康的方向发展。

（四）公平原则

公平原则是法律重要的原则，是法律作为行为规范主要特征之一，我们建立法律原则的同时，实际上也是对公平原则的遵守。需要注意的是此处的公平是针对网络金融行业的法律公平，并非广义上的公平。

目前我国的第三方网络金融产业，已经取得了巨大突破，创造出了极大的规模效应，但仍然主要依托于那些有影响力的大企业。但是目前网络金融本身还存在不全面、不健全的发展阶段，始终没有被金融行业正式接纳和认可，也没有得到有关部门的明确监管。既然没有公平的法律地位，想扶持一个新兴行业的起步和成长就非常困难。强调绝对的公平是非常困难的，但是以公平作为出发点和权衡点，将公平原则作为我们的首要原则确是应该做的。

四、我国网络金融监管制度存在的问题

（一）监管的法律体系不完善

近年来网络金融方兴未艾，已经取得了举世瞩目的成就，与之相对应的

网络金融监管却明显滞后,甚至一定程度上阻碍了网络金融的发展。当前颁布的监管法律,对于网络交易双方当事人行为的要求和界定,有一定的效果。但与发达国家相比,只是针对个别领域的一般性立法,并没有清晰地涉及和界定交易主体的权利义务、行为规范。可见,目前我国还没有通过统一的立法形式对网络金融主体和行为加以规范和约束,更没有界定交易对象、交易范围、交易要求。仅有的一般性规定,也因为监管体系的不健全、监管主体的不明确而没有起到规范和引导网络金融发展的作用。

2015年《中华人民共和国电子签名法》的出台,对于确定电子签名的法律地位具有积极的意义,但也有其缺陷和不足,如没有对客户的安全教育提出要求;没有明确中国金融认证中心与其他商业银行自建认证中心的法律地位问题。《中华人民共和国电子商务法(草案)》目前正在审议阶段,对于网络金融的立法具有里程碑似的意义。但是不难发现该草案尚存多项不足之处,如面临的首要问题就是立法定位不明。中国政法大学知识产权中心特约研究员、中国电子商务协会政策法律委员会专家委员赵占领对有关媒体表示:"公布的电商法草案对电子商务没有明确的定义,管辖范围尚没有明确界定。"也有专家学者认为,立法定位不明,直接导致法律应规定的内容主次不清,如本应是规范重点的电子合同规定得过于单薄[①]。

目前,网络金融监管法律缺失较为严重,在交易和服务过程中,绝大多数网络金融采用的都是协议方式,一旦出现争议和问题,也会由于法律约束力不够等原因,通过法律途径解决争端问题较为困难。此外,长期以来实践中存在的另外一个问题是,关于网络金融犯罪的定罪和量刑,与国外相比我国刑法要轻很多。《刑法修正案(九)》对利用信息网络实施犯罪的处罚规定,仅仅规定情节严重的处三年以下有期徒刑或者拘役,并处或者单处罚金,如此轻的量刑不足以达到威慑和惩治犯罪分子的作用。因此面对巨大的利益诱惑,加上网络金融监管的漏洞,很多不法分子甘愿牺牲较低的犯罪成本去

---

① http://tech.sina.com.cn/i/2017-01-15/doc-ifxzqnip1192606.shtml,2017年1月15日最后访问。

链而走险,甚至内部工作人员作案,以及内部与外部相勾结作案的概率也在持续增加,导致网络犯罪屡禁不止,形成恶性循环。

(二)专业化监管模式尚未形成

前文已经说到我国网络金融发展和监管存在着严重的滞后和不对称,集中反映在专业化的网络金融监管模式尚未形成,此时借鉴西方国家经验,将微观案例分析与宏观监管原则研究有机结合起来,必要时可以将微观融入宏观之中加以全面、系统地分析。

根据国际通行做法,网络金融监管普遍奉行依法监管、自律和外部强制相结合,而我国尚未普及和推广。随着网络金融的不断创新和发展,金融产品的更新换代周期也在进一步缩短,大量的金融产品如雨后春笋般地涌入市场,在丰富人民生活的同时也给网络监管带来前所未有的压力。而我国网络金融监管机构相对初级化的监管水平,加上监管经验的匮乏、监管力度的不够,更进一步加大了监管的困难。网络金融监管过程中,无法真正贯彻和遵循依法监管原则。再者,我国网络金融长期以来存在监管主体不清晰、权力分工不明确等问题,导致不能有效行使监管权,过于模糊和宽泛的法律规定,都会对实践造成一定影响,尤其是对执法过程影响更大。最后,随着网络金融的发展,越来越多的网络新产品得以出现,新技术得以升级。现有的监管体系已经远远不能满足时代发展的需要。对一线执法人员而言,网络服务和产品无疑更是个巨大的挑战,所以必须将已经根深蒂固的、普遍适用的网络金融体系加以更新换代,从而形成全新的、专业化的监管模式。

从P2P平台运营中发生的多起创建人携款潜逃来看,主要是监管不力造成的,在第三方资金托管的模式中,投资人的资金安全始终得不到保障,平台撤走资金的事情时有发生,而第三方既无权冻结任何资金又无须承担法律责任,这就助长了网贷平台创建人跑路的风险。

(三)金融创新和监管力度不明确

近年来,金融产品种类增多,诸多新品种的出现一方面繁荣了市场经济,另一方面却受到大众的质疑。如何在丰富金融市场和保护消费者权益之间寻求到平衡点,是摆在监管机构面前的一项重要课题。

目前，我国现实情况决定了发展原则主要体现在法律政策和经济发展的差异，现阶段采取"分业经营、分业监管"的原则是较为实际的。同时，还应当重视混业经营、混业监管问题，督促以商业银行为代表的各大金融机构从整体性、长远性角度去加大监管力度。

随着网络金融的发展，创新和监管两大难题越发突出，长期存在的监管体制已经很难适应新形势下的监管需要。如我国最主要的监管机构——银监会原本应当在监管中发挥出重要作用，实际上恰恰相反，由于没有制定出一套有效的评估标准，其监管作用并没有得到有效的发挥，甚至有时会沦为权力滥用和权力寻租的对象。

（四）缺乏国际间的交流与合作

第一，国家之间缺乏危机应对机制。从世界范围看，还没有形成全球统一的、共同的危机应对机制，近年来各国也是意识到国际范围内的交流与合作对网络金融的影响，因此都在不断加强国际交流与合作。但是由于历史文化、经济水平的迥异，各国制定的法律的差别，加上交易习惯和发展水平的不同，监管过程中很容易产生冲突。因此，应当建立统一的监管规则，像国际法一样具有普遍约束力，各成员国都予以遵守，最大限度寻求监管领域的合作。

第二，国家之间共享信息闭塞。从世界范围来看，各国间由于地缘位置的差异以及语言文化的不同，必然导致沟通的不顺畅，如果再没有信息的共享，其结果只能使监管手段变弱、监管力度不够，进而影响网络金融的发展。因此，有必要建立信息对称、准确的监管共享平台、共享机制，遇到问题各国间可以随时沟通、及时发布。

第三，国家保护主义盛行。任何符合事物发展规律的、新的经济模式的推出，对经济都会有巨大的冲击和刺激，网络金融也不例外。因此，各国为了增强本国的竞争力，以期在国际竞争中占有一席之地，都会采取地方保护主义去限制他国产品的进入，对于本国则相对宽松很多。长此以往，必将导致营造出不良的竞争环境，使别国的经济利益遭受巨大的损害。

（五）网络金融监管主体不明确

网络金融作为新兴的事物，本身就是互联网＋金融的有机结合，具体业务开展过程中也会涉及金融和互联网业务的交叉与重叠，这种情况必然出现实施监管的主体不明确，甚至出现重叠监管、空白监管等现象[1]。以近年来最为火爆的 P2P 网络信贷为例，作为 P2P 业务的经营主体，众多 P2P 公司虽然长期开展业务，但是实际上并没有取得银监会的批准与授权，因此不能被定性为正常的金融企业，尴尬之余在于将这类企业定义为互联网企业也不准确，因为其很多业务是通过实体店面、面对面营销等方式完成，并非通过互联网开展，因此对于 P2P 平台的监管，工信部应当加以区分，不能等同于一般的互联网企业。作为重要监管机构的工商部门，也因诸多问题的限制，在对 P2P 企业的监管问题上，显得办法不多，甚至有一些力不从心，无论是资金安全还是企业资质都无法进行审查[2]。

2016 年 8 月，银监会出台《网络借贷信息中介机构业务活动管理暂行办法》，创新行业监管方式，实行分工协同监管。其中银监会及其派出机构作为中央金融监管部门负责实施行为监管，包括制定统一的、规范的发展措施和监管机制，还对网络金融日常的经营行为进行监管；而本辖区内的监管行为则主要由地方金融监管部门负责。该办法的出台，使网络金融信贷中存在的监管问题得到暂时性的缓解，但是还没有从根本上解决网络金融分业监管存在的诸多问题，监管真空与重复监管问题始终没有得到有效解决。目前网络金融企业徘徊在中国人民银行、银监会、证监会、保监会等监管部门之外，部门间推诿扯皮、"打擦边球"的事情时有发生，网络金融业务一旦涉及不同的监管部门分管辖区，无疑使得原本存在的监管问题进一步暴露出来。

下一步，国家有关部门应将重点放在如何完善合作机制和分工监管上。在监管过程中，应该对不同部门业务类型加以区分，进一步明确监管主体，涉及不同部门间的业务时，务必提前做好协调安排，改变长期存在的重叠、空白监管等问题，真正做到全方位、多层次、立体化的协调和监管。

---

[1] 李志刚、田小皖：《金融体制改革背景下互联网金融发展问题研究》，载《经济视角（上旬刊）》2014 年第 4 期。

[2] 卢清波：《互联网金融深化方向及监管创新研究》，载《新金融》2014 年第 12 期。

(六) 社会信用体系不完善

当前建立全国范围内的、统一的、完善的社会信用体系，已成为影响网络金融发展及金融监管效果的重要步骤。我国的信用体系建设起步于 2004 年，经过十几年的发展已经趋于完善和健全，分为个人信用数据库和企业信用数据库，前者由中国人民银行创建于 2004 年，目前已经成为衡量个人信用状况最重要的指标，后者由中国人民银行在 2005 年将原有的信贷登记咨询系统升级而成。与欧美发达国家相比，我国网络金融领域的信用体系建设还有诸多缺陷和不足，并没有将所有的个人和企业纳入征信体系当中，有相当大的一部分个人和小微企业并没有征信记录。其结果是造成在网络金融业务开展过程中，无法及时、准确地获取企业和个人的信用状况。同时，也使得还款逾期、拒绝还款等信息无法通过征信系统查询到，让一些违规企业和个人始终游走于行业当中，造成整个行业的发展隐患。

因此，必须扩大信用体系的覆盖范围，将整个网络金融领域纳入信用体系当中，探索出适合我国国情及发展现状的金融监管体系，有针对性地去解决当前监管过程中存在的各种问题，积极探讨和制定监管对策，从而促进网络金融沿着健康、稳定的轨道发展。

五、完善我国网络金融监管制度的具体建议

(一) 构建我国网络金融监管法律体系

目前我国网络金融监管力度不够，其根源就在于立法尚不完善，无法可依的现象较为普遍。因此，为了适应新形势下的经济发展需要，必须完善网络金融的法律法规体系，即对现有的不适用或缺少的条款进行修订和增补。具体而言，措施如下：

1. 加快网络金融的基础性立法

结合当前的立法现状以及暴露出的问题而言，对网络金融的范畴加以界定非常重要。组织构建全面的市场机制势在必行，即市场准入、市场运营、市场退出三项制度。

首先，市场准入制度。对于网络金融产品的准入，切记不能"大帮哄""一刀切"而应该是根据经营范围的不同、风险的大小，在准入标准上设置不同的宽严程度。申请准入时，申请者提交的材料也有所差异，保证从源头上监控风险。其次，市场运营制度。运营过程中要严格遵守法律规范，合规运行，及时向社会公众做好风险提示，向主管部门做好汇报沟通。最后，市场退出制度。退出机制是整个市场机制中极其重要的环节和步骤，却始终没有得到应有的重视。完善市场退出机制，不仅可以极大地减轻社会成本和负担，更重要的是可以使违法违规的企业、濒临破产企业逐步退出市场。即便是那些没有违法违规，但是却暗藏风险的企业能够迅速、有序地退出市场。

2. 完善互联网金融配套法律体系

仅仅是建设网络金融的基础法律还远远不够，还应当完善与之相配套的法律体系，如金融消费者权益保护法，网络金融犯罪防范等法律。欧美发达国家网络金融发展较早，有较为成熟的经验可以借鉴。因此，我国的消费者权益保护必须坚持遵循"事前防范—事中控制—事后救济"的三原则，在强调保护金融消费者的信息安全、资金安全的同时，还应当加强安全教育，让广大消费者知晓网络金融的风险，提高其辨别风险、抵抗风险的能力。积极引导和鼓励消费者拓宽投资途径，避免单一性投资带来的风险。在办理金融业务时，从业人员应尽到自身职责，对消费者的投资行为进行必要的安全宣传和风险提示。除此之外，还应当积极倡导和建立救济制度。避免消费者遭受损失，在纠纷发生后得到第一时间的救助和支援，全力减轻其风险。

与此同时，从事网络金融经营的企业，还应当联合起来，共同抵制洗钱行为。可以建立完善的、系统性的内部反洗黑钱同盟，对交易过程中的异常行为进行实时监测防控，坚决打击任何企图利用网络金融从事包括洗钱犯罪在内的一切犯罪行为。

(二) 完善我国网络金融专业化监管模式

为了更好地适应新形势下网络金融监管的需要，必须建立专业化的监管模式，具体做法如下：

1. 明确监管主体

不同于传统金融模式，网络金融具有跨区域、跨行业等特点，监管范围更广、监管难度更大。网络金融产品本身存在法律定性模糊的问题，更加大了监管的难度。而当前多个监管机构同时管理，更使得监管空白点充分暴露出来，突出表现在监管主体不明确。因此，必须从根本上解决监管主体职责不明确和效率低下的问题，那么建立具有鲜明特色的监督模式，就显得尤为重要。此外，还应当改变原有状况，加强监管主体之间的交流。一旦出现问题及时汇报沟通，真正做到事前监测、事中报告、事后总结，防止风险的扩大和类似情况的再发生。此外，也不能将网络金融与传统金融完全割裂开来，而是应当建立相互协调的机制，以保证任何系统问题、技术问题的发生，都不会导致消费者利益受到损害。

2. 加强行业自律和内部建设

要求广大网络金融的从业会员严格贯彻和履行法律公约的要求，前提是必须制定统一的行业标准和自律公约。应当适当地提高网络金融的从业标准和要求，只有具备一定的资格才能从业，重新划定业务范围，进一步明确提供服务的一方对公众应当承担的义务和责任。此外，还应当充分发挥行业的自律作用，积极维护市场的稳定，保证从业会员间的合法竞争，保护广大消费者的合法利益。

3. 完善信息披露制度

目前，网络金融的交易主体多为金融机构和自然人，其中前者优势明显，一直处于主导地位，手里掌握着大量数据和信息。此时，广大消费者稍显劣势，始终处于不对等的位置当中。因此，为了更好地保护消费者的利益，金融行业和金融监管部门必须做到交易信息的公开透明，及时公开信息。不同于传统金融交易，网络金融交易的信息披露要求更加公开，应当允许大众通过网络及时查询金融机构的经营活动和财务状况。此外，还应当意识到社会公众的监督制约在监管中的巨大作用，督促其更加稳健地经营、合理地预防风险。

(三)协调网络金融监管和创新

1. 监管立法和政策的创新

目前,与我国高速发展的网络金融市场相比,技术风险监管制定显得明显滞后,尤其是监管立法的缺失非常严重。而发达国家在监管立法和政策的创新上,则显得非常成熟。因此,应该结合国家实际情况,通过立法对网络金融的监督部门及其相应职责加以明确,对网络金融的监管范围加以界定。由于网络银行系统自身的缺陷和不足,决定其所面临的风险具有复杂、多变的特点,这就对我国的立法倾向和政策导向提出了更高的要求。

2. 监管手段和理念的创新

不同于其他监管创新,监管手段本身具有人性化、信息化和集约化的特点。因此,监管机构对各种监管对象要更加灵活处理,监管过程中要充分利用和依靠多种现代先进的信息技术,加强对各种资源的组合和配置。

同时,监管理念的创新同样不容忽视,如果只是依靠既定的规范模式,很明显是与网络金融的发展速度不相匹配的。还应当充分发挥金融市场和从业企业具有的调节作用。在网络金融中,无论哪一个监管机构,如果没有对社会公众征求意见,只是单方面的制定一系列规则,其中如果含有剥夺金融机构自愿性的内容,让其感觉到不公平,必然遭到金融机构的抵制和规避,导致资源的过度浪费和无效开发。为了充分发挥社会监督的积极作用,及时与社会公众做好交流和沟通就显得非常重要。

3. 监管的工具和技术的创新

科学技术的更新换代,必然带动一些新的产业的出现,应运而生的网络金融也要在监管上做到到位、及时。长期以来,由于我国系统安全性的不足,金融机构的业务开发受到很多限制和影响。所以,要不断提升网络金融的自主创新能力和自主监管能力,既要保证网络金融系统的有序发展,又要加强系统风险应急机制以及安全保护机制,对已有的信息和数据要及时维护和更新。同时对网络违法犯罪行为加以惩罚,必要时候还要不断升级和维护现有的防范系统,深层次保护信息安全。

(四)加强国际间的合作和交流

随着全球一体化进程的加快,各国间的交易往来都可以通过互联网实现,伴随而生的网络金融范围也呈现出越来越广、越来越复杂的趋势,因此国际合作与交流则显得更加重要。具体做法如下:

1. 跨境立法合作

2017年提到最多的一个词就是"共享",网络金融立法工作同样如此。应当倡导建立开放性的立法机制,各国共同分享监管方面相适应的立法成果、公共法治环境,进而形成以共享为核心的全球性的制度框架。同时,为避免法律冲突的出现,还应考虑国各国的具体情况和风俗习惯以及网络金融的国际通行标准。

2. 跨境司法合作

为了避免管辖权冲突等问题的出现,我国应积极建立网络金融监管系统的国际合作,建立强大的网络安全的监督管理体系。一方面与国际司法部门相互配合,寻求信息情况情报领域的深层次合作;另外一方面,全面加强打击跨国金融犯罪的力度。

3. 创建资源信息分享机制

创建一个开放、统一的全球共享网络管理平台,将共享信息提供给各国监管者,该共享信息的目的是为了打破地域差异和风俗文化的差异,实现全球的资源共享。同时为避免资源的浪费,还应当整合已有的监管法律和各国经验,有针对性地提出各种有效的见解。具体可以采取区域整合的方式,将各个国家和地区加以划分,形成数个共享区域,在共享区域下对现有资源进行整合。此外,为了应对各种突发状况,还应当积极与各国政府,尤其是金融监管机构开展各种交流和合作,共同打击跨境金融犯罪,及时处理各种突发性事件[①]。

(五)明确监管主体的分工协作

长期以来,"分业经营、分业监管"的原则一直为我国金融市场所奉行,

---

① Thomas Glaessner, Tom Kellermann, Valerie Mcnevin. Electronic Security: Risk Mitigation In Financial Transactions, The World Bank, June 2016.

随着行业的深入，越来越多的传统金融企业参与到网络运作当中，原有的监管原则暴露出监管重复、监管真空、监管不力等问题。为了改变这一混乱的监管局面，必须采取一系列的措施，加强网络金融的监管力度。

结合网络金融国际监管经验，在具体的工作中往往根据监管职责对监管部门负责，而不设立专门的、统一的监管机构去负责。从目前趋势看，我们现存的"分业经营、分业监管"体制在短期之内还不会取消，并将持续较长一段时间，这就对诸多网络金融模式的监管主体提出了更高的要求，即必须明确监管界限，对各自的监管业务领域进行划分[1]。

由于我国始终没有建立统一的网络金融监管体系，随着行业的发展，这一问题也更加暴露出来，如各监管机构统一协调力度不够，职责分工不明，监管真空的问题非常突出。面对这一问题，监管层已经深刻意识到协调监管对行业发展的重要性，中国人民银行于2013年倡导提议成立"互联网金融发展与监管研究小组"，加强对互联网金融行业的监管[2]。

1. 监管机构统筹监管

中国人民银行、中国银行保险监督管理委员会、证监会在整个金融监管体系中地位极其重要、作用十分突出，必须严格按照"大金融"理念统筹监管、开展工作，同时共同承担网络金融的风险、分享网络金融的利益。

2. 监管机构间加强交流与合作

为了达到全方位、立体式的监管效果，监管机构不能孤立监管，而是应当加强与工信部等有关部门以及地方政府等相关机构的沟通与协调，只有这样才能防范系统性、区域性风险，保证最好的监管效果。

3. 企业加大与监管机构的沟通力度

互联网金融企业在运营过程中，切记不可闭门造车，应当加强与监管机构的沟通，对于最新的政策走向、政策法律适用、企业运营情况要及时咨询和上报，而作为监管主体的监管机构，也应该当充分听取企业的合理化建议

---

[1] 冯娟娟：《我国互联网金融监管问题研究》，载《时代金融（中旬刊）》2013年第10期。
[2] 范利群、贾东东：《"余额宝"的法律规制探析》，载《才智》2014年第19期。

和意见,及时做好风险的防控,全面提升监管能力,使监管更具有时效性和针对性。

4. 监管部门创新监管方式

监管部门仅仅分工协作还远远不够,还应当在原有的监管模式的基础上,创新监管方式。如可以运用最新的科技手段和信息技术,建立一套完整的监管机制,加强日常管理、商业运管。同时在现有的组织架构基础上,组建特殊的部门,实现对网络金融的全方位监管,不仅包括传统的现场监管,还包括非现场监管,更能提供足够的信息技术支援①。

(六)健全社会信用体系

马云曾说过:"金融的本质是做信用,互联网金融本身是建一个有信用的体系。"② 网络金融能够长期、稳定发展,关键在于风险的防控问题,而风险防控的重中之重就是信用风险防控。无论对于金融机构还是消费者个人而言,信用风险都是其面临的最大风险之一。健全的信用体系能够对个人和企业的信用状态进行实时跟踪记录,是防控和降低金融信用风险最有效的方式。因此,必须加快建立和完善我国的社会信用体系。

1. 个人信用方面

2005年,中国人民银行制定、发布了《个人信用信息基础数据库管理暂行办法》,对个人信用报告的查询、使用做了明确规定,即只有境内设立的商业银行、城市信用合作社等金融机构通过合法途径才能使用,其他的非金融机构(包括一般的网络金融企业)是不能获取的。随着网络金融的快速发展,包括传统金融企业、新兴网络金融企业在内的金融机构,基于业务发展的需要,都要了解、掌握消费者个人的信用情况。因此,应该尽快推进网络金融实名制的建立,构建真实、有效的个人信用数据库,提高消费者的认证资格和门槛,可以分为准入资格和实名资格,此外还必须实现个人信用信息数据的资源共享。

---

① 张洁:《网络金融风险及监管的政策性建议》,载《企业技术开发》2014年第26期。
② 摘自2013年阿里巴巴集团主席兼CEO马云在互联网金融论坛兼众安在线财产保险股份有限公司开业庆典上的发言。

2. 企业信用方面

应该加快企业信用体系的建设,并且适时对网络金融企业启动,保证社会公众和监管机构,能够随时通过体系查询第三方支付机构、网络信贷机构的数据信息。与此同时,大力发展信用中介机构,尤其是能够面向市场、服务市场的信用机构。通过机构的服务,可以随时查询需要了解的企业信用情况,让广大公众和监管机构能够随时查询企业的信用状况、信用等级,降低信息不对导致的风险。同时,还应抓紧完善信用数据平台、健全信用评级系统,全面推进信用体系的建设。

当然,仅仅依靠央行提供的信用体系和信用信息,还不足以满足当前需要。原因在于央行作为国家机关,基于多种原因,尤其隐私保护的原因,对于网络金融结构对接系统,一直持反对意见。央行信用体系本身具有局限性,对个人和小微企业的信用记录存在缺失,无法为银行提供更及时、准确的服务。

因此,倡导网络金融机构与具有信用系统的企业之间合作,已经成为迫在眉睫的任务。因为与央行的信用信息不同,此类型企业提供的信用信息实用性、含金性更强。如普惠金融公司与全球最大的信用局益佰利的强强合作具有就非常重要的意义,同时还必须对网络金融机构的行为加以严格约束,限制和打击通过不合法手段获取个人信用信息的行为,尤其是对以营利为目的、通过不法途径获取信用信息用于商业目的,一定要依法严惩。

六、结语

网络金融作为一个新兴产业,是我国市场经济的重要组成部门,对经济发展具有举足轻重的作用。为了让其保持较好的发展势头,必须从政策上、法律上给予足够的支持和保护。目前来看,我国的网络金融已经进入快速发展时期,并且逐步走向成熟,急需配套的法律法规的出台,对网络金融进行规范和约束,使其更好、更快地发展。作为法治国家,各行各业都应当在法律法规的约束监管之下,网络金融也不例外。

人民陪审员制度改革的路径转向

——基于司法民主理论意蕴的再辨析

孔才池　布乃东[*]

摘　要： 人民陪审员"陪而不审、审而不议"等痼疾根源并非法院（法官）制度执行不力、陪审员的法律素质低下，而是固有的司法民主认知存在偏差，陷入精英审判与平民审判不必要的对立，忽视司法客观需求，使制度供给功能异化。司法民主的主体是人民，而非狭隘意义上的平民。大众化取向与精英化取向并非截然对立，两者存在融合。司法民主主要指向司法精英，而不是广泛的社会精英。因应社会分工的情势，以非法律的专业知识、经验阅历为实质参审的切入口，推行"专家＋专业＋普通"复合陪审模式，使之契合审判需求，为制度运行提供动力，有利于实现制度的民主价值依归。

关键词： 人民陪审员　司法民主　专业陪审员

"陪审团的失败有很大一部分原因是因为当时的审判程序几乎没有给它成功的机会。"

——［美］威廉·L·德威尔

人民陪审员制度是我国审判制度的重要组成部分，然而"陪而不审、审而不议、议而不决"等问题持续经年，严重制约着制度的价值功能发挥，虚耗了庞大的制度资源。对此，学术界与实务界不乏反思[①]，而决策层亦厉行立

---

[*] 孔才池，深圳前海合作区人民法院副主任科员，广东省法学会房地产法学研究会理事；布乃东，深圳前海合作区人民法院科员。

① 自1979年恢复确立人民陪审员制度后，此类痼疾伴随至今。参见刑清江：《人民陪审员陪而不审的现象应当改变》，载《人民司法》1981年第3期；陈克刚：《人民陪审员何以"陪而不审"》，载《西南政法大学学报》2008年第5期；羊震：《对"陪而不审"现象的反思》，载《人民司法（应用）》2017年第4期。

法，力图革弊①。党的十八届四中全会决定提出，完善人民陪审员制度，保障公民参审权利。最高人民法院、司法部随之出台改革试点方案（以下简称《试点方案》），但"陪而不审"等现实问题依然表现出顽固的生命力。综观既有研究成果，多归咎于法院（职业法官）制度执行不力、陪审员的法律素质低下。这两个肇因固然可勉强称之为原因，但仍然是现象范畴的表层因素，缺乏对制度困境根源的精准把握，使得陪审制度陷入愈改革愈"走样"的恶性循环。本文力求从客观的视角进行实证剖析，剥离问题的表象（因），阐释制度背后的司法民主认知缺陷，为制度改革与实践探索路径。

一、实证研究：H法院人民陪审员选任、参审的调研

陪审制度被认为是协商民主的典型形式之一，存在于司法制度的公共场域，其制度要旨无外乎为司法审判注入人民意志的元素②。有学者认为，清末以来的变法修律之所以未能发达，司法民主不足是主因之一，亟须发展陪审制度，使之撬动中国法治建设③。然而，我国陪审制度却正同时面临着强烈的期许与批判。鉴于问题集中暴露于司法实践，故采实证研究的视角或属必要，笔者对我国某自贸区H法院④的陪审制度运行进行了长达两年的实证考察，围绕陪审员选任、参审两个关键环节，运用个案跟办、庭审观摩、卷宗调阅、法官（陪审员）访谈等方式获取第一手资料。

---

① 参见2004年全国人大常委会《关于完善人民陪审员制度的决定》；2004年最高人民法院、司法部《关于人民陪审员选任、培训、考核工作的实施意见》；2010年最高人民法院《关于进一步加强和推进人民陪审工作的若干意见》等。
② ［美］哈罗德·J·伯尔曼：《法律与革命：西方法律传统的形成》，贺卫方等译，法律出版社2008年版，第436页。
③ 何兵：《司法职业化与民主化》，载《法学研究》2005年第4期；施鹏鹏：《审判中心：以人民陪审员制度改革为突破口》，载《法律适用》2015年第6期。
④ 以H法院制度运行为研究样本的主要理由：（1）H法院被定位为综合性司法改革示范法院，须为全国法院提供可推广、可复制的改革样本和制度借鉴。H法院上下有着更为强烈的制度实践意愿，而非单纯"消化案件""定纷止争"；（2）H法院作为新成立法院，人均办案量约为同地区平均水平的1/2，人员配备相对精良，无历史包袱，有相对充裕的制度实践空间。

(一) 选任程序与结果

H 法院人民陪审员分为普通陪审员和专家陪审员。普通陪审员选任条件与《试点方案》的类同,而担任专家陪审员,除须具备普通陪审员的条件之外,还须是金融保险、证券期货、知识产权、信息网络、融资租赁等特定领域的专家。选任公告采用电视、报刊等传统媒体和网络、微信等新媒体公布,选任启动方式包括"引荐"与"自荐"。H 法院成立选任委员会,会同司法行政机关进行资格审查,开展面询、电询,初步确定人选后,依次征求意见、对外公示、报送审核、提请任命等。H 法院现有人民陪审员 53 名,其中普通陪审员 35 名,专家陪审员 18 名(含港籍陪审员 13 名);20 名普通陪审员为全职,15 名普通陪审员、18 名专家陪审员为兼职;任期均为五年。

统计显示(见表 1 至表 3)普通(全职)陪审员呈现老龄化,而专家(兼职)陪审员年龄分布相对合理;整体学历状况,前者相对低于后者,专业性上暂难以作出比较判断,需要结合参审状况分析,但两者均有约 1/4 人员具备法律教育背景;行业(职业)分布状况,前者的广泛性优于后者;两者的使用在任期内相对封闭、固定化。

表 1　H 法院人民陪审员年龄状况统计

类别		30 岁以下	31—40 岁	41—50 岁	51—60 岁	61 岁以上	合计
普通(全职)陪审员	人数(人)	1	0	8	4	7	20
	占比(%)	5.00	0	40.00	20.00	35.00	100
专家(兼职)陪审员	人数(人)	4	4	5	5	0	18
	占比(%)	22.22	22.22	27.78	27.78	0	100

注:以 2016 年 6 月 30 日为统计时点

表 2　H 法院人民陪审员学历状况统计

类别		高中以下	专科	本科	硕士	博士	合计
普通(全职)陪审员	人数(人)	3	10	7	0	0	20
	占比(%)	15.00	50.00	35.00	0	0	100

续　表

类　　别		高中以下	专科	本科	硕士	博士	合计
专家（兼职）陪审员	人数（人）	0	0	10	5	3	18
	占比（%）	0	0	55.56	27.78	16.66	100

注：以最高学历计，不区分全日制教育、在职教育；普通（全职）陪审员、专家（兼职）陪审员中具有法律教育背景的均为5名，占比分别为25.00%、27.78%

表3　H法院人民陪审员行业（职业）状况统计

类　　别		金融投资	科技信息	教育文化	公共管理	财务会计	医疗卫生	仲裁调解	其他	合计
普通（全职）陪审员	人数（人）	2	1	5	5	2	1	1	3	20
	占比（%）	10.00	5.00	25.00	25.00	10.00	5.00	5.00	15.00	100
专家（兼职）陪审员	人数（人）	8	2	1	4	0	0	2	1	18
	占比（%）	44.44	11.11	5.56	22.22	0	0	11.11	5.56	100

注："其他"行业（职业）涉及机械、交通、物业、社工、心理咨询、工商管理等

（二）参审方式与成效

2015年1月28日至2017年1月27日，H法院结案2773件，其中一审普通程序1345件，人民陪审员参审687件，参审率51.08%，参审案件类型涉及所有受案类型。参审案件中，普通（全职）陪审员635件，普通（兼职）陪审员21件，专家（兼职）陪审员31件，占比分别为92.43%、3.05%、4.51%。普通（全职）陪审员无疑担纲了参审主力，其参审效果值得重点关注。

陪审制度的价值体现，依赖于陪审员实质介入案件审理，通过自身认知、经验贡献对裁判形成施加影响。多年来，陪审员参与审判活动的非实质性成为制度背后挥之不去的"阴影"，H法院陪审也不例外。依据法律规定，陪审员在审判过程中有权庭前阅卷、参加庭审、评议案件并对处理结论发表意见。调研发现，普通（全职）陪审员的确定因应开庭排期而定，基本没有庭前阅卷。尽管开庭或评议前，法官可能会简单介绍案情、证据规则，尝试使陪审员初步了解案情。但陪审员庭审时仍然一言不发，评议时一味趋同、"唯法官

马首是瞻"，甚至在评议笔录、文书签发稿上"一签了事"。已结（除去调解、撤诉）作出判决的案件中，陪审员没有发表实质性的不同意见，普遍呈现"陪而不审、审而不议、议而不决"的局面，演变为合议庭组成的"摆设"①。而法官、法官助理也并不乐见陪审员过多介入庭审，因为这些活动似乎无益于案件审结，反而徒增工作量。对陪审员的访谈亦表明，其对自身制度角色的认知相当模糊，更遑论了解制度背后的民主意蕴，但深谙做好"摆设"似乎对大家均"有利"。

专家陪审在全球范围内早有先例，比如一些大陆法系国家将参审制度分为"人民参审"和"专家参审"②。在专家（兼职）陪审员参审的为数不多的31宗案件里，情况与别的不同。因应案件的专业类别，比如保理、基金、保险、信息网络等，随机选定对应类别的专家陪审员。法官助理通知其庭前阅卷，并为其提供阅卷便利。开庭时，法官向陪审员释明案件的争议事实、证据情况。法庭调查时，陪审员可以询问、调查相关案件事实，法官一般予以尊重、协助。合议庭评议时，法官根据案件举证情况向陪审员释明证明责任、证据认定规则，陪审员根据指引发表事实认定的意见，或者直接发表内心确认的事实。调研发现，专家陪审员能够积极投入到案件的审理过程，尤其是在事实认知方面有着较强的优势。在其熟悉的专业领域，一般能有效、准确地提问。案件评议时，对专业问题释疑解惑，特别是能对当事人是非对错、责任轻重提出独到的见解。

但是专家陪审频率低下、参审范围狭窄与参审成本畸高的问题交织，比较突出③。尽管法院有专项经费保障，但大规模使用既不现实，也似无必要。在确定合议庭组成之前，法官助理需要花费大量的精力协调参审人员的工作时间。专家陪审员本职工作繁忙，参审意愿并不强烈。一旦陪审员临时请假，

---

① 有观点认为陪审员实践中"职能异化"，承载着政治标签、人力补充等功能。参见吴英姿：《人民陪审制改革向何处去？——司法目的论视域下中国陪审制功能定位与改革前瞻》，载《苏州大学学报（法学版）》2014年第3期。

② 施鹏鹏：《德国参审制：制度与特色》，载《人民法院报》2014年9月19日。

③ 有学者认为陪审案件数量下降，主要出于成本、管理的考虑，而非原理方面的因素。参见［英］麦高伟、杰弗里·威尔逊主编：《英国刑事司法程序》，姚永吉译，法律出版社2003年版，第349页。

(三) 参审效果差异之成因

H 法院普通（全职）陪审员参审现状，与长期以来传统法院"陪而不审"的痼疾几无差别。能否归咎于普通（全职）陪审员的高龄化？其每年人均参审案件数仅为 15.8 件，且为脱产全职，工作量少、时间充裕或可抵销高龄化所肇致的精力不足问题；另外，高龄化的陪审员往往阅历丰富、视角敏锐，反而有利于实质参审。能否归咎于普通（全职）陪审员的学历偏低？普通（全职）陪审员的平均学历介乎专科与本科之间，H 法院法官、专家（兼职）陪审员的平均学历介乎本科与研究生之间，但与全国审判人员的平均学历不相上下[1]，远高于全国人口平均学历[2]，故难以将其学历水准与非实质参审直接挂钩。能否归咎于法律教育背景的缺失？普通（全职）陪审员与专家（兼职）陪审员均有 5 人具备法律教育背景，占比类同，参审效果迥异，而专家陪审员参审效果较佳，显然系缘于专业知识的供应，是否具备法律教育背景并非问题的关键。学者、实务界多将之归咎于贯彻执行陪审制度不到位、对陪审员履职保障不足、陪审员司法能力低下等，此类似是而非的观点数十年经久不衰，依然无助于问题的解决。非实质性参审的成因探寻须在制度运行与诉讼机理之间往返观照。

英美陪审制度中，事实审、法律审的二元裁判结构与陪审团、法官的横向权力结构相呼应，决定了事实认定中陪审员起主导作用。而大陆法系参审制度中，其裁判结构、权力结构则呼应法院的主导地位。我国的陪审制度与参审制较为接近，事实问题与法律问题由法官与人民陪审员共同决定。无论是否借鉴英美做法，陪审员是否只参与事实审理[3]，陪审员都须与法官共掌裁判权，没有垄断性的权力。审视职业法官与人民陪审员的角色差异，容

---

[1] 1985 年以来，法院系统大量审判人员通过"法律业大"的形式"突击"提高学历。参见王斗斗：《时代关键词见证法官队伍 30 年变迁》，载《法制日报》2008 年 12 月 7 日。

[2] 大学（大专）以上学历的人口占比仅为 10.71%。参见《2010 年第六次全国人口普查主要数据公报（第 1 号）》，http://www.gov.cn/test/2012-04/20/content_2118413.htm，2017 年 6 月 10 日最后访问。

[3] 参见《试点方案》。

易发现在行权的意识、能力、知识以及身份认同上，前者比后者明显更为强烈、更具优势。即便不考虑裁判权的有意识争夺，裁判角色之间亦天然地不平衡，陪审员对裁判权的掌控相当脆弱。域外德国参审制的运作情况也表明，职业法官容易影响参审员的判断，进而实现裁判权的扩张与独占①。过往政策在制度上提出扩大参审范围、完善参审机制，在主体上强调法律培训、履职保障。H 法院作为新型法院，贯彻执行之得力自不待说，仍收效甚微，表明过去的理论认识、制度决策在认知、处置裁判角色的失衡上乏善可陈。一方面强调社情民意、善良风俗的民主元素注入，另一方面在日趋森严的审判专业化壁垒面前手足无措。大众民主与法官专业思维的泛理想化结合，掩盖了角色平衡所需的知识互补，其实两者并不同，前者为价值目标范畴，后者则为路径实现手段。缺乏对审判客观需求的有效补充，陪审员不得不止步于审判专业化门外，更遑论打破司法垄断、嵌入朴素价值。

有学者指出，人民陪审员具备审判所需的生活知识、专业知识和实践经验是其实质性参与审判的关键。这不仅适用于高度专业化的专家陪审类案件如知识产权，也适用于其他类型案件如矛盾激化的婚姻家庭案件②。申言之，陪审员缺乏角色平衡、审判案件所需的非法律知识与经验，或者说缺失甄别筛选机制予以发掘，使得陪审员丧失实质参审的"通道"。以此观照 H 法院普通陪审、专家陪审效果之差异或许能顿感开朗，普通陪审漠视陪审员隐含的行业（职业）优势③，未加筛选甄别、引导运用，致成"陪衬"；而专家陪审充分体察专业分工，陪审员将专门知识带入审判，形成知识互补④，并对案件最终处理施加实质影响。与此同时，其价值观念、视角标准亦伴随而入，尤其是在案件处理结果的评议上。

---

① 施鹏鹏：《陪审制研究》，中国人民大学出版社 2008 年版，第 185—186 页。
② 苗炎：《司法民主：完善人民陪审员制度的价值依归》，载《法商研究》2015 年第 1 期。
③ 参见表 2 和表 3，普通陪审员所涉行业（职业）类别比专家陪审员更广泛，资历也不可谓不深。
④ 胡充寒等：《知识产权审判专家陪审制度的探索与检视》，载《法学杂志》2011 年第 12 期。

二、理论之辨：司法民主理论意蕴的再辨析

人民陪审员角色定位与司法客观需求脱节，而这种脱节长期未能修正的根源，则是对于司法民主理论的认知存在偏差。此种认知偏差的背后，隐含着一个古老而又不曾成为常识的命题：关于精英审判与平民审判的理论之争。其直接触及陪审制度的基石——司法民主理论。倘若不能从学理上厘清枝蔓、辨伪立基，那么成因的揭示不论如何精准，规制路径终究只是治标之策。专业化的陪审模式是否功利上的权宜之策，是否有悖于陪审制度的理论基础——司法民主，须要重新辨析以下三组概念。

（一）关于"人民"与"平民"

两千五百多年来，民主是一个经久不衰的话题，或辩论、攻讦，或毁灭、重建，似乎难成共识①。在众多民主理论中②，古典民主理论作为"基础范式"尤为人关注。古典民主理论以人民主权为要旨，关注统治主体的身份问题，强调权力来源于人民、体现人民意志并以公益为目的③。而司法权作为国家公权力的重要组成部分，同样来源于人民的授予，逻辑上当然受人民主权理论统摄，权力设置、行权方式与目的概莫能外。裁判者作为司法权的行使者，固然须要遵循司法职业的独有规律，但亦应受人民主权理论约束，其产生于人民并向人民负责。由此，人民主权理论逐渐被视为司法民主的政治正当性基础。在众多司法民主形式中，"陪审制被认为是最为经典、最为直接的司法民主形式"④，"是人民群众参与司法活动最直接、最重要的形式"⑤，可以说没有一种方式比人民直接行使、分享裁判权来得更直抵要害。而"人民"主体概念一以贯之，那么究竟何谓"人民"，其外延范围如何，常常为人熟视

---

① ［美］罗伯特·达尔：《论民主》，李柏光译，商务印书馆1999年版，第3页。
② 有学者认为至少存在七种民主理论，包括实体民主理论、程序民主理论、规范民主理论等。参见周永坤：《违宪审查的民主正当性问题》，载《法制与社会发展》2007年第3期。
③ 钱福臣：《宪政哲学问题要论》，法律出版社2006年版，第11页。
④ 蒋惠岭：《司法民主的十大补强机制》，载《人民法院报》2014年8月29日。
⑤ 沈德咏：《关于〈关于完善人民陪审员制度的决定（草案）〉的说明》，载《中华人民共和国全国人民代表大会常务委员会公报》2004年第6期。

而无睹。

有学者针对实践中陪审员的选任存在教育水平、职业的歧视，容易将寻常农民、市民排除在外，背离司法民主的理念，主张人民陪审员的定位不能是"专家陪审员"或者"准法官"，而应是"平民陪审员""平民参审"①。"人民"与"平民"存在什么关系？"人民"概念政治化，作为集合名词，泛指社会的全体成员，而"平民"侧重指没有官职、特权的普通市民、公民，或者说一般语境中的"普通老百姓"。从概念语义的比较上，结合经验法则，已经可以明确：前者外延上涵括后者。从社会发展态势来看，专业分工日趋发达，统治精英、"高知专家"与"平民""老百姓"之间似乎不是非此即彼，未来可能担纲社会中坚的中层阶级在财富、权力、知识上"比上不足比下有余"，殊难草草地归诸一类。

无论从司法民主理论逻辑，还是从社会群体认知，陪审员的选任对象只能是人民，来自社会的每一个群体与阶层。如果因为选任上存在部分群体歧视的问题而走向另一个极端——对其他群体的歧视，久而久之，将使得日渐庞大的"专业化"中产群体的制度角色定位混乱、模糊，引起公众对司法民主理念的误判②，背离司法民主的价值意涵。

(二)"大众化"与"精英化"

按照陪审制度的原初理念，其理想模式应该是从社会大众中随机挑选成年公民进入司法场域，参与听审和裁断，代表自然理性进行沟通、调和，制约法官所代表的法律理性，达致扩大司法参与、促进司法公正的目的。因此，陪审员应该具备的角色特质，即权力运作过程中的主体参与性和异质性。所谓主体参与性，是指在司法程序中，陪审员始终以其自主决断参与其中，与职业法官共享权力；而异质性则是指与象征体制权力的职业法官相比，陪审员来自体制之外，其思维、立场更倾向于服从在日常社会生活关系网络中建

---

① http://www.chinacourt.org/article/detail/2006/12/id/227860.shtm，2017年6月13日最后访问；蒋鹏飞等：《我国人民陪审员产生程序之弊及其校正——从司法民主的角度进行分析》，载《安徽大学法律评论》2009年第2辑。

② 比如基于对"草根民主性"的偏好，误认为草根底层之民意才是全部真正的民意。

构起来的有关公平、正义的朴素观念。如欲凸显主体参与性与异质性,陪审员的选任在来源上应尽可能地体现广泛性与代表性,"大众化"似乎被理所当然地贴上普遍性的标签。而"精英化"被推向司法民主的对立面①,精英群体成为被笼统地、严重地警惕和怀疑的少数群体。

美国学者马丁·特罗研究认为,如果以高等教育毛入学率为指标,则可以将高等教育发展历程分为"精英、大众和普及"三个阶段。相应的高等教育毛入学率分别为15%以下、15%—50%、50%以上②。2015年,全国各类高等教育在学总规模达到3 647万人,高等教育毛入学率达到40.0%③。我国高等教育处于大众化阶段,如果以当下流行之学历程度作为划分"大众"与"精英"的标准,"大众"恐怕并非大多数,"精英"也并非少数,而且可预期此种态势将会加剧。"大众化"与"精英化"实质是生活化或者政治化的浮动概念,难以称得上严谨的法学概念,过分坚执于两者的对立,要么最后发现两者客观上存在融合,要么自觉或不自觉进行概念限缩④,露出难以自圆其说的"既非大众化也非精英化"的空白,最终亦无从凸显司法民主所要求之广泛性与代表性。申言之,"大众里的精英""精英里的大众"使得陪审制度将不再是"大众化"与"精英化"的截然对立,单一化的推崇都不可避免地背离司法民主应有的立场。

(三)"社会精英"与"司法精英"

"接受陪审团审判的权利,作为普通法的一部分,是人们反抗暴政的伟大的、固有的特权,赋予此项权利也就是给人们铠甲,以对抗偏激腐败的检察官、怪异而又有偏见的法官。"⑤ 司法民主本质上是一种防范司法专横的

---

① 关于司法"大众化"与"精英化"的争论。参见蒋鹏飞等:《我国人民陪审员产生程序之弊及其校正——从司法民主的角度进行分析》,载《安徽大学法律评论》2009年第2辑;孙丽君:《司法的悖论——司法的民主化与司法的精英化之矛盾探究》,载《河北法学》2007年第4期;等等。
② [美]马丁·特罗:《从精英到大众再到普及高等教育的反思:二战后现代社会高等教育的形态与阶段》,徐丹等译,载《大学教育科学》2009年第3期。
③ 毛入学率是指某一级教育不分年龄的在校学生总数占该级教育国家规定年龄组人口数的百分比。参见《2015年全国教育事业发展统计公报》,http://www.moe.edu.cn/srcsite/A03/s180/moe_633/201607/t20160706_270976.html,2017年6月14日最后访问。
④ 比如将"大众"理解为底层草根,将"精英"理解为类似于柏拉图式的哲学王。
⑤ Duncan v. Louisiana, 391 U. S. 145 (1968).

机制，更多地属于参与民主的范畴①。无论是采陪审或是采参审制度的国家和地区，其首要的目的即在于司法民主。在实体价值诉求多元化的背景下，通过民主元素的注入，避免司法精英单一化所可能引发的司法认同危机，防止社会群体认知上的撕裂。有学者梳理归纳认为司法民主的价值集成，包括权利义务微调与纠偏匡正、克服司法局限与司法不足、消弭裁判质疑等②。应当说，无论是陪审制度的立制动机，还是司法民主的本质，所深深怀疑与警惕的主要是司法精英，尤其是他们所承载的可能过于偏执的法律理性。

有学者引述研究报告认为，陪审制度不仅是事实认定的方法、纠纷解决合法化的手段，还是保护民众不受立法者、法官、商人与其他政治精英权力滥用的屏障。美国选择了反精英化的发展方向，将陪审制与司法民主联系起来③。显然，这里所述的"精英"外延与洛桑学派主要代表维弗雷多·帕累托所述的"精英"大体一致，既包括参与政府活动的"治理精英"，也包括其他领域的"非治理精英"，其外延涵盖"司法精英"而又远远不仅于此。此种反精英的泛化认识，一方面将"司法精英"以外的精英群体列作司法民主的对立面，忽视该部分群体承载民意的现实，大而化之地否认其民主主体地位；另一方面，与"司法精英"长期浸淫于规则治理、法律理性所可能形成的价值偏差、司法专横不同，"司法精英"以外的精英群体显然并没有这些基于法律职业的偏执、专横，关于这一点也没有证据显示他们与"非精英"群体有什么不同之处。至于非法律范畴的情感、价值，更难以说他们与"非精英"群体有着令人信服的不同，须要抹杀。因此，司法民主理论、陪审制度所指向的实为长期手握司法权柄的精英，而不是泛化的社会精英群体，否则我们仍然可能走入"狭隘民意""民意失真"的尴尬境地，背离司法民主的立论初衷。

---

① 羊震：《略论法治化背景下司法民主的内涵及价值》，载《法律适用》2014年第12期。
② 羊震：《略论法治化背景下司法民主的内涵及价值》，载《法律适用》2014年第12期。
③ 蒋鹏飞等：《我国人民陪审员产生程序之弊及其校正——从司法民主的角度进行分析》，载《安徽大学法律评论》2009年第2辑。

三、路径选择:"专家+专业+普通"复合陪审模式构想

尽管有学者对民主性因素注入司法的正当性、制度风险提出担忧,甚至视人民陪审员制度为"鸡肋",对其改革的必要性提出质疑。诚然,不良的民主制度推导出的司法参与无助于纠纷解决、规则治理,甚至可能会冲击司法职业化,但目前情势来看远未实现民意的注入,审判在某种程度上成为与民意绝缘的司法垄断,此时以制度成效不佳、制度风险过高为由直接质疑、反对制度改革,显然难以令人信服,故目前陪审制度不存在"要不要改"的疑问,而是"如何改"的问题。多年来,改革成效未尽如人意,与司法民主理论视野下陪审制度的价值取向分歧不无关联,人为地陷入精英审判与平民审判的无谓之争,形成学界"理想化争论"与现实"功能变异"相分离的两重境地。如欲激活陪审制度,使之真正发挥成效,必须紧紧契合制度的两个关键点:一则选任的广泛性、代表性;二则参审的实质化。前者在理论认识上已达成基本共识,实践暴露的"专职化""单一化"问题也可通过技术层面予以解决;但参审的实质化问题则明显复杂得多,某种程度上事关制度运行成败,尤为值得关注。为此,笔者通过实证研究表明:我国陪审制度当前"陪审虚置化"困境的症结在于陪审员未能有效给予审判所需的非法律性专业知识、经验阅历。反观司法民主理论,基础理论认识偏差,且一味强调民主因素的注入,对司法权内部如何运行关注严重不足,使得制度供给难逃被虚置的命运。非法律性专业知识、经验阅历甚至高度专业知识、特殊经历的嵌入,不仅仅是参审实质化的功利性权宜手段,是民主性元素注入司法的"通道",更重要的是与司法民主理论意蕴相互兼容,具有充分的现实与理论基础。

正如有学者所言,基于司法民主的需要,制度建构、整饬创新、规范参与机制确有必要,但更应重视制度的检视、完善和落实。实证研究的提纲挈领与理论认识的正本清源,往往重于草率的制度重构。即便笔者提出采"专家+专业+普通"复合陪审模式,亦并不意味着须要对现有陪审制度推倒重

来或者理论重构。可以尝试增加一类介于专家陪审员和普通陪审员之间的新类型——专业陪审员。将专家陪审员定位为具有高度专业知识、特殊经验阅历人士,专业陪审员定位为具有非法律性的专业知识、经验阅历人士,普通陪审员定位为专业知识缺乏、经验阅历不丰人士。对现有陪审员队伍或者新选任陪审员的专业类别、行业(职业)、经历经验进行纵深细分、详细列载,参照三类标准归类并重点充实壮大专业陪审员序列。职业法官根据案件专业化程度、行业性特征决定是否适用人民陪审,并对应细分类别,选择契合案件审理需要的陪审员参审,使之既能襄助审判工作,又能保有话语权,达致实质参审。

众所周知,域外采陪审制度的国家和地区无不经过几个世纪或者近百年的探索,才逐渐发展出适合自己的陪审制度[①]。我国陪审制度亦具有较为鲜明的中国特色,但是仓促冒进,或形改实不改仍须特别关注。法律只有在得到认知后才谈得上受到民众的尊重,而陪审制度本身就是公众认知法律、尊重法律的重要制度来源。在司法改革背景下,基于我国社会结构的特殊性,探讨复合陪审模式或许具有特别的意义。

---

① [美]博西格诺:《法律之门》,邓子滨译,华夏出版社2002年版,第574页。

论设区的市停车场管理问题的立法规制

石东洋[*]

摘　要：停车泊位不足，车辆乱停乱放，公共停车场建设滞后等，是导致停车难的部分原因。停车难已经成为现代化城市的通病，停车难困扰着政府管理和城市生活。停车秩序混乱影响城市形象，严重影响人民群众的道路通行权。设区的市应依法做好停车场建设和管理的制度设计，通过政府立法努力解决停车管理难题。

关键词：停车难　停车管理　公共停车场　立法规制

城市静态交通状况的优劣，体现城市交通的畅通度与舒适度，这是一个智慧城市是否成熟的重要标志[①]。停车问题关乎民生，停车秩序规范是城市文明的象征。做好停车场建设和管理的立法制度设计，是规范停车秩序和改善城市交通环境的重要前提，是破解城市交通发展困局，构建成熟汽车社会的法治保障。

一、当前设区的市停车管理问题的立法规制价值

（一）通过制度设计弥补停车位缺口

合理利用城市公共空间，逐步缓解停车矛盾。随着经济社会的快速发展，机动车保有量以前所未有的速度进入千家万户，与迅猛增长的机动车相比，停车位的数量增长幅度不大，两者之间的需求矛盾日益突出。因此，需要对合理增建公共停车场、积极鼓励专用停车场对外开放等作出规定。

---

[*] 石东洋，聊城市人民政府法制办公室科员。本文观点不代表任何单位和组织的观点。
[①] 姚群、杨荣升：《城市停车难解决之道》，载《人民之声》2016年第11期。

（二）规范停车秩序，保障道路通畅

某市较为普遍存在车辆乱停乱放，私自圈地收费，私设地桩、地锁等停车障碍，这些违反停车管理秩序的现象，严重影响了人民群众的道路通行权，这些问题已经成为城市管理和交通治理的顽疾，必须下大气力予以解决。

（三）改善城市交通环境，依法创建全国文明城市

当前，某市正在积极创建全国文明城市，城市停车秩序问题成为制约文明城市创建工作的瓶颈，需要建立公共停车场经营管理、道路临时停车泊位智能化管理等一系列停车监督管理制度，国家立法在这方面存在空白，需要以政府规章的形式确定下来，指导城市交通环境改善工作，提升城市文明形象。

二、停车管理的法律依据和理论论证

（一）公共停车场的法律属性

《中华人民共和国道路交通安全法》（以下简称《道交法》）第一百一十九条定义"道路"："是指公路、城市道路和虽在单位管辖但允许社会机动车通行的地方，包括广场、公共停车场等用于公众通行的场所。"《道交法》如此规定，其本意可能是指，公共停车场是道路的一部分，公安机关交通管理部门应当维护公共停车场的停车秩序，公共停车场的使用是否由公安机关交通管理部门进行监督管理并不明确。《山东省实施〈中华人民共和国道路交通安全法〉办法》第七十四条规定："未经批准，擅自停用停车场（库）或者改变停车场（库）使用性质的，由公安机关交通管理部门责令限期改正。逾期不改正的，自责令改正之日起，按照停用、改变功能或者挪作他用的停车位数，每一停车位每日罚款一百元。"该条规定授予公安机关交通管理部门对停车场停用、改变用途的处罚权。本文认为，若将室外的公共停车场定性为城市公共空间，公共财政投资的室内公用停车场定性为市政基础设施，那么公共停车场被视为城市基础设施，其运营的监管可纳入城市管理的范畴。若将公共停车场定性为停车设施等，则其使用可纳入交通安全管理范畴。

(二) 公共停车场的主管部门

国内各城市的路边临时停车位管理部门各不相同①。实践中，在本质上而言关于公共停车场的监管，在法律法规规定不明确时，设区的市政府可以决定公共停车场的监管部门。

表1 停车场主管部门（城市管理行政主管部门）

序号	城市	主管部门	依据	条文
1	青岛	城市管理行政主管部门	《青岛市机动车停车场建设和管理暂行办法》（2016年2月1日施行）	第三条 市城市管理行政主管部门是本市停车场主管部门
2	合肥	城市管理行政主管部门	《合肥市机动车停车场管理办法》（2017年5月1日施行）	第六条 城市管理部门是停车场管理的行政主管部门，负责指导、服务、监督管理和依法查处违法行为等工作
3	南京	城市管理行政主管部门	《南京市停车场建设和管理办法》（2016年4月15日施行）	第二十二条 从事公共停车场经营向城市管理主管部门备案
4	重庆	市政主管部门	《重庆市停车场管理办法》（2016年3月1日施行）	第四条 市政主管部门是停车场管理工作的主管部门

公安机关交通管理部门应当负责道路停车秩序管理，并维护好道路安全，保障道路通畅。本文认为，若将停车场视为交通设施的一部分，那么停车场管理可纳入交通管理的范畴。

表2 停车场主管部门（公安机关）

序号	城市	主管部门	依据	条文
1	贵阳	公安机关交通管理部门	《贵阳市停车场管理办法》（2014年3月1日施行）	第五条 公安交通管理部门负责办法实施的综合协调及监督管理考核
2	济南	公安机关交通管理部门	《济南市停车场建设和管理条例》（2015年1月1日起施行）	第五条 公安机关交通管理部门负责停车场监督管理等工作

---

① 裴卓然：《路边停车场的管理现状及合规性分析》，载《科技风》2016年第24期。

续　表

序号	城市	主管部门	依据	条文
3	哈尔滨	公安机关	《哈尔滨市机动车停车场管理条例》（2012年12月1日施行）	第五条　市公安机关组织实施本条例。市公安机关交通管理部门负责停车场的日常监督管理工作
4	大连	公安机关	《大连市机动车停车场管理办法》（2013年3月1日施行）	第六条　大连市公安局是本市行政区域内停车场主管部门
5	长沙	公安机关交通管理部门	《长沙市机动车停车场管理办法》（2011年7月1日施行）	第四条　公安机关交通管理部门负责本办法的具体实施工作
6	南昌	公安机关交通管理部门	《南昌市机动车停车场管理办法》（2010年3月1日施行）	第五条　市公安机关交通管理部门是本市停车场管理的行政主管部门
7	福州	公安机关交通管理部门	《福州市停车场管理办法》（2010年6月1日施行）	第三条　市公安机关交通管理部门是本市停车场管理的行政主管部门
8	深圳	公安机关交通管理部门	《深圳市停车场规划建设和机动车停放管理条例》（2014年1月1日施行）	第六条　市政府公安交通管理部门负责机动车停放和停车场的行政管理工作
9	银川	公安机关交通管理部门	《银川市停车场规划建设和机动车停放管理条例》（2007年1月1日施行）	第六条　市公安交通管理部门负责机动车停放和停车场的管理工作
10	滁州	公安机关	《滁州市机动车停车场建设和管理办法》（2017年3月1日施行）	第六条　市公安机关是本市停车场的主管部门

表3　停车场主管部门（其他部门）

序号	城市	主管部门	依据	条文
1.	北京	交通行政主管部门	《北京市机动车停车管理办法》（2014年1月1日施行）	第五条　市交通行政主管部门主管本市的停车管理工作
2	上海	交通行政主管部门	《上海市停车场（库）管理办法》（2013年1月1日施行）	第三条　市交通行政主管部门是本市停车场（库）的主管部门

续　表

序号	城市	主管部门	依　据	条　文
3	天津	交通行政主管部门	《天津市机动车停车管理办法》（2015年5月21日施行）	第五条　市交通运输行政主管部门负责全市机动车停车场、道路停车泊位统筹协调、监督检查
4	广州	交通行政管理部门	《广州市停车场管理办法》（2003年6月15日起实施）	第四条　市交通行政主管部门是本市公共停车场和专用停车场的行业主管部门
5	成都	交通行政管理部门	《成都市机动车停车场管理办法》（2008年8月1日起实施）	第四条　交通行政主管部门是本市各类停车场的行政管理部门
6	杭州	建设行政主管部门	《杭州市机动车停车场（库）建设和管理办法》（2013年4月1日施行）	第五条　市交通行政主管部门负责停车场建设和管理综合协调机构的日常工作

（三）停车场管理的立法依据

1. 关于停车场的规划和建设

《道交法》第三十三条规定："新建、改建、扩建的公共建筑、商业街区、居住区、大（中）型建筑等，应当配建、增建停车场；停车泊位不足的，应当及时改建或者扩建；投入使用的停车场不得擅自停止使用或者改作他用。"《山东省实施〈中华人民共和国道路交通安全法〉办法》第三十二条规定："在道路、停车场和道路配套设施的规划、设计过程中，规划部门应当征求公安机关交通管理部门的意见。"第三十七条规定："城区公共停车场（库）、公交场（站）建设应当纳入城市规划，与城市建设和改造同步进行，注重利用地下空间并兼顾防灾减灾、人民防空和通信等需要。新建、改建、扩建文化、体育、科普场（馆）等大、中型公共建筑以及商业街区、住宅小区、旅游景区，应当按照规划设计和城市发展的需要配建、增建停车场（库）。配建的停车场（库）应当与主体工程同时投入使用，不得擅自停止使用或者改作他用。机关、企业事业单位、社会团体以及其他组织应当按照规划和标准建设停车场（库）或者配建专门的停车场地，不得在单位外占用车行道、人行道停放车辆。鼓励单位停车场对社会开放。公共停车场（库）应当在出入方便的位置设置残疾人车辆停车专用泊位和明显标志,配备必要的无障碍设施,其他车辆和人员不得占用。"

2. 关于路内停车泊位管理

《道交法》第三十三条规定:"在城市道路范围内,在不影响行人、车辆通行的情况下,政府有关部门可以施划停车泊位。"《中华人民共和国道路交通安全法实施条例》第三十三条规定:"城市人民政府有关部门可以在不影响行人、车辆通行的情况下,在城市道路上施划停车泊位,并规定停车泊位的使用时间。"《山东省实施〈中华人民共和国道路交通安全法〉办法》第三十八条规定:"对停车位不足的城市街区,公安机关交通管理部门应当根据交通状况,在城市道路范围内施划机动车、非机动车停车泊位,设置交通标志,限定停车时间。其他任何单位或者个人不得设置、撤除、占用、挪用停车泊位,设置停车障碍。"

3. 停车场、停车泊位禁止行为的处罚

《山东省实施〈中华人民共和国道路交通安全法〉办法》第七十四条规定:"在城区未依照本办法第三十七条第二款规定配建停车场(库)的,由规划部门依法处罚,责令其补建。未经批准,擅自停用停车场(库)或者改变停车场(库)使用性质的,由公安机关交通管理部门责令限期改正。逾期不改正的,自责令改正之日起,按照停用、改变功能或者挪作他用的停车位数,每一停车位每日罚款一百元。"第七十五条规定:"违反本办法第三十八条擅自设置、撤除、占用、挪用停车泊位的,由公安机关交通管理部门责令限期改正,可以处五百元罚款。"

三、停车场管理问题的制度设计和立法规制

(一)制度设计的方向

紧紧立足实际,坚持问题导向,以加强停车场建设,规范停车场经营管理,缓解当前突出的停车难、停车乱问题为重点。科学定位停车行业的性质,按照政府引导、多方参与、需求调节、高效管理、方便群众的原则,逐步缓

解停车矛盾,改善城市交通秩序。建立健全管理体制,明确停车场建设管理的组织实施部门,其他职能部门各负其责,协同配合。统筹停车场规划、建设与管理,对地上地下、路内路外等各类不同停车场综合起来整体考虑,确定差异化的管理思路。强化停车秩序管理,针对存在的实际问题,明确管理措施和管理责任。

(二) 立法的公众参与

按照"全程参与,分段领跑"的总体部署,在立法草案的起草、审查过程中,始终坚持"分工不分家"的原则,相互配合,保障立法质量。起草阶段成立了专门的起草小组,认真研究北京、南京等十余城市停车管理方面的立法成果并加以借鉴,起草完成了征求意见稿。主动与有关部门和专家沟通协调,召开专题调研会议两次,到医院、学校、车站、商业网点走访三十余次。先后到杭州、南京实地考察学习先进立法经验。公开征求意见、专门召开会议进行讨论,反复研究、论证和修改完善。

审查阶段,坚持开门立法,在某某晚报、政府法制网上公开征求了社会各方面的意见。组织召开了有关部门、市法律顾问参加的立法协调会。召集相关部门进行立法论证。会同起草部门对市法律顾问和相关部门提出的意见建议,进行了综合分析。委托市法律顾问领衔的专家团队,进行了审查论证。会同有关部门对停车场建设和管理中的难题,进行了梳理和深入研究,在赴杭州、南京学习停车场管理先进经验基础上,又赴合肥进行了立法调研和实地考察学习。会同有关部门、市法律顾问领衔的专家团队又共同进行了讨论研究和反复论证,在对各方面意见进行认真研究吸收的基础上,对征求意见稿进行全面审查修改。

(三) 部门职责分工的定位

1. 关于确定停车场监督管理主体的问题

起草过程中存在不同的理论观点和认识。

有的认为,城市管理部门是停车场监督管理的主管部门。城市管理部门负责全市停车场使用管理工作的指导、协调、考核和监督管理,负责道路临时停车泊位和政府投资建设的公共停车场的运营、维护管理工作;公安机关交通管理部门负责道路交通安全，施划道路临时停车泊位和非机动车停放点。理由是：一是临时占道许可的审批权在城市管理部门；二是停车管理方面的主要职责在城市管理部门；三是城市管理部门承担市城区停车场等城市公共资源经营的监管责任；四是城市管理部门设置了多个停车场，积累了丰富的管理经验。

有的认为，公安机关交通管理部门是停车场监督管理的主管部门。公安机关交通管理部门负责全市停车场的监督管理，道路停车泊位的设置和停车秩序管理工作，参与停车场规划、建设的有关管理工作；城市管理主管部门负责全市停车场日常维护工作。理由是：一是公共停车场是道路的一部分；二是《山东省实施〈中华人民共和国道路交通安全法〉办法》规定，公安机关交通管理部门可对擅自停用停车场（库）或改变擅自停用停车场（库）使用性质的进行处罚；三是济南、邯郸等地公安机关交通管理部门负责停车场使用的监督管理。

通过参考省内外制度设计和先进城市立法经验，本文认为，城市管理部门负责公共财政投资的停车场建设、运营、维护等，停车场的规划、建设应征求城市管理部门意见；公安机关交通管理部门负责停车场日常监督管理，停车秩序管理、停车泊位施划；停车场的规划、建设，应征求公安机关交通管理部门意见。

2. 关于治理私自圈地收费问题

私自圈地收费问题可依据某市《道路交通安全条例》第二十八条第六款规定："未经批准，任何单位或者个人不得圈占城市公共场地；不得占用城市公共场地提供停车服务、收取费用。"第八十五条规定："违反本条例第二十八条第六款规定，占用城市公共场地提供停车服务、收取费用的，由公安机关交通管理部门责令限期改正。逾期不改正的，自责令改正之日起，每一停车位每日罚款一百元，并由公安机关予以取缔。"

3. 关于拆除私设的地桩、地锁问题

擅自在城市道路上设置地桩、地锁等障碍物的，由公安机关交通管理部门依法查处；道路以外的，由城市管理主管部门依法查处。依据《山东省实施〈中华人民共和国道路交通安全法〉办法》第三十八条规定，公安机关交通管理部门负责对城市道路范围内设置停车障碍行为的查处。城市道路范围以外的，由城市管理主管部门依法查处。

（四）制度规定的具体事项

设区的市加强停车场规划、建设、使用和管理工作，规范停车秩序，根据《中华人民共和国道路交通安全法》《中华人民共和国道路交通安全法实施条例》《山东省实施〈中华人民共和国道路交通安全法〉办法》等法律、法规，结合设区的市的实际，制定设区的市的停车场建设和管理办法。

1. 关于管理体制及分工

规定市人民政府统一领导停车场建设和管理工作，建立停车场建设和管理综合协调机制，统筹制定政策措施，研究解决停车场管理中的重大问题。明确了主管部门负责停车场的日常监督管理工作，其他部门按照职责分工分别负责规划管理、建设管理、运营管理等工作。

2. 关于停车场规划建设

明确停车场规划建设以配建为主、公共为辅、路内车位为补充，适度满足基本停车，从严控制出行停车。规划部门负责组织编制停车设施专项规划；市城市管理主管部门负责编制公共停车场年度建设计划，负责政府投资的公共停车场的建设。规定多项措施，强化停车场建设力度，规定充分利用城市道路、广场、学校操场、公园绿地等公共设施地下空间建设公共停车场；鼓励社会力量投资建设公共停车场；规范路内停车位的设置；充分发掘现有停车资源，设置临时停车场。

3. 关于停车场的运营管理

为规范停车场经营管理行为，对经营管理者的管理行为作出具体规定。在停车场经营管理方式上，规定政府投资的公共停车场，应当依法采取市场化的方式确定经营管理主体。单位和个人投资建设的公共停车场，由产权人自行经营管理。路内停车位逐步采取招标、拍卖等方式确定管养单位。在停车收费上，规定停车收费按照不同类别分别实行政府定价、政府指导价和市场调节价，遵循同一区域路内高于路外、地上高于地下、拥堵时段高于空闲时段停车的原则,确定差异化的停车服务收费标准。

4. 关于强化停车秩序管理

贯彻共享停车理念,建设停车智能化系统实时向社会发布停车信息,鼓励单位和居住区停车场向社会开放。针对存在的擅自停用停车场、擅自将停车场挪作他用、擅自占用道路临时停车泊位、违法设置停车障碍等较为突出的问题,明确管理部门、管理措施,并在规章权限范围内设定法律责任。

(五)重点解决的管理难题

1. 关于如何增加停车位数量的问题

停车位数量,尤其是人口和商业聚集区,严重不足,供需矛盾突出。制度设计从规划、建设和土地供应多个方面予以入手,确保停车场数量增加。规定对于建筑物配建的停车场明确要求要"足额配建"。明确提出鼓励专用停车场向社会开放,提供停车服务,提高停车位的使用率。希望通过以上措施能够最大限度地增加停车位数量,尽量满足停车需求。

2. 关于道路通行和道路临时停车泊位矛盾的问题

如何平衡两者之间的关系是需要解决的问题之一。明确施划道路临时停车泊位应符合的具体要求。规定道路临时停车泊位施划的禁止要求。明确道路临时停车泊位的撤除情形。规定设置和撤除道路临时停车泊位应当进行公告,根据评估情况适时增减道路临时停车泊位。通过以上设计,在道路通行和道路临时停车泊位设置上能够取得平衡。

3. 关于私自设立停车障碍的问题

根据工作职责进行明确,擅自在城市道路范围内设置停车障碍的,由公安机关交通管理部门依法查处;擅自在道路以外的其他城市公共场所设置停车障碍的,由城市管理主管部门依法查处。

4. 关于公共停车场和专用停车场的管理

对公共停车场和专用停车场从规划编制、组织实施、技术标准、审查验收作了全面规范,并重点明确以下几项内容:明确规划部门组织编制停车场规划;明确城市管理部门编制中心城区停车场建设计划;明确国土部门负责用地供应;强调配建停车场必须与主体工程同时设计、同时施工、同时交付使用；明确公安机关交通管理部门负责停车场的监督管理，参与停车场规划、建设和验收。

5. 关于道路临时停车泊位的管理

对临时停车泊位的管养重点明确道路临时停车泊位管养作业服务，应当逐步推行市场化，采取招标、拍卖等方式确定管养单位；明确收费属于政府性非税收入，应当全额上缴财政；明确对道路临时停车泊位智能化管理。

6. 关于智能化停车信息系统建设

2015年，发改委、财政部、国土资源部等联合出台了《关于加强城市停车设施建设的指导意见》（发改基础〔2015〕1788号），对智能化停车进行了规定，要求建立停车基础数据库，实时更新数据，并对外开放共享。制度设计在此基础上进行相应的规定，公安机关交通管理部门应当会同建设、城市管理等主管部门组织建设智能化停车信息系统，推广应用停车诱导，实时向社会发布停车信息。

[其他]

医患法律关系的新冲突及其解决路径
——对患者"不愿知情权"的考量

金成华*

摘　要：医患说明和同意法理早已成为传统医疗法的重要组成部分，而且医师的说明义务和患者的知情同意权也是形成医患法律关系的核心内容。医师合法且充分履行说明义务的后果并未始终产生积极后果。从自身的身心健康和人格尊严考虑，患者并不愿意了解和知晓自己的相关病情。提出"不愿知情权"的专门概念，在此基础上具体剖析不愿知情权的权利属性、与传统医疗法律关系的冲突及国家立法和司法实践中的诸多问题，以便构建更和谐的医患法律关系。

关键词：医患法律关系　不愿知情权　知情同意权

一、问题的提出

医患说明和同意法理是传统医疗法理论的重要组成部分。医师的说明义务和患者的知情同意权早已成为医患法律关系中的核心内容。特别是在我国 2009 年出台《侵权责任法》以后，对于医师的说明义务和患者的知情同意权的探讨很活跃。而且在国内的理论研究、国家立法及司法实践中被广泛采纳和应用。不过，在具体的医疗临床实践中我们很可能面临以下几种情形：

---

* 金成华，法学博士，上海大学法学院副教授、硕士生导师，国际医疗法研究中心主任。

第一种情形是医师在普通的体检或诊疗过程中，通过基因诊断技术①偶然发现患者的遗传疾病，或者诊断出未来几年后将会发病的疾病信息②。那么，这时候，对该信息是否要告知患者及其家属？如果当事人知晓自己的遗传疾病或者提前知晓自己未来的疾病信息，不仅对于当事人的身心健康、生活和工作带来负面影响，而且对其家属及社会带来诸多不确定的风险。如果当事人不愿意知晓通过基因诊断技术而获得的遗传疾病信息，是否要尊重当事人的意愿？如果违背当事人的意愿而说明或公开该信息，结果导致当事人的身心健康和物质上的损害，是否可以追究医院或医师的法律责任？如果不说明，如何保护由此而可能受损害的家属或不特定多数人的权益？这些都是因基因诊断技术的发展而引发的伦理和法律问题③。

第二种情形是晚期癌症患者及临终前其他患者在接受治疗过程中，已经大致了解自己的病情，但他不愿意具体知晓自己的病情、疗法、预期后果等，而愿意把全部治疗和希望寄托于医院或医师身上。在患者不愿意知情的情况下，如果医院或医师违背患者的意愿，按照传统规律向患者本人及其家属详细说明了相关信息，而加重了患者的病情，最终损害患者身心健康或导致死亡，那么，这时候是否要追究医院或医师的法律责任④？这些也是在具体的医疗临床实践中面临的伦理与法律问题。

第三种情形是在普通的体检或就诊过程中，当事人初步了解自己病情以后，不愿意进一步具体知晓自己的病情、疗法及相关后果等⑤。但医院或医师

---

① 基因诊断又称为 DNA（Deoxyribonucleic acid，脱氧核糖核酸）诊断或基因探针技术，是指通过分子生物学和分子遗传学的技术，检测某种基因的存在或缺陷从而对人体的疾病或状态作出判断。丁朝纲：《卫生法学》，北京大学出版社 2015 年版，第 370 页。

② 随着基因诊断技术的迅猛发展，可以准确地诊断或预测一个人的遗传疾病，甚至目前可以检测一个家族乃至一个民族群体的遗传基因。目前通过基因诊断技术能够诊断的遗传疾病已达上百种。

③ 最近，在国内的相关研究成果中简略阐述了有关基因诊断技术和不知情权方面的国外案例。袁治杰：《基因技术发展背景下的不知情权研究》，载《政治与法律》2016 年第 5 期。

④ 根据笔者多地实际调查发现，大多数晚期癌症患者或者临终前患者在不知道自己病情时，精神状态良好且积极配合治疗，还做未来的人生规划等，而一旦得知自己患有不治之症，精神上崩溃，丧失治疗的期望和积极性，最终提前离开人世。

⑤ 这种情形虽并非普遍，但患者本人为了保护自己的身心健康或者维护自己的人格尊严，很可能表达这种意愿。

违背当事人的意愿,还是具体说明了相关信息,从而使当事人产生较大心理压力,失去生活乐趣和工作积极性等。如果当事人以此为由主张自己的权利,法律是否应该支持?虽然并不普遍但如今表示这种意愿的当事人也越来越多。

为此之前出现的概念为"不知情权"(the right not to know)①。对此,早些时候国内的部分学者已有提及②,在最近的权威论著中也能够发现相关内容③。但这些内容相对简略且并无系统性。关于不知情权,最近袁治杰博士发表了具有针对性和借鉴意义的研究成果④。不过,从国内的整体研究动态看,其研究角度过于狭窄,均以基因技术和隐私权为切入点,而且用大量篇幅主要介绍西方国家(如德国)的相关学说和判例以及正当性论证方面,而相对欠缺对于我国医患法律关系的针对性,而且未能谈及不知情权的概念和权利属性、适用范围、制度架构等具体路径。况且,对于不知情权不管是国外还是国内均有争议,理论上尚未成形,在立法和司法实践中均缺乏关注。

鉴于此,从医疗法律关系的本质属性出发,笔者则提出"不愿知情权"的专门概念,将要阐述不愿知情权的权利属性、与传统医患法律关系的冲突、立法现状以及司法实践等问题,在此基础上摸索相关路径,以便与各位同仁共勉。

二、医患法律关系的新冲突:对患者"不愿知情权"的考量

所谓的不愿知情权(the right not want to know),是指当事人把自己的

---

① The right not to know 可以直译成"不知道的权利"或"有权不知道"。其基本含义是指个人有权选择是否允许他人向自己披露自身的基因信息,因此在一个人明确表示不愿接受某种基因信息的情况下,向此人披露这种信息是对他自主权的侵犯,在个人并未做出明确意思表示时,也要视基因信息的性质来考虑是否向本人披露。See GT Laurie, In Defence of Ignorance: Genetic Information and the Right not to Know, European Journal of Health Law, Vol. 6, p. 119 (1999)。不过,笔者认为,不知情权的上述解释值得商榷。因为随着信息技术的迅猛发展和互联网时代的来临,作为隐私权的一个部分,"不知情权"除基因诊断技术领域外,在网络等其他领域里已被普遍适用。

② 王迁:《论针对"基因歧视"立法中的特殊原则——"基因歧视"法律问题专题研究之五》,载《科技与法律》2004 年第 3 期。

③ 黄丁权:《医疗、法律与生命伦理(下)》,法律出版社 2015 年版,第 1301—1302 页。

④ 袁治杰:《基因技术发展背景下的不知情权研究》,载《政治与法律》2016 年第 5 期。

疾病或者治疗等全过程寄托于医院和医师，基于自己的主观信念而不愿意了解和知晓自己的疾病信息和治疗结果的权利。应该说，该权利是与传统的知情权（right to know）相对应的概念。

按照传统的医疗法理论，一直把它理解为医师说明义务的例外，即不宜向患者说明的情形①，或者医师的"保护性措施"或"治疗特权"，而均未被视为患者的一项"权利"②。不过，随着时代的进步和权利意识的提升，人们不断出现新的权利需求，不愿意知情的这种意愿应该被上升为一项独立的权利。因此，不愿知情权无疑给医疗法律关系带来新冲突，而且它为传统的医患说明和同意法理带来一系列困境。

（一）不愿知情权的权利属性和与相关概念的区别

如上所述，不愿知情权是当事人基于自己的主观信念和积极的意思表示，主动要求不愿意了解和知晓自己疾病信息和治疗结果的权利。应该说，不愿知情权贯穿于医疗临床实践中的所有过程。关于不愿知情权的权利属性可以从以下几个方面来考量：

第一，不愿知情权根源于人的尊严、价值及追求幸福的权利。不管是知情权还是不愿知情权都基于自我决定权。自我决定权来源于人的尊严、价值及追求幸福的权利③。虽然我国宪法并未明确规定人的尊严、价值及追求幸福的权利。不过，我国现阶段崇尚的社会主义核心价值观已经充分体现着人的尊严、价值及追求幸福的权利④。社会主义核心价值观是我国现阶段人民群众核心需要的产物，若就其主体需要的内容而言，则有生理需要、安全需要、

---

① 杨立新、袁雪石：《论医疗机构违反告知义务的医疗侵权责任》，载《河北法学》2006年第12期。

② 王迁：《论针对"基因歧视"立法中的特殊原则——"基因歧视"法律问题专题研究之五》，载《科技与法律》2004年第3期。

③ 金玄卿：《韩国的医师说明义务与患者知情同意权》，载《法学家》2011年第3期。

④ 党的十八大提出，倡导富强、民主、文明、和谐，倡导自由、平等、公正、法治，倡导爱国、敬业、诚信、友善，积极培育和践行社会主义核心价值观。富强、民主、文明、和谐是国家层面的价值目标，自由、平等、公正、法治是社会层面的价值取向，爱国、敬业、诚信、友善是公民个人层面的价值准则，这24个字是社会主义核心价值观的基本内容。十八大报告文件起草组：《十八大报告辅导读本》，人民出版社2012年版，第32页。

社交需要、尊重需要、自我实现需要等五大类型①。而且，社会主义核心价值体系包括四个方面的基本内容，即马克思主义指导思想、中国特色社会主义共同理想、以爱国主义为核心的民族精神和以改革创新为核心的时代精神及社会主义荣辱观，这四个方面都内在地蕴含着对人的尊严的诉求，体现了人的尊严需要②。我国社会主义核心价值观以人的自由全面发展为终极价值追求，蕴含着深刻的人权观③，充分体现着人的尊严、价值及追求幸福的权利的内涵。所以，从而能够推理出社会主义核心价值观和不愿知情权的内在逻辑关系。

第二，不愿知情权来源于宪法规定的人格权。人格权是指民事主体专属享有，以人格利益为课题，为维护民事主体独立人格所必备的固有权利④。人格权的权能中有控制权，控制权是民事主体以自己的意思对自身的权利客体进行控制的权利，权利的行使以自己的人格权由自己的意志支配为内容⑤。进一步说，控制权中包含对身体、健康、生命的控制。我国《宪法》第三十三条第三款明确规定："国家尊重和保障人权。"第三十八条也规定："中华人民共和国公民的人格尊严不受侵犯。"《宪法》的上述规定原本是知情同意权的权利基础。不过从不愿知情权的情况看，当事人之所以不愿意知晓自己的病情，是因为一方面要考虑自己的身心健康和心理压力等，另一方面还要考虑不愿意让别人知道自己的病情，从而维护自己的人格尊严和品位，即不仅自己不愿意知情，让别人也不要知情。其权利基础应该是来源于宪法规定的人格权。

第三，不愿知情权来源于医疗法律关系中的自我决定权。自我决定权是自然人享有的意志以发展人格为目的，对于生命、身体、健康、姓名等具体外在人格要素的控制与塑造有权自行决定的抽象人格权⑥。患者的自我决定权是医疗法律关系中的核心权利。患者基于自我决定权，享有接受治疗或者拒

---

① 常绍舜：《马克思主义中国化研究》，中国政法大学出版社 2015 年版，第 327 页。
② 龚群：《论人的尊严与社会主义核心价值体系的内在联系》，载《教学与研究》2010 年第 9 期。
③ 刘春婵、刘同舫：《社会主义核心价值观的人权意蕴》，载《思想教育研究》2015 年第 1 期。
④ 杨立新：《人格权法》，法律出版社 2015 年版，第 39 页。
⑤ 杨立新：《人格权法》，法律出版社 2015 年版，第 41 页。
⑥ 杨立新：《人格权法》，法律出版社 2015 年版，第 127，131—133 页。

绝治疗的权利，同时享有不愿意知情与自己有关的相关病情的权利。因此，不愿知情权也是自我决定权的组成部分和具体体现。

为了更加明确界定不愿知情权且避免概念上的混淆，有必要区别不愿知情权和其他相关概念。

一是不愿知情权与隐私权。所谓隐私权通常是指自然人享有的对其个人的、与公共利益、群体利益无关的个人信息，私人活动和私有领域进行支配的人格权①。与此相联系的患者的隐私权是指在医疗活动中患者拥有保护自身的隐私部位、病史、身体缺陷、特殊经历、遭遇等隐私，不受任何形式的外来侵犯的权利，这种隐私权的内容除了患者的病情之外，还包括患者在就诊过程中只向医师公开的、不愿意让他人知道的个人信息、私人活动以及其他缺陷或隐情②。那么，在这种情况下，权利主体对他人在何种程度上可以介入自己的私生活，对自己是否向他人公开隐私以及公开的范围和程度等具有决定权。很显然，隐私权的出发点是希望他人不知道自己的信息。不过，不愿知情权的出发点是自己不愿意知道自己的信息③。

二是不愿知情权与患者拒绝或放弃治疗。患者的治疗拒绝权通常被理解为医师充分行使说明义务后，根据其信息患者所作出的拒绝接受治疗的权利④。与此相反，不愿知情权并非以医师的充分说明为前提，而且患者把全部治疗和希望寄托于医院或医师，并非拒绝治疗。还有，患者放弃权利是指患者自愿放弃医师说明义务之履行的情形。此时，患者放弃相关权利的原因是多方面的：比如患者不想为烦琐和艰深的相关医疗信息所影响；患者自身无法做出专业性和技术性决定；患者对医生高度信任，而由医生代为做出医疗决定等⑤。不愿知情和患者拒绝或放弃治疗两者都是当事人的自愿行为。但两者

---

① 王胜明：《中华人民共和国侵权责任法解读》，中国法制出版社 2010 年版，第 8 页。
② 关于患者隐私权的详细论述，参见郭明龙：《论患者隐私权保护——兼论侵害"告知后同意"之请求权基础》，载《法律科学》2013 年第 3 期。
③ 不愿知情权既包括自己的不愿知情也包括他人的不愿知情，即不仅自己不愿了解和知晓自己的病情，同时希望他人也不要了解和知晓自己的病情。
④ 对此，黄丁全教授则解释为"事前的拒绝"，即病患在医师说明后不同意医疗措施的进行。黄丁全：《医疗法律与生命伦理（上）》，法律出版社 2015 年版，第 498 页。
⑤ 胡永庆：《知情同意理论中医生说明义务的构成》，载《法律科学》2005 年第 1 期。

的根本区别就在于不愿知情并不是简单的患者拒绝或放弃治疗的情形,而是在继续治疗全过程中不愿意知晓自己的病情。

三是不愿知情权与"不宜向患者说明"。对于"不宜向患者说明"的理解,一般认为是为避免产生不利后果。所谓不利后果,如将会造成患者悲观、恐惧、心理负担沉重,不利于治疗等①。"不宜向患者说明"是根据患者的病情和身心健康等因素由医师做出的,它是一种客观状态的判断,在这种情况下患者始终出于被动地位,而并不是患者根据自己的主观信念和积极意思表示做出的。所以,应该说不愿知情权和"不宜向患者说明"的情形有着本质上的区别。

四是不愿知情权与不知情权。"不知情权"是由索尔仁尼琴在 1978 年提出的。他认为:"除了知情权以外,人也应该拥有不知情权,后者的价值要大得多。它意味着我们高尚的灵魂不必被那些废话和空谈充斥。过度的信息对于一个过着充实生活的人来说,是一种不必要的负担。"② 不知情权所针对的对象是来自外部的各种信息,不仅仅局限于医疗和基因领域的信息,而在此所提出的不愿知情权所针对的对象专指来自医疗领域的自己的疾病信息。还有,在很多情况下,来自外部的各种信息是很难抵御的,但来自自身的疾病信息是根据自身的主观意思完全可以抵御的。所以,从这个角度讲患者的"不愿知情权"不同于"不知情权"。况且,从患者自我决定权的主观性和判断力来看,之前的"不知情权"则无法准确地表达医患法律关系中的权利内涵。所以,为了更加突出患者的主观信念和积极的意思表示,应该把该权利归纳为"不愿知情权"更加妥当。

笔者认为,为了更加明确权利属性,基于独立权利论的观点,在医患法律关系中有必要确定新概念,即不愿知情权(the right not want to know)。其理由主要有以下几点:第一,之前的不知情权的概念,虽然是在国内相对陌生的概念,但在西方国家在 20 世纪 80 年代早已确立,已有丰富的理论研究

---

① 王竹:《解释论视野下的侵害患者知情同意权侵权责任》,载《法学》2011 年第 11 期;王胜明:《中华人民共和国侵权责任法解读》,中国法制出版社 2010 版,第 277 页。

② 陈旧:《信息过剩时代的我们需要"不知情权"》,载《新周刊》2007 年 9 月 15 日。

成果、立法和司法判例,并非新奇之物。况且,关于不知情权的概念到目前为止争论较多。第二,不知情权概念的适用领域较广。不知情权的概念除了医疗和基因等领域以外,在网络上的信息保护方面也广泛适用,实际上之前谈及的不知情权大多数情况下是信息的自决权。其使用范围过于广泛,很容易导致概念上的混淆。第三,不知情权的概念本身无法突出患者的自主性和权利属性。患者不愿意了解和知晓的权利,根源于人的价值、尊严及追求幸福的权利,而且来源于人格权和自我决定权。很显然不知情权的概念很难充分体现其内涵。

(二)与传统医患法律关系的冲突情形

1. 医师的说明义务与患者的不愿知情权的冲突

按照医患说明和同意原则,在具体的医疗过程中医师应该向患者具体、充分说明患者的病情、疗法以及预后效果等。如果患者不愿意了解,也可以免除医师的说明义务。如果按照传统医疗法理论,不知情权几乎不受关注,或者在知情同意权的框架下片面理解。不过基于独立权利论的观点,不愿知情权是一项相对独立的权利,即医师并非在任何时候都履行说明义务。如果患者主观上不愿意知情时,则不应说明相关信息。按照独立权利论,医师的说明义务范围和患者的不愿知情权的范围是相互冲突的,所以在理论上,一方面要界定医师的说明义务的范围,另一方面也要界定患者不愿知情权的范围,有必要在两者之间寻找一个合理的平衡点。

2. 知情同意权和不愿知情权之间的冲突

在具体的医疗临床实践中,患者有权利具体、充分了解自身的病情、疗法以及预后效果等,而且在此基础上决定是否接受治疗或者不接受治疗。当然,患者对医疗行为的同意,并非单纯地放弃自己的身体与健康利益,而是患者在衡量如何追求自己更优越利益的取舍①。患者要行使不愿知情权的动机也是同样的。不愿知情权所涉及的对象在多数情况下是遗传疾病患者或者晚

---

① 章瑛:《医疗告知后同意法则的刑法适用性研究——基于被害人同意理论的分析》,载《华东政法大学学报》2014年第4期。

期癌症及其他临终前患者。不过，对于绝症患者来说，考虑到患者本人的身心健康可以不告知患者当事人，但是遗传疾病患者的情形较复杂。比如，遗传因子（DNA）不仅涉及一个人，而且关涉一个家族甚至一个民族群体。那么，目前在很健康的情况下，医师是否可以履行说明义务让当事人知情未来可能发生的遗传疾病？如果由此而产生当事人和家属的身体健康和精神损害，该如何赔偿？如何妥善处理告知或公开之后的负面影响（比如学习、生活和工作等方面的社会歧视、不公正待遇等）？不过，由此很可能侵害不特定多数人的利益，实际上导致单个人的利益和多数人利益互相冲突。所以，知情同意权和不愿知情权之间的冲突是最核心的问题，如何合理协调两者也是在医疗法学中亟待研究的课题。

（三）不愿知情权的立法现状与司法实践

目前，在我国法律法规中并未直接规定不愿知情权。不过，在法律法规和其他规范性文件中可以找到相关的线索。首先，我国《宪法》第三十三条第三款规定："国家尊重和保障人权。"第三十八条也规定："中华人民共和国公民的人格尊严不受侵犯。"不愿知情权属于人格权范畴，所以，《宪法》对于人格权的规定可以说是不愿知情权的重要立法线索。第二，《民法通则》第一百二十条规定："公民的姓名权、肖像权、名誉权、荣誉权受到侵害的，有权要求停止侵害，恢复名誉，消除影响，赔礼道歉，并可以要求赔偿损失。"该条规定的是侵害人格权的民事责任。不愿知情权在很大程度上关系到当事人的名誉权、荣誉权等精神利益。所以从这个角度看，《民法通则》也为不愿知情权提供了一定的立法线索[①]。第三，《侵权责任法》第五十五条规定："医务人员在诊疗活动中应当向患者说明病情和医疗措施。需要实施手术、特殊检查、特殊治疗的，医务人员应当及时向患者说明医疗风险、替代医疗方案等情况，并取得其书面同意；不宜向患者说明的，应当向患者的近亲属说明，并取得其书面同意。"《侵权责任法》的该条规定当然是关于医师说明义务的

---

① 笔者认为，《民法通则》对于不愿知情权的理论支撑力度很薄弱。因此，在正在准备的我国民法典中有必要考虑该部分权益。

内容。其中,"不宜向患者说明的"情形在一定程度上与不愿知情权相联系①。另外,《执业医师法》第二十六条规定:"医师应当如实向患者或者其家属介绍病情,但应注意避免对患者产生不利后果。医师进行实验性临床医疗,应当经医院批准并征得患者本人或者其家属同意。"其中,"应注意避免对患者产生不利后果"的条款是与不愿知情权有关联的。2010 年原卫生部颁布的《病例书写规范》第十条第二款规定:"因实施保护性医疗措施不宜向患者说明情况的,应当将有关情况告知患者近亲属,由患者近亲属签署知情同意书,并及时记录。患者无近亲属的或者患者近亲属无法签署同意书的,由患者的法定代理人或者关系人签署同意书。"《病例书写规范》也规定了"因实施保护性医疗措施不宜向患者说明情况"。《执业医师法》和《病例书写规范》的上述规定应该说在一定程度上与不愿知情权挂钩,但上述的立法规定只能被理解为医师对患者客观状态的判断,并不是患者主观信念和积极的意思表示,所以尚未充分体现不愿知情权的内容。

还有,关于隐私权的规定也与不愿知情权有一定的联系。我国《民法通则》没有使用隐私权的概念,但是在 1988 年《关于贯彻执行〈民法通则〉若干问题的意见》中首次使用"隐私"概念。该意见第一百四十条规定:"以书面、口头形式宣扬他人的隐私,或者捏造事实公然丑化他人人格,以及用侮辱、诽谤等方式损害他人名誉,造成一定影响的,应当认定为侵害公民名誉权的行为。"还有,1993 年的《关于审理名誉权案件若干问题的解答》中也规定:"公布、宣扬他人隐私,致使他人名誉受到损害的,应认定侵害他人名誉权。"另外,2001 年最高人民法院颁布《关于确定侵权精神损害赔偿责任若干问题的解释》第一条第二款则规定:"违反社会公共利益、社会公德侵害他人隐私或者其他人格权利益,受害人以侵权为由向人民法院起诉请求赔偿精神损害的,人民法院应当依法予以受理。"该司法解释明确将隐私权作为一种独立人格权看待,实为一种立法上的进步。不过,即使不愿知情权与隐私权有

---

① 《侵权责任法》也并未直接规定不愿知情权,而且不愿知情权和"不宜向患者说明"的情形有着本质的区别。不过,今后对《侵权责任法》第五十五条可以进行立法上的补充或者扩大解释,并体现不愿知情权。

些关联，但两者也有着本质的区别。如上所述，隐私权针对的是他人的知情问题，而不愿知情权所针对的是自己的知情问题。总之，不管从何种角度看，当前我国立法中几乎找不到不愿知情权的直接规定。

近年来，在我国发生了大量因为违背知情同意原则而引起的医疗纠纷，如江苏南通的"切除智障少女子宫案"①等。因医方违反说明义务引发的侵权损害赔偿诉讼案件也时而发生②。不过，到目前为止因患者不愿知情权受到侵害而引发的纠纷或诉讼案件尚未发生。其理由：一是在我国的医疗法理论和实践中医患说明和同意原则刚刚扎根，对于医师的说明义务和患者的知情同意权的探讨也正在进行中但并非成熟。二是与国外相比，对于患者不愿知情权的认识和关注较少，即不管是在理论还是在立法和司法实践中，尚未把患者的不愿知情的意愿看作一项独立而完整的权利。所以，我们应该密切关注国内的医疗临床实践和国外的相关司法判例，加强从医学和法学角度的研究，为构建具有我国特色的不愿知情权制度做好准备。

三、医疗法律关系新冲突的解决路径：不愿知情权的法理和制度架构

按照上述分析，既然把当事人不愿知情的意愿认定为一项独立而完整的权利，那么，应该要分析其必要性、判断标准、理论与制度架构等，以此来进一步论证其正当性并提示解决路径。

（一）不愿知情权的权利属性之必要性

第一，确定不愿知情权，有利于保障医院或医师的医疗行为的正当性。如果在理论上确立不愿知情权，能够确保医师说明义务的灵活性和医师的医疗裁量权，从而也能够促进医学和医疗技术的发展。当今的医疗法律关系，在很大程度上倾向于患者一方的权利。在医患关系很不和谐且矛盾频发的现实情况下，

---

① 冯军：《病患的知情同意与违法——兼与梁根林教授商榷》，载《法学》2015年第8期。
② 周江洪：《违反医疗说明义务损害赔偿范围的界定》，载《法学》2011年第5期。

如果过分强调患者的知情同意权反而不利于解决医患纠纷。因此，确立不愿知情权，以此确保医疗行为的灵活性和正当性，激发医师的治疗积极性。

第二，确定不愿知情权，有利于保障患者的人格尊严和生命价值。患者之所以不愿意了解和知晓自己的病情，一方面是因为考虑到自己的身心健康和心理压力，另一方面是需要有尊严、有品位地接受治疗或者结束生命。了解与自己疾病有关的所有信息，不一定有更好的治疗效果。所以，有必要把患者的不愿意知情的意愿上升为一项独立的权利，以便切实维护患者的人格尊严和生命价值。

第三，确定不愿知情权，有利于形成和谐的医患关系。按照传统医疗法理论和实践，医师应该向患者及其家属充分说明与疾病有关的一系列信息，让患者行使自我决定权。但这种逻辑并非绝对的。有时，患者不愿意了解和知晓相关的病情信息，而把全部治疗和希望寄托于医院和医师身上。这时，如果医师还要向患者具体说明相关病情，那么，反而影响患者的身心健康和治疗效果，最终很可能导致不必要的身心损害乃至死亡。所以，为了更好地体现患者的自我决定权，形成和谐的医患关系，有必要确定不愿知情权。

（二）不愿知情权的判断标准

不愿知情权既然具有可行性和必要性，那么，应该具备合理的判断标准，即符合何种条件下才能行使该项权利。笔者认为，判断当事人是否能够行使不愿知情权时，应该考虑以下几个方面的因素：

第一，主观上属于当事人的真实意思表示。不愿知情权是当事人根据自己的主观信念而积极主张的权利。所以，判断是否属于当事人本人的真实的意思表示是至关重要的。如果当事人受胁迫或无奈之下提出的主张，则不得被采纳。那么，判断当事人真实意思表示时应该考虑当事人是否具备完全的民事行为能力。如果当事人无行为能力或限制行为能力时，应该要限制不愿知情权的行使[①]。

[①] 当然，按照传统的民法原理，当事人如果属于无民事行为能力或限制民事行为能力时，可以由法定代理人代理。不过，考虑到不愿知情权的特殊情形，在此应该要严格限制代理人的代理行为。

第二，客观上具备行使的条件。不愿知情权的行使是应该以医院或医师的医疗行为为前提的。首先，不愿知情权是在当事人体检或就医过程中行使，所以当事人应该处于接受治疗阶段。然后，为了判断当事人意愿的合理与否，必须得到医师的专业知识和技能。由于医疗具备其特殊的公益性和专业性，即使是当事人的主观判断，也需要与医院或医师的沟通和互动。所以，如果没有医院或医师的参与，那么，不愿知情权则在客观上毫无意义。

第三，内容上符合当事人的合法权利。不愿知情权的行使在内容上应该考虑，是否符合当事人的生命权、价值、尊严及追求幸福的权利，是否符合宪法规定的人格权，是否符合当事人的自我决定权等。如果违背当事人的上述权利的实现，即使是当事人主观上愿意，也不宜让当事人行使不愿知情权。当然，判断上述权利的职能应该由具备专业性和权威性的机构来行使。为此，有必要成立具备广泛代表性的医疗伦理委员会并制定具体的判断指南。

（三）不愿知情权的理论与制度架构

第一，关于不愿知情权的理论架构，应该要明确界定概念、适用范围、操作程序及损害赔偿责任。

一是在具体概念的描述方面，如前所述，基于医患法律关系的特殊性，应该描述为"不愿知情权"，有必要以此区别之前的隐私权和不知情权等相关概念。因为"不愿知情权"的概念更符合于医患法律关系，而且能够突出患者的自主权和能动性[①]。

二是在适用范围方面，不愿知情权的适用应该贯穿于医患法律关系的全过程，并非局限于遗传疾病患者，或绝症患者和其他临终前患者。因为当事人在任何情况下均能够行使这项权利。为了使当事人更便于行使该项权利，根据不同标准应区分不愿知情权：① 按照时间可以分为发病前的不愿知情权和发病后的不愿知情权。比如当事人以基因诊断技术尚未发病时很可能提前知晓自己的遗传疾病信息，还有发病后也有可能不愿意知晓具体病情信息。当然，发病后的不愿知情权又可以分前期、中期、晚期等阶段的不愿知情权。

---

① 关于不愿知情权的必要性以及与相关概念的比较，如前所述，故在此不再重复论述。

② 按照内容和范围可分为部分不愿知情权和全部不愿知情权。当事人很可能对于某些内容不愿意知晓，也有可能对于全部内容不愿意知晓。具体如何行使不愿知情权，就要看每个患者的实际情况。③ 按照疾病的严重程度可分为普通疾病的不愿知情权和严重疾病的不愿知情权。基于不愿知情权的特殊性，大多数情况下很可能是晚期癌症患者和其他临终前患者的不愿知情请求较多。况且，在医患法律关系中通常医师务必向患者履行说明义务，在此基础上患者做出自我决定。不过，这种医患说明和同意原则并非具有绝对属性，有些患者基于自身的主观信念和心理因素很可能不愿意知晓具体病情，所以在治疗普通疾病中也有不愿知情权的存在余地。④ 按照传染与否可分为传染病的不愿知情权和非传染病的不愿知情权。不管有没有传染性，当事人本人都有可能不愿意知晓其疾病信息，也不愿意告诉任何人。但该种分类的意义主要在于第三人利益的保护。如果当事人的疾病具有传染性，那么它对第三人具有潜在的危险，所以即使本人不愿意知晓，他人也要知晓该信息。相反，如果当事人的疾病不具有传染性，不仅要满足当事人本人的不愿知情权，也应该不让他们知晓该信息。⑤ 按照年龄和性别的不同，可分为儿童的不愿知情权、成年女性的不愿知情权、成年男性的不愿知情权、老年人的不愿知情权等。由于年龄和性别不同而产生的心理承受能力和自我控制能力就不同。所以，这种分类的意义就在于根据年龄和性别的不同，能够行使不同内容和程序的不愿知情权①。

三是在操作程序方面，不愿知情权的行使务必经过严格程序后实现。那么，该权利的实施可以借鉴国外"延命治疗中断"的判断和程序：① 必须是当事人本人的真实意思表示且反复提出。② 原则上患者本人申请，如果患者本人无法表达自己意思的，可以根据患者保留的预先治疗指示书或者由患者家属推定其意思表示决定。③ 务必通过医院伦理委员会的认可等。对此，国内的主要观点认为，对于不知情的选择是以医生进行全面的咨询告知为前提，

---

① 当然，关于不愿知情权的上述分类是笔者的初步构想，有必要在理论和实践上进一步完善。

可以称为知情的不知情权①。不过，在不愿知情权下对此值得商榷。因为不愿知情权是相对独立的权利。行使不愿知情权时，患者不一定全面且详细知晓自己的病情信息。另外，在操作程序中还要考虑的因素是行使不愿知情权时是否包括患者家属？从传统医疗法理论中的说明义务的例外情形看，如果将真实情况告知患者，以患者的知识程度与心理态度，可能导致患者产生绝望的心理及抗拒治疗等不良反应，可以不向患者本人说明，但此时应向家属说明②。不过，不愿知情权是当事人主动提出的意愿，所以，除非有特殊情况，不仅不能向本人说明，也不能向其家属说明。

四是在损害赔偿责任方面，如果医师违反患者的不愿知情的意愿，履行传统意义上的说明义务而造成患者的身心健康的伤害以致死亡的，那么，应该承担由此而造成的损害赔偿责任，既包括物质损害也包括精神损害。我国早期的观点则认为，关于侵害患者知情同意的赔偿责任应包括身体健康权的损害责任和精神损害责任③。不过，在我国的司法实践中，未能对患者的意思决定在因果关系判断层面的作用采取足够的重视④。违反患者不愿知情权的情形，可以从医疗伦理损害责任角度考量⑤。当然，医疗伦理损害责任原本是医疗机构及医务人员不履行充分说明医务时的责任。那么，医师违反患者不愿知情权的情形也可以被理解为违反医疗伦理损害责任的情形。

第二，关于不愿知情权的立法架构，可以参酌我国传统的立法模式，经过三个阶段完成，即地方性法规的尝试阶段、国务院条例的发展阶段以及国家立法的完善阶段。首先，在条件成熟的一些地区以地方性法规的形式先规定，积累充分经验后再报国务院。在此基础上，国务院以条例形式进一步发

---

① 袁治杰：《基因技术发展背景下的不知情权研究》，载《政治与法律》2016年第5期。
② 余明永：《医疗损害责任纠纷》，法律出版社2015年版，第164页。
③ 余明永：《医疗损害责任纠纷》，法律出版社2015年版，第164页。
④ 周江洪：《违反医疗说明义务损害赔偿范围的界定》，载《法学》2011年第5期。
⑤ 根据杨立新教授的观点，医疗伦理损害责任是指医疗机构及医疗人员从事各种医疗行为时，未对病患充分告知或说明其病情，未对病患提供及时有用的医疗建议，未保守与病情有关的各种秘密，或未取得病患同意即采取某种医疗措施或停止继续治疗等，而违反医疗职业良知或职业伦理上应遵守的规则的过失行为，医疗机构所应当承担的侵权赔偿责任（杨立新：《侵权责任法》，北京大学出版社2014年版，第312页）。

展相关制度内容,继续积累立法经验。最后在时机成熟时,由全国人大或者常委会名义颁布以法律形式完善。当今,我国医药体制改革的相关制度,大多是采用上述"三步走"立法模式。

第三,将来在具体的医疗临床实践中很可能时而发生与不愿知情权有关的医患纠纷,为了积极与国际先进制度接轨,及时应对相关的医患纠纷,司法更加积极介入到该纠纷的解决。为了能够做到这一点,首先在各地省级高级人民法院出台指导性意见和司法指南。在此基础上,最高人民法院可以以司法解释、指导性意见等形式出台具体的司法判断标准,以便各地司法机关面临类似案件时及时作出决定。

四、结语

医患说明和同意法理被引进我国的目的就在于加强对患者权利的保护,缓解医疗纠纷,从国家立法上也体现了对患者自主权利的重视,但我国目前对于知情同意的立法仍不完善[①]。可以说,在医患说明和同意法理尚未充分适用的情况下,随着医疗技术的迅速发展和人们观念的不断演进,在医疗领域里不断出现前所未有的各种难题,医疗法律关系也不断面临新的挑战和冲突。患者的"不愿知情权"也是在这种背景下提出的。那么,对于不愿知情权,应该在人的尊严、价值及追求幸福权的高度考量,不能仅仅停留在人格权、隐私权、自我决定权的层面。不可否认,不愿知情权的确立很可能受到各种质疑和争议。不过,当事人不愿意了解和知晓自身疾病信息的意愿也应该得到充分尊重,它也充分具有独立的权利属性,因此,不管是在理论研究还是在国家立法和司法实践中应该进一步关注,以便满足人们日益提高的医疗权利需求,从而体现更和谐的医患关系。

---

① 陈燕红:《困境与出路:我国患者知情同意权法律保护与适用的完善建议》,载《河北法学》2014年第2期。

"一带一路"倡议下涉外海洋法治人才培养的机遇与挑战

裴兆斌　曲亚囡　杨斯婷*

摘　要：涉外海洋法治人才的培养是我国实施海洋强国战略的重要组成部分，是"一带一路"倡议实施的重要保障，对于拓展我国海洋发展空间、积极参与东海、南海以及远海地区的国际法律事务、构建世界海洋新秩序具有极其重要的意义。"丝绸之路经济带"和"21世纪海上丝绸之路"的倡议，为我国涉外海洋法治人才的培养带来前所未有的发展机遇，但机遇与挑战并存，从我国目前涉外海洋法治人才培养现状来看远不能满足国际化需求。本文立足于实际情况，通过探讨与分析我国涉外海洋法治人才培养存在的问题，指出"一带一路"倡议实施背景下的涉外海洋法治人才发展机遇，提出相应的培养路径，试图进一步完善我国涉外海洋法治人才的培养机制以应对全球化发展趋势。

关键词："一带一路"　海洋强国　涉外海洋法治人才　培养路径

"一带一路"倡议是中国在共商、共建和共享的原则下提出的惠及沿线六十多个国家和地区的伟大倡议。我国作为一个海洋大国，建设"21世纪海上丝绸之路"的倡议与我国发展海洋强国战略具有深刻的关联性，涉外海洋法治人才的培养不仅是我国走向海洋强国的必经之路，而且对于助推"一带一

---

* 裴兆斌，法学博士，大连海洋大学法学院/海警学院院长、教授；曲亚囡，法学博士，大连海洋大学法学院/海警学院讲师；杨斯婷，大连海洋大学法学院/海警学院硕士研究生。基金项目：教育部备案2017年度国别与区域研究中心项目"海洋法律与政策东北亚研究中心"（GQ17091）；2017年度国家社科基金重大项目"构建中国特色境外追逃追赃国际合作法律机制研究"（17ZDA136）；2017年度辽宁经济社会发展立项课题（2018lslktyb-015）；2016年辽宁省教育厅科学研究项目（w201607）。

路"建设具有重要的意义。在此背景下,我国涉外海洋法治人才培养正面临着全方位开放、地区合作以及全球发展的绝佳机遇,但机遇与挑战并存。当前最为重要的是抓住时代机遇,应对时代挑战,加大涉外海洋法治人才培养力度,建立"一带一路"沿线国家的高素质海洋法治人才队伍,为"一带一路"倡议的深度实施打下扎实的基础。

一、我国涉外海洋法治人才培养的现状及发展趋势

(一)涉外海洋法治人才的概念界定

涉外海洋法治人才是一个跨专业背景、跨学科背景的综合概念,主要包括外语、海洋以及法律三个交叉领域中的高层次复合型人才。目前学术界对这一概念没有明确的界定,2011 年,国家海洋局、教育部、科学技术部、农业部、中国科学院联合印发了《全国海洋人才发展中长期规划纲要(2010—2020 年)》,提出海洋人才是指在海洋经济、管理、科研和服务、教育等领域的海洋产业就业人员中,具备一定的专业知识或专门技能,进行创造性劳动并对海洋事业发展作出贡献的人。综合三学科特点,本文所指的涉外海洋法治人才是指在海洋经济、海洋管理、海洋科研、服务和教育等领域具备综合理论基础和良好的专业素养,同时精通外语和国际海洋法与国际惯例,能够直接参与协调和处理相关国际海洋法律事务的高层次应用型人才。

(二)我国涉外海洋法治人才培养的现状

目前,我国海洋人才遍及 20 多个涉海行业部门以及 260 多个科研院所和大专院校,海洋人才队伍规模不断壮大,海洋人才资源总量也已经初具规模。但能够直接处理涉外海洋法律事务的国际化人才却极其匮乏,尤其随着"一带一路"倡议的实施,我国与沿线国家的经贸往来、产业合作不断增多,涉外海洋法治人才的培养显得尤为重要。目前我国涉外海洋法治人才培养的现状如下:

1. *高学历海洋法治人才匮乏*

在学历层次上,目前我国高学历海洋法治人才及其匮乏,如图 1 所示,

具有硕士研究生以上学历的人员严重不足，更有26%左右的高中及以下人员。同时，从我国现状来看，尤其缺乏关键领域和前沿领域的高学历海洋法治人才。学历层次普遍偏低决定了我国在处理涉外海洋法律事务，维护国家海洋权益的天然不足，这是目前我国涉外海洋法治人才培养面临的首要问题。

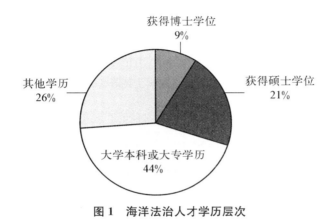

图1　海洋法治人才学历层次

2. 复合型海洋法治人才匮乏

在专业设置上，涉外海洋法治人才的培养具有多学科交叉渗透的特点，然而目前我国各涉海高校法学院的专业种类较为单一，法学与英语专业尚未形成有效的联合培养模式，复合型海洋法治人才匮乏。涉海高校法学院虽然设置了法律英语课程，但是与普通高校一样，学生对法律英语的了解极其浅薄。基于此，本文通过问卷调查以及深入高校走访的形式，对部分高校法学院学生英语水平等级进行了调查，结果如图2所示。绝大多数学生能够通过大学英语四级考试，通过大学英语六级和专业英语四、六级以及托福、雅思者则逐渐递减，学生群体中通过法律英语证书考试者更是寥寥无几。目前涉海高校的法学院在培养机制方面尚未形成跨学科高端人才培养体系，具备跨学科知识、多方面综合素质以及多种类海洋专业知识的海洋从业者更是少之又少。

3. 海洋法治人才分布不均

从学科领域分布来看，法学和英语都是实践性很强的专业，在海洋经济、

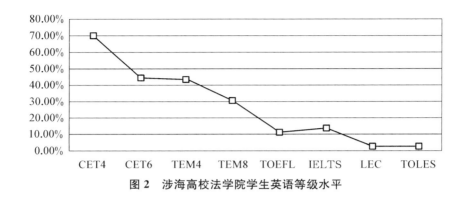

图 2 涉海高校法学院学生英语等级水平

海洋管理等领域需要大量具有实践能力的高层次涉外海洋法治人才来处理相关国际法律事务,然而从我国目前的海洋法治人才领域分布情况来看,绝大多数具有高学历、高职称、精通外语和国际规则的高端海洋法治人才都集中在各大高校以及相关科研院所,虽然对于提升我国海洋科研创新能力有所帮助,但却造成实务领域高层次海洋法治人才流失的现象。从地域分布来看,高层次的涉外海洋法治人才大多分布在山东、上海、福建、广东等具有较强实力的沿海省份,而其他沿海省份无论在人才数量还是质量方面远不能满足需求。

(三)我国涉外海洋法治人才培养的发展趋势

近年来,国家和社会已经逐渐意识到涉外海洋法治人才培养的重要性,在未来发展中逐步建立一支能够及时有效处理涉外海洋法律事务,服务于"一带一路"倡议的高水平涉外海洋法治人才队伍,不断提高对海洋经济、海洋管理、海洋科研以及服务、教育等领域发展的贡献,既是涉外海洋法治人才队伍建设的重要内容,也是涉外海洋法治人才队伍建设的发展方向。

二、涉外海洋法治人才培养的必要性

改革开放以后,我国经济水平得到大幅度提升,越发重视对海洋领域的保护与发展。一方面,海洋领域作为我国经济社会发展的前沿和重点,亟须高层次的涉外海洋法治人才作为智力支撑。另一方面，建设海洋强国是我国21世纪的伟大构想和长远目标，涉外海洋法治人才的培养是我国从海洋大国走向海洋强国的一个必经之路。

（一）服务海洋经济发展，助推"一带一路"建设

培养具有国际视野、通晓国际规则，能够参与国际海洋法律事务和维护国际海洋权益的涉外法治人才不仅能够进一步提高我国复合型、应用型人才质量，而且是建设海洋强国的迫切需要。加大涉外海洋法治人才培养力度，建立一支高素质涉外海洋法律服务队伍，对于服务我国海洋经济发展、助推"一带一路"倡议具有重要作用。

（二）为海洋经济发展提供专门化法律服务

大约300万平方公里的海域面积使我国成为名副其实的海洋大国，随着资源需求和技术的提升，发展海洋经济已经成为我国走向海洋强国的必然选择。涉外海洋法治人才的培养能够为海洋经济发展提供重要的法律服务和保障，换言之，海洋经济的发展也需要高层次的涉外海洋法治人才来推动。海洋经济发展过程中必然会涉及错综复杂的利益关系，各方不同的利益诉求、不同的权利义务关系，均需要高层次的海洋法治人才提供专门化的法律服务。

（三）进一步提高涉海纠纷处理能力

在"一带一路"倡议实施的背景下，我国与沿线国家的海事海商纠纷、海洋主权争端等纠纷不断增多。同时精通外语和海洋法律的人才对于涉海纠纷的调解和处理、维护当事人乃至国家权益均起到举足轻重的作用。

三、"一带一路"倡议下涉外海洋法治人才培养的机遇

"明者因时而变，知者随事而制。""一带一路"倡议赋予了涉外海洋法治人才培养极其辉煌的发展前景。当前，我国涉海高校的专业学科建设、法律英语学科建设以及应用型涉外法律人才培养正面临着绝佳的历史机遇。

（一）时代背景发生变化

在"一带一路"倡议的新时代背景下，逐渐顺应世界多极化、经济全球

化、文化多样化、社会信息化的潮流，进一步保障经济要素有序自由流动、资源高效配置和市场深度融合，推动沿线各国实现经济政策协调，为我国涉外海洋法治人才培养提供良好的发展机遇。此外，社会需求是推动人才发展的不竭动力，涉外海洋法治人才培养已成为高校顺应时代发展、抢占专业特色转型发展制高点的优先策略和现实选择。

（二）中国与世界关系发生变化

中国与世界的互动关系正在发生深刻变化，对国际格局的影响力和塑造力显著提升，涉外海洋法治人才队伍的构建为国家重大外交决策提供法律支撑。尤其"一带一路"倡议的实施，生动地展现了我国的大国地位和影响力，标志着中国在国际舞台上已经迈向新阶段。对我国而言，海洋经济的转型升级、海洋强国建设的推进为涉外海洋法治人才的培养提供了良好的发展机遇。

（三）海洋法治人才培养任务发生变化

随着我国综合国力和国际地位提升，中国越来越多地承担国际规则的引领者和塑造者的角色。当前海洋法治人才的培养任务绝不仅仅限于处理国内相关法律事务，而是要全方位参与全球治理规则的制定，在国际舞台上发出中国声音，提出中国方案。在"一带一路"倡议实施以来，一些双边条约内容是否适应"一带一路"发展的新形势、如何用好多边条约资源服务"一带一路"倡议、如何妥善处理"一带一路"倡议实施中可能出现的各种争议等都是新形势下涉外海洋法治人才培养的任务。具体而言，我国当前涉外海洋法治人才的培养的任务应当顺应时代变化，除完善涉海高校内部培养机制以外，各省应抓住机遇，统筹规划涉海部门法治人才队伍建设，协调指导沿海地区法治人才队伍发展，进一步整合优化各学科海洋科技人才资源，最终建立一支跨地区、跨部门、跨行业的高层次涉外海洋法治人才队伍。

四、"一带一路"倡议下涉外海洋法治人才培养的挑战

21世纪是一个复杂而不可预知的世纪，以前粗放式发展的海洋法治人才培养的思维习惯和培养方式正接受新的挑战。海洋法学教育与社会需求脱节，

高端涉外海洋法治人才匮乏已经成为不争的事实。因此在"一带一路"倡议提供的发展机遇下，有必要重新审视涉外海洋法治人才培养的目标定位，抓住机遇积极应对挑战。

（一）专业融合面临挑战

法律英语作为新兴交叉学科，肩负着涉外海洋法治人才培养的重任。然而，由于法学和英语专业各具自身特点，在专业融合方面面临极大的挑战。从法律英语的历史和现状来看，即使在英语国家，法律英语的历史也不是很长。直到 20 世纪 60 年代，律师及与法律专业相关人员才开始对日常生活中几乎每天都使用的法律语言有了一个新的认识。那么从中国实际情况来看，一方面，虽然部分高校设置了法律英语课程，但由于语言环境的限制，大多数中国学生也并不会经常使用法律专业英语。另一方面，随着中国与国际社会的相关法律事务逐年增多，对于涉外海洋法治人才的专业法律英语要求越来越高，特别是在沿海城市的法院、海关、高校以及海外律师群体中，对其质量和能力的要求也越来越严格。因此在涉外海洋法治人才培养的过程中，法学和外语专业的融合还面临诸多挑战。此外，师资力量也是专业融合的重点，涉外海洋法治人才的培养离不开一批既精通外语和国际法又同时具备实践经验的高素质教师团队，因此在有计划、有步骤地推进法律英语师资队伍建设中也会面临不同挑战。

（二）对沿线国家法律进行深入研究面临挑战

"一带一路"涵盖了世界上 60 多个国家和地区，这些沿线国家和地区多法系并存，既有英美法系、大陆法系，还有伊斯兰法系、旧的社会主义法系，同时沿线国家和地区的政治、经济、文化、历史等因素各不相同。面对如此复杂的法系和构成因素，客观上不仅增加了"一带一路"倡议实施的难度，同时也对涉外海洋法治人才培养提出更为苛刻的要求。在如此复杂的局面下，若想建立完善的涉外海洋法治人才培养机制来服务于"一带一路"倡议的实施，就需要对沿线国家和地区既有法律制度的深入研究，只有这样才能为促进我国海洋经济发展、维护国家海洋权益提供相应的法律保障。

(三) 传统的海洋法治人才培养模式面临挑战

高校是涉外海洋法治人才培养的主要平台。由于法学和外语专业都属于实践性较强的学科，而长期以来我国涉海类高校的法学教育，无论针对本科生、硕士生抑或是博士生一直以课堂讲授模式为主，在新形势下，这种传统的培养模式正面临严峻的挑战。涉外海洋法治人才的培养要求造就一批实践能力较强的应用型法律人才，这也决定了新形势下的培养模式不是一个简单的单项培养，而应该是一个系统的培养模式。具体而言，将涉外海洋法治人才的培养视为一个开放的平台，联合"一带一路"沿线国家的研究力量，取人之长补己之短，最终建立一个完善的、适合我国实际的涉外海洋法治人才培养模式。

五、"一带一路"倡议下涉外海洋法治人才的培养路径

到目前为止，中国的法律领域缺乏一支能够在国际舞台上迅速处理对外法律事务的队伍，海洋领域亦是如此。在"一带一路"倡议和海洋强国战略的实施下，应当从改革涉海高校现有的法律英语教学体系、提高法律英语教师队伍的专业化教学技能两个方面入手，逐步建立起完善的涉外海洋法治人才培养机制，最终能够服务于"一带一路"倡议和实现海洋强国目标。

(一) 改革涉海高校现有的法律英语教学体系

1. 加强与海外高校合作，互派留学生交流实践

涉外海洋法治人才培养首先要解决的问题是提高语言、沟通和协调能力。无论对于哪一学历层次的人员来说，最稀缺的资源莫过于语言环境。中国高校与国外高校合作已经不是一个新的话题，我们最熟悉的形式如联合培训计划、定期交流计划、访问学者计划等，这些项目对于有志于从事涉外海洋法律事务的学生而言无疑具有重要作用。加强与海外高校的合作，为学生提供机会去锻炼语言能力，尤其在学习法学专业，深入研究相关国际法、国际规则时避免语言方面的沟通障碍。此外，互派留学生交流实践，让他们能够学习"一带一路"沿线国家法律，了解其政治制度和社会文化，从而使我们国

内未来拥有一批熟悉"一带一路"沿线国家政治和法律制度的人才,为"一带一路"倡议实施打下扎实的人才基础。

2. 选派有一定语言基础的海洋人才到国际海洋法法庭学习

随着国际海洋法法庭的产生,积极选派具有一定语言基础、专业理论扎实的优秀海洋法治人才到国际海洋法法庭或其他组织学习和培训,鼓励优秀海洋法治人才在相关国际海洋组织和机构中担任职务,对于加强国际海洋规则和惯例等培训,切实提高海洋法治人才的法律诠释能力、推理论证能力,拓展国际化视野,提升涉外海洋法治人才参与处理和协调国际海洋事务的实践能力具有重要意义。

3. 鼓励学生参加国际性模拟法庭竞赛,提升专业知识能力

传统的授课型教学模式已经不能满足当前涉外海洋法治人才的培养需求,更多的应该鼓励学生参加国际性模拟法庭竞赛,如"威廉·维斯贸仲杯"国际商事模拟仲裁庭辩论赛、杰赛普国际模拟法庭大赛等。一方面,准备比赛过程中能够提升学生搜集案例、整合材料、文书写作的能力,将专业知识运用到具体案例中,同时在模拟庭审中能够锻炼法庭庭辩能力;另一方面,多数参赛队员毕业后能够就职于相关国际组织、跨国律所或者出国继续深造。国际性模拟法庭竞赛不仅弥补了传统授课型教学模式的重理论轻实践的弱势,而且最大限度地发挥了学生的积极性和主动性。案例的国际化、竞赛语言的国际化、比赛队伍的国际化,从某种程度上讲,鼓励学生参加这些国际性模拟法庭竞赛已经成为涉外海洋法治人才培养的重要路径。

(二)提高法律英语教师队伍的专业化教学技能

1. 建立跨学科的复合型专业教师团队

实现涉外海洋法治人才培养目标的关键是形成复合型专业教师团队。司法部门在 20 世纪 80 年代举办了几次法律英语教师培训,但效果不明显,也没有坚持。目前,涉海高校法律英语课程主要由具有法学学位的英语教师或法学专业可以讲授英语课程的教师教授。教师不仅应该在法律上具有专业性,而且可以流利地用英文表达,与学生沟通,激发学生的学习兴趣。如果要解决教师的不足,就要注意以下几点:一是要充分肯定法律英语课程状况,尊重

法律英语教学的特殊性；二是鼓励英语专业教师学习第二专业，或倡导年轻的法学教师参加英语课程，这样的教师团队才可能是专业的；三是定期对高校法律英语教师进行培训，确保教师本身的能力和团队的整体稳定。

2. 注重多元化教学模式，培养学生的国际化法律思维方式

涉外海洋法治人才的培养目标不仅是具有娴熟的语言沟通能力和较高的专业理论素养，更为重要的是要注重培养学生的国际化法律思维方式，使他们掌握完善的法律知识体系和国际化的法律思维方式来处理各种纠纷。例如通过案例教学的方法，引导学生分析具体情况、具体细节，激发学生兴趣，培养其处理涉外法律纠纷的思维能力。再如通过分组教学、小组辩论等方式，增强学生与老师之间的良性互动，逐步改变传统的授课型培养模式。此外，学生自身也应该重视提高听、说、读、写技能，因为这是将语言能力和专业知识结合在一起的最为有效的途径。

3. 加大资金投入力度，聘请外籍专家进入高校交流访问

从长远来看，参与"一带一路"建设的涉外海洋法治人才，应该是能够直接参与国际治理、熟悉国际规范体系和国际秩序并具有较强开拓创新精神的新型法治人才。因此，加大教育资金投入力度，聘请国外既了解中国法律制度、熟悉中国法律实践，又具有深厚的涉外法律知识功底、出色的涉外法律实务能力和开阔的全球视野的外籍专家进入国内高校进行交流访问，充分运用国际舞台的师资力量，有效促进涉外海洋法治人才培养国际化、教学手段现代化以及教学方式信息化、知识结构国际化，这不仅对于培养学生进一步掌握跨国、跨学科知识，掌握实务沟通技能具有重要作用，而且也有利于国内高校教师了解和熟悉国外的教学理念和方法。最终能够培养"一带一路"沿线国家的涉外海洋法治人才，为"一带一路"倡议的深入实施打下扎实的人力基础。

六、结语

涉外海洋法治人才培养是一个复杂而全面的系统工程。无论何时，开放的平台始终是人才培养最重要的元素。"一带一路"倡议的伟大实践为国际化、复合型的涉外海洋法治人才提供了舞台，同时也对我国法律英语教学和法学专业研究提出了新的要求和挑战。在"一带一路"倡议和海洋强国战略的实施背景下，只有把握时代发展机遇，才能积极应对国际海洋法律事务的挑战，跟上时代发展，满足海洋强国战略需求，为"一带一路"倡议提供法律保障。

参考文献：

[1] 王祥修. 论涉外卓越法律人才的实践能力培养[J]. 发展研究，2014 (4).
[2] 钟凯凯，应业炬. 我国海洋高等教育现状分析与发展思考[J].《高等农业教育，2004 (11).
[3] 魏婷，李双建，于保华. 我国海洋人才发展的对策研究[J]. 海洋开发与管理，2012 (11).
[4] 张晓君，吴曼嘉. 论国际型法律人才培养[J]. 法学教育研究，2013 (1).
[5] 杨林，黄雪梅. 美国凯特林大学工程人才培养模式及启示[J]. 重庆交通大学学报（社科版），2011 (5).
[6] 王刚，王琪. 整合海洋教育资源加快海洋人才培养[J]. 海洋开发与管理，2013 (11).
[7] 曲丽敏. 蓝色经济区背景下青岛海洋软实力现状及提升对策研究[D]. 青岛：中国海洋大学，2013.

出版资助单位介绍

　　金茂凯德律师事务所（Jin Mao Partners）（以下简称"金茂凯德"），是一家为了更好地服务于境内外中高端客户而成立的综合性合伙制专业法律机构，拥有国家工商行政管理总局商标局核准的"金茂凯德"服务商标。著名法学家、上海市人民政府原参事室主任、上海市高级人民法院原副院长、复旦大学法学院原院长李昌道教授为该所负责人。该所拥有执业律师、律师助理和工作人员 150 名左右，总部位于上海，并在我国的北京、青岛、广州、武汉、烟台、乌鲁木齐、珠海、厦门、长沙、芜湖和香港特别行政区、澳门特别行政区以及台湾地区的台北、高雄等地，日本的东京、福冈、大阪、名古屋，荷兰的阿姆斯特丹，意大利的米兰、罗马，英国的伦敦，美国的纽约，瑞士的日内瓦，还有德国、新西兰等设有分所或者办事处，"一带一路"法律研究与服务中心已在亚洲、非洲、欧洲、大洋洲、美洲等国家和地区设有 20 个工作站。

　　该所是金砖国家律师服务联盟和 G20 律师服务联盟的主发起人。该所多年名列上海律师业综合排名前十位，是商务部《国际商报》评选的"最具活力服务贸易企业 50 强"中唯一的律师机构，是上海市高级人民法院认定的企业破产案件管理人，也是中国上市公司协会、中国银行间市场交易商协会、中国保险资产管理业协会、中国证券业协会、上海上市公司协会、上海股权投资协会、上海市国际服务贸易行业协会、上海服务外包企业协会等会员单位或理事、常务理事单位。

　　成立以来，金茂凯德律师事务所杰出的业务能力体现在全方位的法律服务上，无论是在我们传统优势领域，如一般公司法律业务、银行业务及融资、外商投资、房地产及工程建设、国际贸易、争议解决以及证券业务中，还是在新兴的业务领域，如兼并收购、资本市场、反垄断、风险投资和私募基金、知识产权与信息技术等，金茂凯德律师事务所为许多国内外知名的企业提供了全方位的法律服务。金茂凯德律师事务所的合伙人均毕业于国内外著名的法律院校，其中许多人都曾有在世界 500 强跨国公司法律部工作或国际知名律师事务所执业的经历，多人被国际权威的法律评级杂志评为"亚洲领先律师"。

金茂凯德律师事务所的法律服务理念是以德育人、团队合作、客户为要、永奏凯歌，为境内外不同需求的客户提供着优质的全方位法律服务。

地址：上海市淮海中路 300 号香港新世界大厦 13 层
邮编：200021
电话：(021) 63353102
传真：(021) 63353618
网址：www.jinmaopartners.com
邮箱：jmp@jinmaopartners.com

上海东方环发律师事务所成立于 2006 年，是一家经国家司法行政部门批准设立的合伙制律师事务所，以建筑工程、房地产和城市基础设施建设法律服务为主。东方环发事务所建所以来，以"专业、审慎、诚信"为服务宗旨，结合专业特点，对建筑法、房地产法、公司法、金融法、外商投资企业法、项目投资融资、保险法、知识产权法、环境保护法、劳动合同法等相关法律进行了深入的研究，积累了丰富的办案经验，在上海乃至全国各地承办了一大批案情复杂、标的巨大且具有典型意义的案件，在法律界和建筑房地产业内产生了重大影响。作为一家在中国建筑房地产领域有较高知名度，以提供建筑工程、房地产和城市基础设施建设法律服务为主的专业律师事务所，该所律师团队多由兼具建造师、造价工程师、监理工程师、注册会计师、注册评估师等专业技术资格或职称的复合型专业人员组成，并长期为大连万达（集团）、中粮集团、中建七局、中建八局等多家大型房地产开发建设公司提供法律顾问服务。该所律师团队多具有建筑业相关从业经历，尤善于建筑专业和法律专业的有机结合，在建设工程法律服务领域中具有更加专业的服务技能。

《产权法治研究》征稿启事

《产权法治研究》，虽名法治，其实需要经济学、社会学、政治学、历史学、法学等各学科的交叉研究。我们希望以《产权法治研究》为平台，汇集专家学者，通过对中国产权问题的交叉研究，打破学科藩篱，形成制度共识，共同推进中国的法治建设和经济、社会转型。现谨邀海内外贤达不吝赐稿，不论学科，不分畛域，不限观点，不拘字数，能与产权相关且言之成理者，均属欢迎之列。

《产权法治研究》设有产权基础理论、产权与宪政、部门法产权制度、产权保护与司法救济、产权经典译评、产权时评等栏目。

稿件相关要求如下：

1. 稿件应为未公开发表的作品，字数不限。

2. 来稿请附中文摘要及关键词。摘要字数应在300字以内，概括论文主要内容，一般应包括目的、方法、结论等，结论部分须多着墨且明确。排版格式及体例等请参照上海大学出版社出版的《产权法治研究》。

3. 来稿请附作者简介，包括姓名、所在单位与职称、职务以及联系方式。若有基金项目，请填写项目名和编号。

4. 文责自负。作者应保证对其作品享有著作权，译者应保证其译本未侵犯原作者或出版者任何可能的权利，编辑部或其任何成员不承担由此产生的任何法律责任。凡来稿，均视为作者、译者已经阅读或知悉并同意本声明。

5. 只接受电子投稿，来稿请发至专用邮箱：lawshu@163.com。

6. 凡投稿在两个月内未收到编辑部采用通知者，可自行处理。来稿一律不退，请作者自留底稿或做好备份。

7. 来稿一经采用，酌付稿酬。

为扩大《产权法治研究》及作者知识信息交流渠道，除非作者在来稿时作出相关声明，《产权法治研究》编辑部拥有以非专有方式向国内外相关数据库授予已刊作品电子出版权、信息网络传播权和数字化汇编、复制权以及向《中国社会科学文摘》《高等学校文科学术文摘》《新华文摘》和中国人民大学书报复印资料等文摘类刊物推荐转载已刊作品的权利。同时,《产权法治研究》编辑部欢迎相关组织依照《著作权法》的规定对《产权法治研究》所刊载的论文进行转载、摘登、翻译和结集出版,但转载时请注明来源。

《产权法治研究》编辑部通信地址:上海市宝山区上大路99号上海大学法学院《产权法治研究》编辑部(邮编:200444 电话:18321295670)。

《产权法治研究》编辑部敬启

2018 年 6 月